༄༅། །སྔགས་ཀྱི་ཡན་ལག་བདུན་པ་གསེར་ཁང་མའི་འགྲེལ་པ་
མཐོང་གྲོལ་མ་ཞེས་བྱ་བ་བཞུགས་སོ།།
密咒七支供養・色康瑪注釋——見即解脫

ཚོགས་སྒྲིག་པ།
འབྲི་གུང་བཀའ་བརྒྱུད་ཀྱི་གདན་འཛིན་༣༧པ་
དཀོན་མཆོག་བསྟན་འཛིན་ཀུན་བཟང་ཕྲིན་ལས་ལྷུན་གྲུབ།
編著：第37任直貢法王昆秋濵真昆桑濵津赤列倫珠
ལོ་ཙཱ་བ། བསོད་ནམས་ལྷ་སྐྱིད།
翻譯：嚴巧敏

直貢噶舉教主 覺巴吉天頌恭

འབྲི་གུང་བཀའ་བརྒྱུད་ཀྱི་བསྟན་པའི་སྲོལ་འབྱེད་རྫོགས་པའི་སངས་རྒྱས་འཇིག་རྟེན་མགོན་པོའི་རྣམ་ཐར།

直貢噶舉偉大的傳承祖師
三世怙主吉天頌恭略傳

至尊吉天頌恭三世怙主，係於藏曆陰水豬年，降臨於康區一個代代出有寧瑪派閻魔敵教法成就者的居惹家族，父親名為瑜伽金剛，是專修本尊閻魔敵的大修士，母親則是隱修的瑜伽女。當他入胎時，母親夢見金剛手菩薩，化現成一部名為《霹靂金剛星》的教典，融入其身，使她充滿喜悅，經常入於前所未有的三摩地之中。

吉天頌恭幼年即精通父親所傳的閻魔敵法門，四歲時便已熟悉讀寫，於《文殊真實名經》能過目不忘。並從其叔父達摩方丈學習普巴金剛等本尊修法。此後不久，父親去世，家道中衰，復以家鄉發生飢荒，經濟更加拮据，因此吉天頌恭便到了南方為富人誦經，以所得報酬貼補家用。

八歲時，親見本尊閻魔敵，了知本尊身相即是無貪、嗔、痴的表象。在孜隆摩修持時，得到能入定三日的成就，洞見一切生死涅槃諸法皆是鏡中幻影，了無自性。此後，精進修持，心生大印證悟，能將睡眠轉為光明，並親見佛的清淨蓮花界。此外，他也從噶當派的熱振過謙與克布丹巴二師學法，通曉整個《道次第》與阿底峽尊者所有的口授教法。後者曾對他授記說："你將會成為比格西朗日唐巴還偉大的大師。"

此後，在至尊洛巴多傑寧波父子座下，吉天頌恭精通了密集金剛等教法。他也從大師桑傑耶西處，得到金剛亥母的灌頂與教授。修持本尊金剛亥母時，親見本尊並獲得成就。

吉天頌恭胸怀大悲，廣行利生事業。特別是對痲瘋病患，與無力生活的乞丐十分關心，常親自用手推拿按摩來調治痲瘋病，能用加持過的酒治愈嚴重的肺病，在他隨緣為眾說法時經常天降花雨，顯示出許多成就的徵兆。

二十五歲時，吉天頌恭從來自衛藏的貢達班智達，聽到眾生怙主帕摩竹巴的名號，油然生起無比的敬信。於是離開康區，動身前往衛藏。

在吉天頌恭到達帕摩竹巴寺之前，帕摩竹巴多傑嘉波常常說："我的孩子還沒來。"

當吉天頌恭抵達時，他說："現在我所有的弟子都到齊了，吾願足矣。"

吉天頌恭隨後供養了上師一些茶葉與馬匹，但是帕摩竹巴只收了茶葉，說："馬匹是畜生，我不接受畜生為供。"

然後便用吉天頌恭供養的茶葉熬茶，召集了資深弟子八十人前來聚會飲茶。飲用其茶後，法王帕摩竹巴多傑嘉波面容頓現光彩，心情也顯得十分歡喜，因知吉天頌恭實為最上根器弟子，於是對他說："優婆塞！你對我有極大希求，當知多劫以來，我即是為汝等而行苦行的。"

當時，吉天頌恭尚未出家，而達隆湯巴已隨侍上師帕摩竹巴二十餘年，是其上首弟子兼隨身近侍，所以對仍是居士身的吉天頌恭有點輕視。帕摩竹巴知此，轉身對他說："我自己是出有壞的佛，過去佛號拘留孫，而此居士是十地菩薩觀世音的化身，不要輕忽、怠慢他。"

吉天頌恭聞此，知師即佛，立刻蹲身下拜而頂禮，以此大家都叫他具信優婆塞。後來，帕摩竹巴為吉天頌恭傳授菩薩戒，賜戒名為寶吉祥，並稱他為"傑吉天頌恭"或"覺巴仁波切"。前者意為三界怙主，後者則是珍貴怙主的意思。

一日，帕摩竹巴用手指著吉天頌恭的心輪，使他在剎那間化為勝樂金剛。當晚，吉天頌恭夢見大日如來的金色身。後來，帕摩竹巴對他說："這些乃來自我的加持力。"

吉天頌恭在帕摩竹巴座下，聽受大印等諸多教法後，生起照見一切諸法實相的大智慧，能日夜安住於光明中達三個月之久。於是，自揣道：修大印只要對上師具足信心便足矣！

帕摩竹巴知其心意而說："你未來之前所現起的一切大印境界，尚未臻圓滿，現在則生起與先前不同之證悟。但究竟證悟前，大印五支仍是絕對必要的。"

當吉天頌恭依師所囑，完成嚴格的加行後，又蒙上師傳授那洛六法。

一日，帕摩竹巴要求吉天頌恭，在僧眾聚會後單獨留下來，命他以毘盧遮那七支坐，然後，以拄杖碰觸他的額時說："你將會成為一位禪修大師。"

第二次時說："動中修定，你的成就會更大。"

第三次時則說："你將成為一切修士之最上者，現在你去吧！"

雖然吉天頌恭追隨上師帕摩竹巴的時間不長，但在這段時間裡，帕摩竹巴如瓶水交灌、毫無遺漏地傳給吉天頌恭一切的顯密教法，並且說："雖然我有五百弟子是堪持白傘之高僧，但我的法嗣是這位已經證得十地菩薩果位的優婆塞。”

帕摩竹巴入滅時，從其心中放出一支五股黃金金剛杵，融入吉天頌恭心中，為眾所親見。在帕摩竹巴圓寂後，吉天頌恭深觀緣起而授記說：“在丹薩替寺附近的芒噶岡地方，如果能建上師靈塔，帕竹噶舉派的法源將會大興到印度菩提迦耶以北。”

但是當時因為帕摩竹巴的資深弟子達隆塘巴說：不！不！不！我們應在上師帕摩竹巴圓寂的關房外圍起圍牆，就地興建靈塔，只好作罷。因為該關房依山而建，腹地甚小，達隆塘巴與吉天頌恭等弟子，只好一起挖山鏟土來建上師的靈塔，連自己所住茅屋的石頭都用於建上師的靈塔和經堂。

當至尊吉天頌恭將要獲得道位功德時，出現了脈風嚴重的阻礙現象，是以出現天地充滿燃燒熊熊烈火，又被滾滾波濤淹沒一切，天地間充滿鬼兵神將，獅子口中噴出短矛等等幻覺。此時，上師帕摩竹巴多傑嘉波已經圓寂，因此吉天頌恭從阿闍黎孜隆巴處，求得瑪吉拉尊施身法口訣，除去諸障，所以此法成為後世直貢弟子的必修法要之一。

此後，吉天頌恭由岡波巴的侄兒，達拉岡波寺的座主達波貢巴領受《大印四瑜珈》的教授，然後到耶瓊洞窟閉關專修三年。雖有一位女施主願意提供飲食，但他是發誓不近女色的居士，所以對女施主說：“請你為我提供飲食，但你自己不要來。”

這位女施主也是一位有特殊信心的人，她說：“上師，我會同人一道來，不會自己來的。”如是，依言提供了上師三年的關中飲食。

吉天頌恭在閉關中認識到，人之所以遊蕩在輪迴間，是由於風息未能融入中脈所致，於是調理風息，專修氣脈，使氣入中脈，結果親見諸佛菩薩與一切六道的情景。此時感覺到，過去自己對上師所傳教法的理解與證悟不夠，就是因為未能領悟上師反覆教導的教法含義，才會發生種種障礙。想著想著，不禁痛哭起來。

出關後，吉天頌恭返回帕摩竹，與達隆湯巴相遇，兩人在教法上做了許多討論。再到其它地方朝聖後，回到耶瓊洞窟專修。

由於過去世的殘餘業果現前，吉天頌恭染上了嚴重的痲瘋病，加上因緣不具，無法治好疾病，是以認為這就是他該死於當地、遷轉神識的時候了。就在修遷識法之前，他心想，我患病並非本尊過錯，應向本尊告別。遂向枕邊一尊上師帕摩竹巴曾多次加持的觀音像頂禮拜別。

拜第一拜時，吉天頌恭以病重之沮喪感到自己是所有有情眾生中最糟的，染上這種病，真是生不如死。

拜第二拜時，心想：如果我死了，還有上師的秘訣可以往生，又有中有密法，不必擔心來生之事，無需畏懼死亡。但其他眾生未能學到這些教法，比自己還要可憐。因之心中油然生起一股大悲心，並將此強烈的慈悲心融入自心中，一心專修。最初，見到一股黑色病氣從腳底往外冒出，隨之出來許多老鼠與各種背負重物的人，又有魔的外、內眷屬，大臣、魔王依次而出，最後遁一條可怕的黑蛇。同時出現寒冬時節，罕有的隆隆雷聲與陣陣冰雹。此時，他對佛法的總別情況，與顯經密續如實所說之深意，所有法藏都無誤證得，並在關房外，親見了度母七尊。

當吉天頌恭最初產生強烈的慈悲心時，太陽剛好在頭頂，病魔驅除時也才傍晚，山下村民們正趕著牛馬回家。他心想：別人可能不會相信我的病這麼快就已痊癒。於是又在洞中呆了四天三夜，才對他人說："我的罪孽已經消除，了悟因果緣起，打開了甚深密法寶藏。"

此後，只要得到他的加持，痲瘋病就能立即痊癒。有的病人光是見他一面或是聽到其名號，凡是對他產生敬信者，就能從病魔手中得以解脫。為此眾人皆稱他是驅趕痲瘋者。他也傳授了許多驅病法，這些除障的不共口訣，都收錄在其《密傳妙法》中。

吉天頌恭在耶瓊洞窟究竟證悟後，了知一切緣起，連幾塊小石頭在不同排列下產生的種種因緣差別都了了分明。此外，也了悟戒律與大印不二，以戒印不二之故，遂出家受比丘戒，並從此茹素。

因為過去帕摩竹巴就已經任命吉天頌恭為其傳人，所以帕竹丹薩替寺的首要僧眾就迎請他回寺擔任座主。在擔任座主三年之後，親見帕摩竹巴，依照上師的授記而離開到北方去利益眾生。

依師之言北去途中，受到諸神前來歡迎致意，鬼王與其眷屬向他求受優婆塞戒，並示現將太陽停住等神通。最後，吉天頌恭來到直貢地方，在他三十七歲的藏歷豬年，建立了直貢菩提寺，大轉法輪。

建寺時，西藏九大山神的北哈供養白土，索拉供養紅土，德忠地母供養不用調配的泥牆灰土，曲彭龍王供養水。建寺後，原本冰天雪地的直貢地區，即使是冬天，在寺院前方都見不到冰塊。

一次，吉天頌恭在諸空行母的啟示之下，為上師帕摩竹巴建了一座金銅吉祥靈塔，成為直貢噶舉派鑄造吉祥多門塔傳統之始。

在吉天頌恭三十九歲時，他有一天在丁金浦洞禪修，思維如何對佛陀法教有所貢獻時，剎那間入於遍處三摩地。此時，岡底斯山、拉寄、匝日三聖地的護法，引領藏地一切諸神、龍王、地神齊聚而來，迎請他到各個所統之地去，長壽五姐妹並將拉寄聖地獻給他。於是，吉天頌恭以大神通力化現無量化身駕臨各地，教授深廣的佛法，令他們立下誓約，並加持諸地。當諸護法神祈求他久住時，吉天頌恭說："我必須守護僧團，並負起傳法之責，因此我無暇留下。"但是他答應了他們派遣修士，所以依允。

總共三次派遣大批瑜伽士到三大聖地去。第一次派了八十位瑜伽士，第二次派了九百位瑜伽士，第三次是在吉天頌恭七十三歲時，也就是藏歷第四曜輪的木豬年，派了弟子五萬五千五百二十五人，在班禪固雅康巴的領導下，安住在岡底斯山修行；另外的五萬五千五百二十五名弟子，由格西雅儒巴扎率領，前往拉寄雪山專修；並由瓊波多傑嘉波率領其他五萬五千五百二十五名弟子，到聖山匝日實修。

1191年，吉天頌恭造訪岡波巴的寺院，達拉岡波時，一道光芒從岡波巴像放射出來，與吉天頌恭融合為一，因之現證生死涅槃的一切因果緣起。並親見阿難尊者，解除了對佛經的所有疑難。

吉天頌恭最初主修的本尊是閻魔敵。自從謁見帕竹大師獲得灌頂教誡後，主要本尊為勝樂金剛，他曾示現此相以調伏頑劣的眾生。此時，遠近而來追隨吉天頌恭的弟子，增加到了七萬人之眾，其中有很多是在此生成就佛果的上根弟子，證得不同菩薩道地的也有數万人，就算是最差的弟子，也都能夠了悟自心本性。

第一世噶巴杜松虔巴從岡波聖地前來辦理有關修建祖普寺的途中，耳聞覺巴仁波切的美名，遂前來謁見。覺巴仁波切則親率弟子們，在邦塘一地熱烈歡迎。當時，杜松虔巴看到吉天頌恭就是世尊，他的兩位上首弟子，是舍利弗和目犍連尊者，由眾阿羅漢圍繞著。到達直貢寺黃金大殿時，杜松虔巴見到吉天頌恭為佛陀，兩位隨侍弟子則是彌勒與文殊，為諸菩薩所環繞。因此，杜松虔巴生起極大敬信，把吉天頌恭擁戴為上師，從他領受許多教法。杜松虔巴還看見整個直貢地區，就是具足八大屍林的勝樂輪金剛壇城。他在寺院四周與後山岩石上都留下足印，以做為永久的銘志。

至尊吉天頌恭具有天耳通，能聆聽不動佛在東方妙喜佛土講經，由於慧眼清淨，常親見西方極樂世界，與上師、佛、菩薩、本尊等不可思議的聖眾面容。

某年天鬧大旱，鄉里人士請他降雨，吉天頌恭遂教一老人《吉祥空行母道歌》，讓他加上調子吟唱，結果立刻落下滂沱大雨，獲得大豐收。

一次，對佛法持有信心的大自在天與財寶天女等，向至尊吉天頌恭獻上五穀豐收成就法，因此直貢地區風調雨順、五穀豐登、年年豐收。

此後，因僧眾劇增，瑣事繁多，吉天頌恭為修了義之法，遂開殊勝修行處所靜修，在他禪定的山洞，四處飄有奇異戒香，天現三色、五色、七色彩虹。

後來一些純淨的弟子們，聽見山妖索拉居士，請求上師吉天頌恭吟唱《祈請大樂普賢頌》，方尋聲尋獲上師所在。

某次，吉天頌恭身體欠安，見到上師帕摩竹巴出現在虛空中，用韻文說："修習風息之密法，水腫症狀自然消，修習金剛羅剎法，一切罪過能拔除。"他依此法而修，五天即痊癒，聲譽遠傳印度。

吉天頌恭知悉此色身應調化之弟子圓滿，授記說："因為我曾經化身為金剛手降伏諸魔天，因果不虛，將來我的寺院將要遭難。但是繼續發揚宏昌直貢派的方法還是有的，那就是不要在平地上建如藏升容器的四方形殿堂，不要在殿堂上豎四寶幢，也不要把直貢寺交給怒氏。無論如何，法源將會長流不息。"

又說："將來某時，當我的寺院衰敗，一些畜生把持寺務，這些牙籤大小的樹長成斧柄粗時，我會再來直貢。"這就是對第十六任直貢法王貢噶仁欽聞喜寶的授記。

另外還說：“直貢寺與我三世不分離，我圓寂後，不要用金銀鑄造身像和靈塔寺等，大印與戒律無分別，要愛護戒寶。”

做了這些最後的訓示後，為令於佛法之怠墮行者生起勤奮，吉天頌恭示現肺病。醫生說：“如果牛的肺乾放在粥裡服用就可痊癒。”但是他堅持素食，日中一食，不肯開葷。因此病情遂逐漸惡化，終於在藏歷火牛年三月二十五日黃昏時，以七十五歲高齡進入涅槃，當時出現了彩虹飛舞、降落花雨等奇兆。

翌日凌晨，吉天頌恭化身無量無邊，前往多得不可思議的佛土。一化身前往東方妙喜界所屬離間界；怙主上師帕摩竹巴尊前亦有一化身；一化身在兜率內院彌勒菩薩座前求聽《大法鼓經》；另外，在天界和楊柳宮各有一化身。

藏歷超度月十三日荼毘時，天人紛紛獻上如雲供養，天雨曼陀羅花盈滿至膝。他的頭骨不為火所觸，腦中化現出比擅巧畫師所繪更加清晰的勝樂輪六十二尊壇城。他的心臟亦不為火所焚壞，色如金黃。再再地顯示他是佛的化身。此外，尚有舍利無數。

吉天頌恭的主要化身現住於東方大遍佛土，佛號無垢白淨善逝，為無量具信弟子所圍繞，轉動不可思議法輪。此土純金所成，清淨、圓滿、莊嚴。

凡此方世界眾生臨命終時，若能對吉天頌恭具足堅定信心，刹那間即可往生彼國，蒙吉天頌恭為其摩頂加持，說：“徒兒，你來的順利嗎？”使從痛苦中解脫，並歡迎他們的到來。

吉天頌恭一生教化弟子無數，主要弟子有八位近侍、八大心傳弟子、八位法名中有貝字弟子作大譯師、八大惹巴、八大禪師、三位岡巴、十八位上首戒師、五大現證空性住。此等事蹟，在名為《見而有益》、《十方三世》、《手印花》等傳記中均有詳述。

在心意伏藏中指出：“直滴佛法源，寶吉祥者，豬年出生，感召千萬比丘眾，後去不動佛刹土，佛號無垢白淨善逝，眷屬無量。”

《國王遺教》中說：“自榮耀桑耶帶最北處，稱為直貢的地方，那是佛法的根源，藏王赤松德貞將會在豬年轉生為寶吉祥善逝。他將會聚集數以萬計的菩薩眾。未來前去不動佛刹土，佛號無垢白淨善逝。在彼佛土稱為完全圓滿之聖王。”

除此諸佛授記之外，無量劫前，吉天頌恭是千位王子之父的轉輪聖王，後來棄離王位，登解脫果，佛號龍系燈如來。他雖已證究竟果位，仍以菩薩身顯現，名為普賢自在王菩薩。飲光佛出世時，他也隨之應化。釋迦牟尼佛時，示現為與佛陀無二的維摩詰尊者。此後，又轉生為阿闍梨龍樹，這是印度大班智達釋迦師利所指認的。

本文摘自大手印出版社之《法嗣傳燈》：第十二世努巴仁波切、阿闍黎黃英傑合譯。

詠增．貢覺．涅頓嘉措尊者

ཡོངས་འཛིན་ངེས་དོན་རྒྱ་མཚོ།
詠增.涅頓嘉措尊者簡介

詠增.涅頓嘉措，　於佛涅槃2405年後的第十四勝生周鐵鷄年，即公元1861年，誕生於直貢修麥。

他是卓龍地區楊日噶寺的尊者，由直貢怙主確傑洛珠剃度出家，並被賜以貢覺.涅頓嘉措的法名。

他熟習掌握了寺廟裏的念誦、法事等（經文、儀軌），於鐵龍年二十歲時，拜見竹旺確嘉仁波切，依止確嘉仁波切為根本上師後，　求取了大手印五具等噶舉大法，並加以修習。大怙主到岡底斯山朝聖時，（涅頓嘉措去向怙主）求取教法，此後編集了（朝聖）指南以及（怙主）傳記。竹旺確嘉仁波切圓寂之後，（涅頓嘉措）親自（爲上師）主持（茶毗法會）等一應後事。他將竹旺確嘉仁波切的著作以匯編方式設置索引，致力倡弘仁波切的法語。

在楊日噶寺，他印刻了《七支供雲供養儀軌》，並建立共修等等。

“詠增”這個名字，本身的含義是，至尊確傑洛砞授予其管理教授一職之後，怙主希瓦洛硃暫時授予其“詠增”之名，據説是，雖然沒有授予他赤奔之位，但是也順帶對於修持者講法，如是等等，能對衆生產生大利益。

涅頓嘉措的著述有：

《成就之地吉祥菩提林楊日山歷任金剛阿闍黎傳記一如意樹》、《大乘法教心要注釋一明義鏡》、《密咒七支一色康瑪觀修次第攝要》、《甚深道那若六法幻輪正文備忘》、《殊勝度母四曼達拉念誦集》、《大手印五具金剛心觀修次第》、《直貢噶舉曼達拉觀修引導福報寶瓶》、《至尊桑波的焦煙回向觀修引導》、《依止不動佛之灑淨儀軌》、《齋戒功德利他光明》、《至尊確傑洛珠崗底斯神山朝聖指南》等等。

其著作頗豐。除了最後（那本），其他著作現今都還在。

第37任直貢法王　昆秋滇真昆桑滇津赤列倫珠

འབྲི་གུང་སྐྱབས་མགོན་ཕྲིན་ལས་ལྷུན་གྲུབ།
第37任直貢法王生平簡介

西藏佛教直貢噶舉派傳承，始自法身佛金剛總持，親傳印度大成就者帝洛巴，再傳大班智達那洛巴，三傳西藏大譯師瑪爾巴(1012-1097)。

瑪爾巴有上師極多，其中最主要的是梅粹巴與那洛巴。其四大弟子中，住持實修派傳規的大瑜珈士密勒日巴(1040-1123)，有如日弟子—法王岡波巴(1079-1153)。岡波巴的四大弟子中，法筵最盛的是至尊帕摩竹巴(1111-1170)，其法嗣—覺巴吉天頌恭(1143-1217)，是龍樹菩薩化身。他在一一七九年興建了直貢噶舉派的母寺—直貢替。

自第一任直貢法王吉天頌恭以降，其家族血脈—居惹傳承子嗣，執掌了直貢噶舉前二十四任法王法座的絕大多數。此後因無骨嗣，故由蓮花生大士與文殊菩薩化身之—第二十四任直貢法王仁津卻紮(持明法稱，(1595-1659)，指認其兄長—觀世音菩薩化身之—第二十三任直貢法王嘉旺昆秋仁欽(珍寶寶，1590-1654)的轉世，是為澈贊法王世系;而仁津卻紮的轉世則為瓊贊法王世系，二者共同執掌尊勝直貢之法座。

過去直貢噶舉實修傳承，已無間地由三十五位證悟成就的法王所傳持。現今的法座持有者分別是:西藏的第三十六任法王昆秋滇津卻吉拿瓦(珍寶持法法顯，1942-，第八世瓊贊法王)，與印度的第三十七任法王滇津赤列倫珠(持法事業任運，1946-，第七世澈贊法王)。

直貢澈贊法王滇津赤列倫珠，是聖觀世音菩薩不忍眾生苦，迴入娑婆度有情的殊勝化身，出生時為胎衣所覆，不染母血。他在嚴格的多重篩選下，從三百多位候選人中脫穎而出，被直貢攝政赤紥嘉拉天津土登(持法能仁勝教，19241979)、第十六世噶瑪巴(1924-1981)、達隆瑪楚仁波切，與西藏政府正式認證為第三十四任直貢法王滇津喜威羅卓(持法和慧，1874-1943)的轉世化身無誤。

四歲半在布達拉宮從第十四世達賴喇嘛(1934-)剪髮之後，澈贊法王便到直貢正式坐床，加入出家僧團，開始其宗教教育。在攝政赤祭嘉拉仁波切、涅宗赤巴、第六世洛鐘楚仁波切等直貢噶舉成就大師面前，領受了以新譯派《噶舉密咒藏》，舊譯派《大寶伏藏》、《甚深大圓滿》、《文殊閻魔敵》等為主的無數灌頂與口訣教授。

在圓滿長壽佛、阿彌陀佛等必要的閉關之後。澈贊法王在十一歲時(1956)，首度於十二年一度的猴年大法會中，公開傳授直貢大遷識法，開始他的弘法利生事業。

一九五八年，澈贊法王與年長他五歲的瓊贊法王一起，正式開始研讀佛教經論，從龍欽寧體派大師──札巴楚仁波切(1808-1887)的轉世─培巴朱古(1898?-1959？)學習《三十七道品》、《入菩薩行論》等經論。

一九五九年後，雖然政局有所變化，但澈贊法王除了在逆增上緣中，實修慈悲、忍辱外，並以其精進與智慧，在三年內唸完小學與中學的課程，從而精通中文。

一九六九年文化大革命爆發，法王被下放農村勞動改造，每天體力勞動十四小時，多年無休地從事挑水、煮飯、耕田、拾柴等工作。

一九七五年，法王在利生悲願的驅使下，神奇地隻身從西藏越過喜瑪拉雅山步行到尼泊爾。抵達印度時，受到官方與民眾的熱烈歡迎，隨後前往美國與睽違了十八年的家人團聚，並學習英文。

一九七八年回到印度後，澈贊法王以全部時間投入佛法實修，並從直貢噶舉派大師瓊噶仁波切(1911-1980)閉關三年。在拉達克海拔四千公尺左右的惡劣氣候與物質條件下，以無比毅力完成三十萬遍大禮拜，精通各種加行到《大印五支》與《那洛六法》的全部法要。

此外，在竹巴噶舉派──堪布挪陽等大師座前，積極研習龍樹的《與親友書》，月稱的《入中論》，彌勒的《究竟一乘寶性論》，岡波巴的《解脫莊嚴寶鬘》、《勝道寶鬘》，直貢噶舉派兩部不共教典《一意》、《大乘法教心要》，與第三世噶瑪巴(1284-1339)的《甚深內意》等顯密論著。

並從第十六世噶瑪巴，第二世頂果欽哲仁波切(1910-1991)，達隆噶舉法王──夏忠仁波切(1915-1994)，竹巴噶舉派第一世突謝仁波切(1915-1983)等無數大師，領受了《口訣藏》、《噶舉三大寶典》、《三光疏》、《耳傳金剛句》與《大圓滿龍欽心髓》等無數珍貴密法。

特別是法王總集直貢、竹巴、達隆、噶瑪等噶舉各派現存的《那洛六法》傳承於一身，成為持有新舊譯派廣大教法之殊勝法庫。但他並不以此自滿，雖然法務繁重，每年仍設法抽空閉關，陸續圓滿勝樂輪金剛、金剛亥母、大日如來、四臂大黑天等法要。

一九八五年，特別重視教育的澈贊法王，在北印度德拉東創建菩提寺，做為海外直貢噶舉的主要顯密教育機構，除教授、研究顯密經論、傳戒、傳法、指導閉關修持外，並積極編校、印行各種珍稀教典。一九九九年，開始第一座西藏學與敦煌學專業圖書館—松贊圖書館的文化建設工作。

在澈贊法王的護佑與指導下，目前直貢噶舉派在西藏、四川、雲南、青海，印度、拉達克、尼泊爾各地，已修復、新建的寺院、佛學院與關房有一百多所，活佛、堪布、喇嘛、閉關修士極多。

至於海外各地，在全球眾多弟子請求之下，歷年來澈贊法王的法駕足跡已遍及美加、墨西哥、智利等南北美，德英法、瑞士、瑞典、奧地利、義大利、波羅的海三小國，新加坡、馬來西亞、台灣等東南亞國家，與紐澳等世界各地，並廣設佛法中心。

簡言之，法王除在佛法的傳揚與修持上精進不懈外，他對眾生至誠的關切、廣闊的胸懷、謙遜的風範、清淨的戒律、甚深的禪定、卓越的智慧，與無比的加持，使有幸親近的弟子們，無不銘感五內，嘆未曾有。

本文摘自大手印出版社之《直指大印》頓超輪涅訣要：

阿闍黎黃英傑恭撰

直貢《大發心》上師傳承皈依境

ནུབ་པ་བླ་བྲང་།

H.E NUPA KONCHOK TENZIN RINPOCHE

༄༅། །སྔགས་ཀྱི་ཡན་ལག་བདུན་པ་གསེར་ཁང་མ་ནི་༸སྐྱོབ་པ་
འཇིག་རྟེན་གསུམ་མགོན་གྱིས་གསང་སྔགས་རྒྱུད་སྡེའི་དགོངས་པ་བླ་ན་
མེད་པ་ཞིག་ཡིན་པས་ཚོགས་བསགས་སྒྲིབ་སྦྱང་གི་ཐབས་ཤེས་ཁྱད་དུ་
འཕགས་པ་དང་། བཀའ་བརྒྱུད་དགོང་མའི་ཐུགས་བསྐྱེད་དང་སྨོན་
ལམ་གྱི་བྱིན་རླབས་བདུད་བརྩི་སྙིང་དབུས་སུ་འབེབས་སྐབས་དད་པའི་
མཆི་མ་ལྷུང་བར་ངེས་པས་སྐལ་ལྡན་ཀུན་གྱི་ཐུགས་དམ་ལྷོད་མེད་དུ་
མཛད་ན་དགེ་མཚན་ཤིན་ཏུ་ཆེ། དཔལ་ཆོས་གྲོགས་ཆགས་མེད་
ལགས་ཀྱིས་གསེར་ཁང་མའི་འགྲེལ་བ་རྒྱ་སྐད་དུ་བསྒྱུར་གནང་མཛད་པར་
སྙིང་ནས་རྗེས་སུ་ཡིད་རང་ཞུ་རྒྱུ་དང་།

བསྟན་འགྲོར་སྨན་པའི་སྨོན་འདུན་ཞུ།

ནུབ་པ་སྤྲུལ་མིང་པས།

ཕྱི་ལོ་༢༠༢༠ ཟླ་བ་༢ ཚེས་༦ ལ།

Drikung Kagyu Rinchen Ling Monastery, G.P.O. Box. No.: 6022, Nayapati Sundarijal Road, Kathmandu, Nepal

代序一

༄༅། །སྔགས་ཀྱི་ཡན་ལག་བདུན་པ་གསེར་ཁང་མ་ནི་ ༧ སྐྱོབ་པ་འཇིག་རྟེན་གསུམ་མགོན་གྱིས་གསང་སྔགས་རྒྱུད་སྡེའི་དགོངས་པ་བླ་ན་མེད་པ་ཞིག་ཡིན་པས་ཚོགས་བསགས་སྒྲིབ་སྦྱོང་གི་ཐབས་ཤེས་ཁྱད་དུ་འཕགས་པ་དང་།

བཀའ་བརྒྱུད་གོང་མའི་ཐུགས་བསྐྱེད་དང་སྨོན་ལམ་གྱི་བྱིན་རླབས་བདུད་རྩི་སྙིང་དབུས་སུ་འབེབས་སྐབས་དད་པའི་མཆི་མ་ལྷུང་བར་ངེས་པས་སྐལ་ལྡན་ཀུན་གྱི་ཐུགས་དམ་ལྟོད་མེད་དུ་མཛད་ན་དགེ་མཚན་ཤིན་ཏུ་ཆེ།

ད་ལམ་ཆོས་གྲོགས་ཆགས་མེད་ལགས་ཀྱིས་གསེར་ཁང་མའི་འགྲེལ་བ་རྒྱ་སྐད་དུ་བསྒྱུར་གནང་མཛད་པར་སྙིང་ནས་རྗེས་སུ་ཡི་རང་ཞུ་རྒྱུ་དང་། བསྟན་འགྲོར་ཕན་པའི་སྨོན་འདུན་ཞུ། ཉུབ་པ་སྤྲུལ་མིང་པས།༢༠༢༠/༢/༦/

《密咒七支供養.色康瑪》，乃覺巴.吉天頌恭所著密續之無上密意，故為積資淨障之殊勝法門；並且，當噶舉祖師的發心、願力之加持甘露降臨心中之際，（任何讀到此密意者）定會流下虔信之淚。此故，一切具緣者若能持之以恆地加以修持（此法），定會出現諸多吉祥瑞兆！如今法友巧敏將*色康瑪之注釋*譯成漢文，乃由衷隨喜！並祝願一切眾生能得到助益！

具努巴活佛名者寫於2020年2月6日

代序二

密咒七支供養，是直貢噶舉派快速圓滿福慧二種資糧的方法，此法由帕摩竹巴傳授給吉天頌恭，適合已經進入加行道暖、頂、忍、世第一法的大乘弟子來修持，修持此法的目的是為了能夠順利生起勝義菩提心；歷代噶舉祖師皆言：證悟大手印，唯靠積資除障與敬信上師。此密咒七支供養的內容，即總集了積資、除障、敬信上師三點精華。

嚴巧敏為了更深入修習藏傳佛教，最初於北京跟我學習藏語文，之後又於網絡上與我學習藏文典籍的翻譯，她人如其名，慧巧聰敏，舉一隅能以三隅反，當其憤悱之際，我也適時給予藏文之外的啟發，因此，二人結下了很好的師生之緣。此密咒七支供養的翻譯，為巧敏獨自完成，在內容上已然是一個成熟的翻譯作品，我相信隨著修行與翻譯技巧的累積，未來巧敏的作品會有更深一層次的蛻變。我覺得曾經教導過這樣的學生，是我的福氣，同時也願巧敏能在修行上如同學習藏語文一般，有驚人的增長，最終廣大成就自利利他。

劉哲安於2019年除夕

謹以此譯本獻給
尊貴的努巴仁波切、協珠仁波切與恩師劉哲安博士

感恩尊貴的努巴仁波切གྲུབ་དབང་ནུབ་སྤྲུལ་དཀོན་མཆོག་བསྟན་འཛིན། ！他不僅賜予我珍貴的傳承教法、直接的翻譯因緣以及無上的加持，還於百忙中親自審閱、訂正了譯稿。

感恩大恩上師協珠仁波切 ཐུབ་བསྟན་བཤད་སྒྲུབ་རྒྱ་མཚོ། ！他是我學習藏語重要的緣起、持久的動力，也是我一切福報與加持的最終源泉。因爲有他在，一切順逆因緣都平等融於法道。

感恩恩師劉哲安博士！他向我完美展現了傳道、授業、解惑之恩德，幫助我打開翻譯大門，引領我踏上翻譯之道。譯本得以順利完成，離不開恩師的精心指導。

感恩貢覺索巴喇嘛 དཀོན་མཆོག་བཟོད་པ།！他與我素昧平生，卻隨順因緣付出寶貴時間，幫助審閱、訂正譯稿。感恩博学智者惹色·貢觉嘉措 ར་སེ་དཀོན་མཆོག་རྒྱ་མཚོ། 以及貢覺赤烈喇嘛 དཀོན་མཆོག་འཕྲིན་ལས།和土登培吉喇嘛 ཐུབ་བསྟན་འཕེལ་རྒྱས། ，他們在翻譯過程為我提供諸多無私幫助。

感恩吳慧玲師兄！她不僅在譯事上給予我殷切的鼓

勵，還承擔了此書稿的漢語審校工作。她一再向我展現如理如法的護持之道，她是我在法道上最真實的榜樣。我愿在法道上一直與她互見！

特別感恩直跋給.貢覺丹增喇嘛འབར་རྒྱལ་དཀོན་མཆོག་བསྟན་འཛིན། ！他不僅是我翻譯道上吉祥的增上緣，而且是有力的推動者。他不僅爲我提供一切所需的藏語文本，還承擔了此譯本藏語文字的錄入、排版以及最後審校等大量工作。沒有他的慈悲付出，這個譯本就不可能順利呈現給讀者。

最後要感恩我的家人。感恩先生胡騰鶴，他幾十年來始終如一，在世出、世間道上給了我無盡的呵護與支持，他是我生命中最寬廣的海洋、最堅實的高山。感恩二姐嚴朝霞、弟弟嚴文傑，他們各自儘己之力，給我善妙的支持，為我學習藏語、修習佛法鋪平道路。同時感恩我的孩子們Teresa、Jimmy-Dorje和William，他們給我的藏語學習及翻譯過程帶來別開生面的考驗，並使道路變得妙趣横生。

感恩為此書直接或間接地付出的，一切有緣！

願以此翻譯善業，以及一切本具善，匯聚成福慧之流，惠及一切流經之處，而“我”消融於焉。

譯者嚴巧敏於2019年歲末

དཀར་ཆག
目錄

སྔོན་བརྗོད།

ཐུགས་ཀྱི་ཡན་ལག་བདུན་པ་གསེར་ཁང་མ་ཞེས་པ་འདི། དྭགས་བརྒྱུད་སྲོལ་འཛིན་ཆེན་མོ་ཕག་གྲུ་རྡོ་རྗེ་རྒྱལ་པོའི་དངོས་སློབ་འབྲི་གུང་༧སྐྱོབ་པ་འཇིག་རྟེན་མགོན་པོས་མཛད་ཅིང་། དེ་ཡང་འབྲི་གུང་༧སྐྱོབ་པ་དེ་ཉིད་དགུང་གྲངས་སོ་བདུན་པར་ཕག་གྲུའི་ལུང་བསྟན་ལྟར་ཕྱི་ལོ། ༡༡༧༨ ལོར་ལྷ་སའི་ཤར་ཕྱོགས་སུ་ཕྱི་ལེ། ༡༤༠ སར་འབྲི་གུང་བཀའ་བརྒྱུད་ཀྱི་གདན་ས་ཐོག་མ། འབྲི་ཐེལ་བྱང་ཆུབ་གླིང་ཕྱག་བཏབ་ནས་བཟུང་། འབྲི་གུང་བཀའ་བརྒྱུད་ཅེས་ཡོངས་སུ་གྲགས་པ་བྱུང་།

དེ་ནས་༧སྐྱོབ་པ་ཉིད་དགུང་གྲངས་སོ་བརྒྱད་ཐོག་ཐོག་མར་གཟིམ་སྤྱིལ་གསེར་ཁང་རྣམ་པར་སྣང་མཛད་ཀྱི་ལྷ་ཁང་ཞེས་པ་འདི་བཞེངས་ནས། ཕྱིས་སུ་ལྷ་ཁང་དེའི་ཐོག་ཏུ་གསེར་ཟངས་ཀྱི་རྒྱ་ཕིབས་ཀྱིས་མཛེས་པར་སྤྲས་པས། ལྷ་ཁང་དེའི་མིང་ལ་གསེར་ཁང་ཞེས་ཡོངས་སུ་གྲགས། ཐུགས་ཀྱི་ཡན་ལག་བདུན་པའི་མཆོད་ཕྲེང་འདི་འབྲི་གུང་༧སྐྱོབ་པ་འཇིག་རྟེན་མགོན་པོས། གསེར་ཁང་གི་ལྷ་ཁང་ནང་དུ་རྩོམ་བྲིས་མཛད་པས། མཚན་ལ་གསེར་ཁང་མ་ཞེས་གྲགས་པ་འདི་བྱུང་།

མདོ་ལུགས་ནས་ཕྱག་འཚལ་བ་དང་། མཆོད་པ་འབུལ་བ། སྡིག་པ་བཤགས་པ། གཞན་གྱི་དགེ་རྩར་རྗེས་སུ་ཡི་རངས་པ། ཆོས་འཁོར་བསྐོར་བར་གསོལ་བ། མྱ་ངན་ལས་མི་འདའ་བར་གསོལ་བ། དགེ་རྩ་བྱང་ཆུབ་ཏུ་བསྔོ་བ་བཅས། ཡན་ལག་བདུན་པོ་འདི་རྣམས་ཡོངས་སུ་གྲགས་ལ། སྔོན་གྱི་བཀའ་གདམས་པའི་སྐྱེས་བུ་རྣམས་ཀྱིས་ཀྱང་ཐུགས་དམ་གྱི་མཐིལ་དུ་མཛད།

前言

“密咒七支供養・色康瑪”，是達波噶舉的紹承者帕竹.多傑嘉波的親傳弟子直貢覺巴.吉天頌恭所著。

公元1179年，直貢覺巴三十七歲時，正如帕摩竹巴上師所授記那般，來到拉薩以東140公里的地方，修建了直貢噶舉最初的祖庭──直貢替菩提林寺，從此，直貢噶舉派名聞遐邇。

之後，覺巴仁波切三十八歲時，首先修建了稱作“大日如來金殿”的小屋──色康，後來在佛堂頂部以鎏金的漢式屋頂嚴飾，該屋遂以“金殿樓”（色康）之名廣爲人知。

該密咒七支供養鬘，是覺巴仁波切在金殿樓（色康）撰寫，故名“密咒七支供養・色康瑪”。

顯宗將頂禮、供養、懺悔、隨喜、請轉法輪、祈請不入涅槃與回向等等普遍稱作七支供養，過去，噶當派大德也將其視爲本尊核心。

ཇོ་སྣམ་པོ་པས་ཏིལ་ན་མར་མི་ནས་བརྒྱུད་པའི་ཉམས་ལེན་བྱིན་རླབས་ཀྱི་བརྒྱུད་པ་དང་། དཔལ་ལྡན་ཨ་ཏི་ཤ་ནས་བརྒྱུད་པའི་བཀའ་གདམས་ཀྱི་གཞུང་ལུགས་ཏེ། མདོ་སྔགས་ཀྱི་ཆུ་བོའི་གཞུང་ཆེན་གཉིས་པོ་གཅིག་ཏུ་འདྲེས་པར་མཛད་པ་ལ། བཀའ་ཕྱག་ཆུ་བོ་གཉིས་འདྲེས་སུ་གྲགས་པ་བྱུང་ཞིང་། འབྲི་གུང་སྐྱོབ་པ་འཇིག་རྟེན་མགོན་པོས་ཕྱག་ཆེན་ཚུལ་ཁྲིམས་གནད་གཅིག་སོགས་ཀྱི་ཆོས་སྐད་ཀྱང་མཛད། བཀའ་འབུམ་ནང་དུའང་བཀའ་ཕྱག་ཆུ་བོ་གཉིས་འདྲེས་ཀྱི་ཚུལ་དུ་ཡན་ལག་བདུན་པ་ཚིག་ལྷུག་མ་དང་། ཚིགས་བཅད་མ། སྔགས་ཀྱི་ཡན་ལག་བདུན་པ་འདི་རྣམས་མཛད་དེ། ང་ནི་ཡན་ལག་བདུན་པའི་རྣལ་འབྱོར་པ་ཡིན། ཞེས་ཀྱང་གསུངས།

སྤྱིར་མདོ་ལུགས་སུ་ཡན་ལག་བདུན་པའི་མཆོད་པ་ནི་ཡོངས་སུ་གྲགས་ཀྱང་། སྔགས་ཀྱི་ཡན་ལག་བདུན་པ་འདི་ནི། ཡོངས་སུ་མ་གྲགས་པའི་ཁྱད་ཆོས་སུ་གྱུར་ལ། ཁྱད་པར་དུ་ཕྱག་རྒྱ་ཆེན་པོའི་ལྟ་བའི་སྒོ་ནས་སྔགས་ཀྱི་ཡན་ལག་བདུན་པས་མཆོད་པ་འབུལ་བ་འདི་ནི། ཆེས་རྨད་དུ་བྱུང་བའི་ཁྱད་ཆོས་སུ་གྱུར། དེ་ཡང་དེ་ཁོ་ན་ཉིད་བསྟན་པའི་མདོ་ལས། ཤཱ་རིའི་བུ། གང་གིས་བསྐལ་པ་གཅིག་གི་བར་དུ་ཉན་པ་བས། གང་གིས་སེ་གོལ་གཏོགས་པ་ཙམ་ཞིག་ཏུ་དེ་ཁོ་ན་ཉིད་ཀྱི་ཏིང་ངེ་འཛིན་བསྒོམས་ན་བསོད་ནམས་འཕེལ་ལོ། །ཞེས་དང་། རྫོགས་པ་ཆེན་པའི་མདོ་ལས། ཐང་ཅིག་བསམ་གཏན་ཐུན་ཞུགས་ན། །ཁམས་གསུམ་གང་བའི་མི་རྣམས་ལ། །སྲོག་སྦྱིན་བས་ནི་འདི་དོན་ཆེ། །ཞེས་གསུངས་པ་ལྟར་སེམས་སྐྱེ་བ་མེད་པ་འོད་གསལ་བར་ཤེས་པ། གཞི་ཤེས་པའི་ལམ་འདིའི་སྒོ་ནས་སྔགས་ཀྱི་ཡན་ལག་བདུན་པ་འདི་བྱེད་པ་ནི། ཚོགས་གཉིས་ཅིག་ཅར་དུ་ཆེས་མྱུར་དུ་རྫོགས་པ་ངོ་མཚར་བའི་ཁྱད་ཆོས་རྨད་དུ་བྱུང་བ་ཞིག་ལགས།

至尊岡波巴將帝洛巴、那若巴、瑪爾巴、密勒日巴傳下的“實修加持傳承”，以及阿底峽尊者傳下的噶當派體系，顯密二種主流合二爲一，“語印二流合一”的聲名由此出現；覺巴仁波切也曾說過“大印戒律要點同一”等法語；在其文集中，也以“語印二者合流”的方式，作了七支供長行、偈頌以及密咒七支供；他甚至說過:“我乃七支供之瑜伽士。”

一般來說，雖然顯宗七支供養廣為人知，然而密宗七支供養卻是鮮為人知的特法，尤其是從大手印見地以密咒七支來作供養，更是極其罕見的特法。

此外，《宣說真如經》中講到：“舍利子，相較於一人聞法一劫，另一人僅於一彈指間禪修真如空性，後者福德增長更快”。

《證悟圓滿經》中講到：

“若於座上須臾修禪定，
較之性命施予三界人，
前者所具意義更為大。”

如前所述，領會心為無生光明，以知基之道作此密咒七支供養，能使二種資糧同時迅速圓滿。

此誠為極其稀有之特法。

དེ་ཡང་འབྲི་གུང་ཞབས་སྐྱོབ་པའི་ཞལ་ནས། སྤྱིར་ནང་ཆོས་ཀྱི་ལམ་རྣམ་པ་གསུམ་ནི། གཞི་སྤོང་བའི་ལམ་དང་། གཞི་བསྒྱུར་བའི་ལམ། གཞི་ཤེས་པའི་ལམ་མོ། གཞི་སྤོང་བའི་ལམ་ནི། ཉོན་མོངས་པ་སྤོང་བར་འདོད་པ། གཉེན་པོ་ཡེ་ཤེས་རྒྱུད་ལ་སྐྱེ་བར་འདོད་པ་ཕ་རོལ་ཏུ་ཕྱིན་པའོ། །གཞི་བསྒྱུར་བའི་ལམ་ནི་གསང་སྔགས་ཏེ། དཔེ་ཇི་ལྟར་བསྒྱུར་ན། ཕྱི་སྣོད་ཀྱི་འཇིག་རྟེན་གཞལ་ཡས་ཁང་དུ་བསྒྱུར། ནང་བཅུད་ཀྱི་སེམས་ཅན་ལྷ་དང་ལྷ་མོར་བསྒྱུར། ཟས་བདུད་རྩིར་བསྒྱུར། རང་ལྟར་བསྒྱུར། ཉོན་མོངས་པ་ཡེ་ཤེས་སུ་བསྒྱུར་བའོ།། གཞི་ཤེས་པ་རྡོ་རྗེ་ཐེག་པ་སྟེ། ཆོས་ཐམས་ཅད་ལ་སྤང་རྒྱུ་ཡང་མེད། བླང་རྒྱུ་ཡང་མེད། བསྒྱུར་རྒྱུ་ཡང་མེད། ཐམས་ཅད་སེམས་ཀྱི་རྣམ་འཕྲུལ་ཡིན། སེམས་སྐྱེ་བ་མེད་པ་འོད་གསལ་བར་ཤེས་པས་གཞི་ཤེས་པའི་ལམ་མོ། །ཞེས་གསུངས་པས། འདིར་གཙོ་བོ་གཞི་བསྒྱུར་བའི་ལམ་གསང་སྔགས་དང་། གཞི་ཤེས་པའི་ལམ་རྡོ་རྗེ་ཐེག་པའི་སྒོ་ནས་ཡན་ལག་བདུན་པ་འདིར་འགྲེལ་བཤད་ཁ་སྟོན་བྱེད་པའོ།།

ཡན་ལག་བདུན་པའི་དམིགས་རིམ་གྱི་ཁྲིད་ཡིག་བསྡུས་པ་ཞེས་པ། ཡང་སྔར་མཁན་པོ་ཟླ་བ་གྲགས་པའི་གསུང་གི་གནད་རྣམས། ལམ་ཆེན་དཀོན་མཆོག་ངེས་དོན་རྒྱ་མཚོས་ཕྱོགས་སྒྲིག་མཛད་པ། དེའི་ཁྲིད་རྒྱུན་སྐྱབས་རྗེ་བ་ལོག་རིན་པོ་ཆེས། མཁན་པོ་དཀོན་མཆོག་རྟོགས་གྲོལ་ལ་གནང་ནས། ཁོང་གི་དྲུང་ནས་ཁོ་བོས་ཞུས་ཤིང་། དེ་རྗེས་ཁོ་བོ་ཨ་རི་དང་། འཇར་མན་ཡུལ་གྲུ་སོ་སོར་ཆོས་སྐོར་དུ་བསྐྱོད་སྐབས། གསེར་ཁང་མའི་རྩ་བའི་ཐོག་ནས། ཕྱག་ཆེན་གྱི་ལྟ་བ་བློ་ལ་གང་ཤར་ཐེངས་གཉིས་ཙམ་བཤད།

此外，覺巴仁波切親口說：

“一般而言，佛法之道有三：斷基之道、轉基之道、以及知基之道。

斷基之道，即般若乘。主張斷除煩惱，於心相續中生起作為對治煩惱的本慧。

轉基之道，即密咒乘。若以例說明如何轉化的話，則是：將外器世間轉化為越量宮，將內情世間轉化為本尊與佛母，將食物轉化為甘露，將自己轉化為本尊，將煩惱轉化為智慧。

知基之道，即金剛乘。萬法無有所捨、無有所取、亦無需轉化，一切乃心之變化。因了知心為無生光明，故為‘知基’之道。”

有此說故，此處主要以轉基之道密咒乘，以及知基之道金剛乘此二門，對七支供養作出解釋和補充。

《密咒七支觀修次第攝要引導文》，是由朗千貢覺.涅頓嘉措，將楊日噶寺的堪布達瓦查巴說的眾多語要彙編而成。該教授傳承，由至尊帕洛仁波切傳給堪布貢覺多珠，之後，我在堪布跟前求得此法。此後我到美國與德國等地傳法時，對色康瑪根本句，按照心中生起的大手印見解，傳講過兩次左右。

སྤྱི་ལོ། ༡༩༩༥ ལོར་ཕོ་བོ་འཛམ་གླིང་ཆོས་སྐོར་དུ་བསྐྱོད་པའི་བར་སེང་དུ། ཨ་རིའི་ཀོ་ལོ་རི་ཀྲར། ཤི་ཤི་ནོའི་རི་ཁྲོད་དུ། བཅད་རྒྱ་བདུན་གསུམ་ཙམ་སྡོད་རིང་། གསེར་ཁང་མ་ཁ་འདོན་བྱེད་སྐབས་ཕྱག་ཆེན་གྱི་ལྟ་ཚད་ཀྱི་སྒོ་ནས་འགྲེལ་པ་ཞིག་བྱུང་ན་བསམ་ནས། སྐྱབས་རྗེ་མགར་ཆེན་དཀོན་མཆོག་རྒྱལ་མཚན་མཆོག་ལ། ཕྱག་ཆེན་རྟོགས་འབྱུལ་གྱི་ཚུལ་དུ། གསེར་ཁང་མའི་འགྲེལ་བ་མཐོང་གྲོལ་མ་ཞེས་པ་འདི་ཟིན་བྲིས་སུ་བཏབ་ནས་ཕུལ།

དེ་ད་ལམ་བཀའ་ཆོས་ཆེད་དུ་ཕྱོགས་སྤྲིག་བྱེད་སྐབས་སྔོན་ཡོད་གསེར་ཁང་མའི་འགྲེལ་པ་དེ་ཉིད་ཟུར་དུ་ལུས་ན་ཉམས་ཆག་ཏུ་འགྲོ་གཞིར་དོགས་ནས། ད་ལམ་འདིར་སྔོན་མའི་ཁྲིད་ཡིག་དེ་ཉིད་ཆ་ཚང་བ་བཀོད་པའི་ཐོག རྒྱལ་བའི་གསུང་རབ་ནང་གི་ལུང་དང་། ༧སྐྱོབ་པའི་བཀའ་འབུམ་ནང་དུ་ཡོད་པའི་གསེར་ཁང་མའི་འགྲེལ་པ་སྙིང་བསྡུས། དེ་བཞིན་༧སྐྱོབ་པའི་ཡན་ལག་བདུན་པ་ཚིགས་བཅད་དང་། ཚིག་ལྷུག་སོགས་ལུང་འདྲེན་རྣམས་ཀྱང་ཆབས་ཅིག་ཏུ་བཀོད། གཞི་བསྒྱུར་བའི་ལམ་གསང་ཐབས་དང་། གཞི་ཤེས་པའི་ལམ་ངོ་རྗེ་ཐེག་པའི་སྒོ་ནས་གལ་ཆེའི་ཚིག་སྣ་ཁག་ལ། འདིར་འགྲེལ་བཤད་ཁ་སྐོང་སྙིང་བསྡུས་སུ་བྱས་ནས། ཆེ་བརྗོད་སྔོན་ཚིག་སོགས་ཚིག་གི་ལོ་མས་མ་སྒྲིབ་པར། དོན་ཅིག་ཅར་གོ་བདེར་ཐད་འགྲེལ་བྱས།

རྩ་བ་རྣམས་མཚལ་དམར་གྱི་མདོག་དང་། སྔོན་མའི་འགྲེལ་པ་རྣམས་སྔག་ཚའི་མདོག་འདིར་ཁ་སྐོང་བྱས་པ་རྣམས་ཟྭ་མདོག་ཏུ་སོ་སོར་མ་འདྲེས་པ་ཁ་གསལ་དུ་བཀོད་དོ།།

1995年，我到世界各地傳法，傳法空檔期，在美國格洛日紮的雪穴尼山上，作了為期三周的閉關。在念誦色康瑪時，（我）心想要不要以大手印的見解作個注釋呢？（因此），就以供養大手印證量的方式寫下了《色康瑪注釋.見即解脫》筆記，完成後就將筆記呈獻給至尊怙主噶千.貢覺嘉參。

最近，為十二年大法會而對法本進行彙編之際，如果將過去既有色康瑪的注釋棄之不顧，則擔心此舉將成為法脈衰敗的開始。（因此），現在這本書在完整彙集過去既有注釋的基礎上，還把佛陀所說的教言、《覺巴文集》中的色康瑪注釋精要、以及覺巴仁波切的七支供養偈頌、長行等眾多引據，全部都彙編在一起。

關於轉基之道密咒乘，以及知基之道金剛乘的部分重要言詞，本書只作扼要的注釋和補充，而不以溢美動聽的辭藻枝葉遮蔽，因此是易於直觀理解的直接注釋。

（本書引用的）根本句，用紅色字；過去既有的注解，用黑色字；本次新增補的內容，用陶土色字。（這樣），三者就互不混雜而能各自清晰地呈現出來。

༄༅། །ཏིང་ངེ་འཛིན་གྱི་ཡན་ལག་བདུན་པའི་དམིགས་རིམ་ཁྲིད་ཡིག་བསྡུས་པ་བཞུགས་སོ།།

ན་མོ་སྨུ་ལ་གུ་རུ་ཡེ།

རྒྱལ་མཆོག་ཉི་མའི་གཉེན་དང་ཀུན་ཏུ་བཟང་།།
མ་ཕམ་བྱམས་མགོན་ཐོགས་མེད་སྐུ་མཆེད་དང་།།
རཏྣ་ཤྲཱི་ཞབས་ཟླ་བའི་མཚན་བཅས་ལ།།
གུས་བཏུད་བརྗོད་བྱང་ཤུང་ཚུ་རྣམ་གསལ་བྱ།།

དེ་ལ་འདིར། ཆོས་ཀྱི་རྗེ་སྐྱུ་ར་བདག་ཉིད་ཆེན་པོ་འཇིག་རྟེན་གསུམ་གྱི་བླ་མས་མཛད་པའི་ཏིང་ངེ་འཛིན་གྱི་ཡན་ལག་བདུན་པ་གསེར་ཁང་མའི་དམིགས་རིམ་གྱི་གནད་སྙིང་པོ་བསྡུ་བ་ལ་དོན་བཅུ་སྟེ། སྐུ་བལྟ་བའི་ཡན་ལག་དང་། ཕྱག་འཚལ་བའི་ཡན་ལག མཆོད་པ་འབུལ་བའི་ཡན་ལག སྡིག་པ་བཤགས་པའི་ཡན་ལག དགེ་བ་ལ་རྗེས་སུ་ཡི་རང་བའི་ཡན་ལག ཆོས་འཁོར་བསྐོར་བར་བསྐུལ་བའི་ཡན་ལག མྱ་ངན་ལས་མི་འདའ་བར་གསོལ་བ་འདེབས་པའི་ཡན་ལག དེ་རྣམས་ཀྱི་དགེ་རྩ་རྫོགས་བྱང་དུ་བསྔོ་བའི་ཡན་ལག དབང་བཞིས་རྒྱུད་སྨིན་པར་གསོལ་བ་འདེབས་པའི་ཡན་ལག བླ་མའི་རྣམ་ཐར་གྱི་རྗེས་སུ་འཇུག་པར་སྨོན་ལམ་གདབ་པའི་ཡན་ལག་རྣམས་སོ།།

禪定七支觀修次第攝要引導文

南摩穆拉咕嚕也

如來釋迦牟尼與普賢
不敗慈怙無著賢昆玉
惹那悉利具月光名者
禮敬畢當略示此備忘

此處，法主居惹氏大能吉天頌恭所撰《禪定七支色康瑪觀修次第攝要》共有十義：

1、瞻禮佛身支分；2、頂禮支分；3、供養支分；4、懺悔罪業支分；5、隨喜善根支分；6、請轉法輪支分；7、勸請不入涅槃支分；8、善根回向圓滿菩提支分；9、祈請以四灌成熟心相續支分；10、追隨上師行誼發願支分。

དང་པོ།
སྐུ་བསྟན་པའི་ཡན་ལག

དེ་ལ་གཉིས་ཏེ། ཆོས་སྐུ་ལ་བསྟན་པ་དང་། གཟུགས་སྐུ་ལ་བསྟན་པའོ།།

དང་པོ་ཆོས་སྐུ་ལ་བསྟན་པ་ནི།

དུས་གསུམ་རྒྱལ་བ་ཀུན་གྱི་སོགས་ཚིག་རྐང་བཅུ་གཉིས་ཀྱིས་སྟོན་ཏེ། དེའི་དགོངས་པ་ནི། རྩ་བའི་བླ་མ་ཡང་དག་པར་རྫོགས་པའི་སངས་རྒྱས་སྐུ་གསུམ་སྐྱོབ་པའི་གསུང་ལས། དང་པོ་སྐྱེ་མ་མྱོང་བ་ཆོས་སྐུ། བར་དུ་གནས་མི་སྲིད་པ་ལོངས་སྐུ། མཐར་འགག་མི་སྲིད་པ་སྤྲུལ་སྐུ། དངོས་པོ་རྒྱུ་ལམ་སྐྲའི་རྩེ་མོ་ཙམ་མ་གྲུབ་པ་ངོ་བོ་ཉིད་སྐུ་སྟེ། སྐུ་བཞི་གཅིག་པའི་སངས་རྒྱས་སོ་ཡེ་ཤེས་ལྔ་ལ་སྐྱོབ་པའི་གསུང་ལས། ཀུན་གཞི་དེ་གནས་འགྱུར་བས་མེ་ལོང་ལྟ་བུའི་ཡེ་ཤེས། སྟོང་པའི་ཕྱོག་པ་ནས་ཆོས་ཀྱི་དབྱིངས་ཀྱི་ཡེ་ཤེས། ཉོན་མོངས་པ་ཅན་གྱི་ཡིད་གནས་འགྱུར་བས་སོ་སོར་ཀུན་ཏུ་རྟོགས་པའི་ཡེ་ཤེས། སེམས་ཅན་གྱི་དོན་ལྷུན་གྲུབ་ཆད་མེད་དུ་འབྱུང་བ་བྱ་བ་ནན་ཏན་གྱི་ཡེ་ཤེས། དེ་རྣམས་ཐམས་ཅད་མཉམ་པ་ཉིད་དུ་གནས་པས་མཉམ་པ་ཉིད་ཀྱི་ཡེ་ཤེས་ལྡན་གྱི་བདག་ཉིད་ཆེན་པོ། དེའི་ཐུགས་ཆོས་ཀྱི་སྐུའི་ཡོན་ཏན་ལ་ཤེས་རབ་ཀྱི་མིག་གིས་བལྟས་ནས་འདི་ལྟར་བསམ་པར་བྱ་སྟེ། ག་རེ་འདས་མ་འོངས་ད་ལྟར་གྱི་དུས་གསུམ་དུ་གཤེགས་པ་དང་། བཞུགས་པ་དང་། འབྱོན་འགྱུར་གྱི་རྒྱལ་བ་ཀུན་དུས་རྟག་ཏུ་བཞུགས་པའི་གནས་ནི། སེམས་ཅན་དང་སངས་རྒྱས་ཀྱི་གཤིས་ཀྱི་གནས་ལུགས་ལ་བཟང་ངན་གྱི་དབྱེ་བ་མ་མཆིས་པ། དབྱིངས་རང་བཞིན་གྱིས་རྣམ་པར་དག་པ་པོ་ན་ལ་སྟེ།

第一章
瞻禮佛身支分

分為瞻禮法身與瞻禮色身。

第一節　瞻禮法身

“三世一切如來聖宮殿……”等，以十二句偈頌宣說。

彼之觀修為：觀根本上師為正等圓滿佛，具三身、五智之大自性。

（所謂“三身”），覺巴仁波切語：“首先為無生法身；其次為無住報身；最後為無滅化身。連髮尖毫許之實有亦無存，稱為自性身。佛集四身於一體”。

（所謂“五智”），覺巴仁波切語：“轉化阿賴耶即大圓鏡智；空性之反體即法界體性智；轉化煩惱意即妙觀察智；不斷任運成就眾生義利即成所作智；一切住於平等性中即平等性智。

以智慧之眼瞻禮（上師佛的）意法身功德後，應如是思惟：什麼是過去已來、現在正住、未來將臨之三世諸佛的恒時居所呢？彼等住於眾生與佛之法性實相中，此法性實相不具優劣之別，而是自性絕對清淨之界。

དེ་ནི་བླ་མའི་ཐུགས་སྟོང་ཉིད་ཆོས་ཀྱི་སྐུའི་ཕོ་བྲང་གི་མཆོག་ཡིན་པས། དེ་ལྟར་སེམས་ཉིད་གདོད་མ་ནས་རང་བཞིན་གྱིས་རྣམ་པར་དག་པའི་དཀྱིལ་འཁོར་འདིར། གཞི་ལམ་འབྲས་གསུམ་གྱི་གནས་སྐབས་ཀུན་ཏུ་གཤིས་ལ་འགྱུར་བ་མེད་ཅིང་། རང་བཞིན་ལྷུན་གྱིས་གྲུབ་པའི་གདན་གྱི་སྟེང་དུ། མ་བཅོས་རང་བྱུང་གི་བླ་མ་ཆོས་སྐུ་ཐིག་ལེ་ཉག་གཅིག་ཏུ་བཞུགས་པའི་རང་ཞལ་ལ། བདག་གི་ཤེས་རབ་ཀྱི་མིག་གིས་བལྟ་བར་བགྱིའོ་སྙམ་པའི་ངང་ནས། བླ་མའི་ཐུགས་ཆོས་སྐུ་སྟོང་ཉིད་ཀྱི་དོན་ལ་ཅེ་རེར་བལྟ་ཞིང་། འདི་འདྲ་བ་མཇལ་དུ་ཡོད་པ་རེ་དགའ་སྙམ་པ་དང་བཅས། དུས་གསུམ་རྒྱལ་བ་ཀུན་གྱི་ཕོ་བྲང་མཆོག །སེམས་ཉིད་གདོད་ནས་དག་པའི་དཀྱིལ་འཁོར་འདིར། །འགྱུར་མེད་ལྷུན་གྱིས་གྲུབ་པའི་གདན་སྟེང་དུ། །རང་བྱུང་བླ་མ་མཆོག་ལ་བལྟ་བར་བགྱི། །ཞེས་བརྗོད། དེ་ལ་འདིར། སེམས་ཉིད་གདོད་ནས་དག་པའི་དཀྱིལ་འཁོར་འདིར། ཞེས་གཞི་ཤེས་པའི་ལམ་རྫོགས་ཆེན་ཐེག་པའི་སྒོ་ནས་འགྲེལ་ན། སེམས་ཉིད་ཅེས་པ། སེམས་དང་སེམས་ཉིད་གཉིས་ཀྱི་ཚིག་དོན་ལ་ཁྱད་པར་ཡོད་ཅིང་། སེམས་ཉིད་དེ་སེམས་ཀྱི་ཆོས་ཉིད་དམ། སེམས་ཀྱི་དེ་ཁོ་ན་ཉིད་ལ་གསུངས་ཤིང་། ད་ལྟར་སེམས་ཉིད་དེ་གདོད་མའམ་ཐོག་མ་ནས་དག་པ་ཞེས། འཁོར་བ་ལ་འཁྲུལ་མ་མྱོང་བའི་ཆོས་ཉིད་དང་པོའི་དེ་བཞིན་གཤེགས་པ་ལ་གསུངས། ཡང་ན་ཡེ་གདོད་མ་ནས་འཁོར་བར་འཁྲམས་མ་མྱོང་བའི་སེམས་ཀྱི་རང་བཞིན། དག་པ་རང་བྱུང་གི་སངས་རྒྱས་ལ་བྱ། ཡང་ན་གཉུག་མའི་སེམས་ཞེས། ཡེ་གདོད་མ་ནས་སེམས་ཀྱི་དེ་ཁོ་ན་ཉིད་ལ་གསུངས་ཤིང་། སེམས་ཉིད་དེ་ལ་དཀྱིལ་འཁོར་ཞེས། དབུ་མའམ་སྙིང་པོ་གྱུར་པ། དེ་འདུས་མ་བྱས་ཡིན་པས་འགྱུར་བ་མེད་པ་དང་། རང་བྱུང་ཡིན་པས་ལྷུན་གྱིས་གྲུབ་པའི་སེམས་ཉིད་དེ་ཡིན།

上師之意，乃法身空性殊勝宮殿，因此，在這心性從本自性清淨壇城中，基、道、果所有階段本性未有改變。在自性天成之座墊上，對無造作、自生上師安住於法身唯一明點之本貌，我應以智慧之眼瞻禮！凝視上師意法身空性之義，並思惟：能得以如此瞻仰多麼令人喜悅！

念誦：

“三世一切如來聖宮殿，
本來清淨心性壇城中，
不動任運成就座墊上，
自生殊勝上師我瞻禮！”

此處，“本來清淨心性壇城中”，若以知基之道金剛乘來解釋，那麼，所謂“心性”，是與“心”具不同詞義者，“心性”乃“心之法性”，或“心之真如”。如是，所謂“心性本來或自始清淨”，是指在輪迴中未曾迷亂之法性，即本初佛；或是指在輪迴中未曾流轉之心自性，即清淨自生佛。又或，所謂本心，是指從本以來的心之真如，因此，彼“心性”被稱為“壇城”。

心性乃中道或精要，無為，故不動；自生，故任運成就。

བདག་ཅག་གི་སྟོན་པ་སངས་རྒྱས་ཤཱཀྱ་ཐུབ་པའི་གསུང་། དཀོན་མཆོག་བརྩེགས་པ་ལས། ལེབ༢༣༢་༢ བཅོམ་ལྡན་འདས་ཀྱིས་བཀའ་སྩལ་པ། འོད་སྲུངས་སེམས་ནི་...

བཙུན་པ་ཤཱ་རིང་ཏིའི་བུ། སེམས་འདས་པ་ནི། ཟད་པའི་མཚན་ཉིད་ཡིན་ལ། སེམས་མ་འོངས་པ་ནི། མ་ཐོབ་པའི་མཚན་ཉིད་ཡིན། སེམས་ད་ལྟར་བྱུང་བ་ནི། མི་གནས་པའི་མཚན་ཉིད་ཡིན་ན། བཙུན་པ་ཤཱ་རིང་ཏིའི་བུ། ཁྱོད་ཀྱི་སེམས་རྣམ་པར་གྲོལ་བ་དེ་གང་ཡིན། ཚེ་དང་ལྡན་པ་ཤཱ་ར་ད་ཏིའི་བུས་སྨྲས་པ། འཇམ་དཔལ། སེམས་འདས་པ་ཡང་རྣམ་པར་གྲོལ་བ་མ་ཡིན་ལ། མ་འོངས་པ་དང་། ད་ལྟར་བྱུང་བ་ཡང་མ་ཡིན་ནོ། །བཙུན་པ་ཤཱ་རིང་ཏིའི་བུ། འོ་ན་ཁྱོད་ཀྱི་སེམས་རྣམ་པར་གྲོལ་བ་དེ་གང་ཡིན། སྨྲས་པ། འཇམ་དཔལ། ཀུན་རྫོབ་རྣམ་པར་གཞག་པས། སེམས་རྣམ་པར་གྲོལ་བར་བསྟན་པ་ཟད་ཀྱི། དོན་དམ་པར་ནི། འདི་ལ་གང་བཅིངས་པའམ་གྲོལ་བའི་སེམས་དམིགས་སུ་མེད་དོ། །འཇམ་དཔལ་གྱིས་སྨྲས་པ། བཙུན་པ་ཤཱ་རིང་ཏིའི་བུ། ཁྱོད་ཆོས་ཀྱི་དབྱིངས་ཀྱི་རང་བཞིན་ལ་ཀུན་རྫོབ་དང་། དོན་དམ་པ་ཡོད་པར་འདོད་དམ། སྨྲས་པ། འཇམ་དཔལ། ཆོས་ཀྱི་དབྱིངས་ཀྱི་རང་བཞིན་ལ་ནི། ཀུན་རྫོབ་དང་། དོན་དམ་པ་དམིགས་སུ་མེད་དོ། །འཇམ་དཔལ་གྱིས་སྨྲས་པ། བཙུན་པ་ཤཱ་རིང་ཏིའི་བུ། འོ་ན་ཇི་ལྟར་ཀུན་རྫོབ་རྣམ་པར་གཞག་པས་སེམས་རྣམ་པར་གྲོལ་བར་སྟོན། སྨྲས་པ། འཇམ་དཔལ། ནམ་ཡང་སེམས་རྣམ་པར་གྲོལ་བ་ཅི་ཡང་མེད་དམ། འཇམ་དཔལ་གྱིས་སྨྲས་པ། བཙུན་པ་ཤཱ་རིང་ཏིའི་བུ། གལ་ཏེ་སེམས་ཤིག་ནང་ངམ། ཕྱི་རོལ་ལམ། གཉིས་ཀའི་བར་ན་དམིགས་སུ་ཡོད་ན་ནི། སེམས་རྣམ་པར་གྲོལ་བ་ཞིག་ན། བཙུན་པ་ཤཱ་རིང་ཏིའི་བུ། སེམས་ནི། ནང་ངམ། ཕྱི་རོལ་ལམ། གཉིས་ཀ་མེད་པར་ཡང་དམིགས་སུ་མེད་པས། དེ་ལ་བཅིངས་པའམ། རྣམ་པར་གྲོལ་བ་ཅི་ཡང་མེད་དོ། །ཞེས་གསུངས་པ་ལྟར་རོ།།

我等之導師釋迦牟尼佛語（《寶積經》第232頁第2行）：“尊者舍利子，若是過去心，則其性相已竭盡；若是未來心，則其性相未獲得；若是現在心，則其性相無駐留。（那麼）尊者舍利子，您那顆解脫的心是什麼呢？”尊者舍利子回答：“文殊，並非過去心得解脫，並非未來心得解脫，亦非現在心得解脫。”

文殊菩薩問：“尊者舍利子，那麼您那解脫的心是什麼呢？”尊者舍利子回答：“文殊，唯有在世俗諦上安立宣說‘解脫的心’，勝義諦上，任何‘被束縛的心’或‘被解脫的心’皆了無可得。”

文殊菩薩問：“尊者舍利子，您認為法界自性有世俗諦與勝義諦嗎？”尊者舍利子回答：“文殊，在法界自性中，世俗諦與勝義諦皆了不可得”。

文殊菩薩問：“尊者舍利子，那麼，如何以世俗諦的安立來宣說解脫的心呢？”尊者舍利子問：“文殊，難道說，無論何時都沒有任何解脫的心嗎？”文殊回答：“尊者舍利子，如果心於內、外、中有可得的話，那麼就有解脫的心；尊者舍利子，心於內、外、中間都了不可得，（既然如此）則既沒有‘被束縛的心’，也沒有‘被解脫的心’。”

དེ་ཡང་འཛམ་བུ་གླིང་གི་ཆུ་ཀླུང་སྣ་ཚོགས་ཇི་སྙེད་ཅིག་ཡོད་པ་རྣམས་རྒྱུགས་ཚུལ་མི་འདྲ་བ་དང་། མདོག་མི་འདྲ་བ། བྲོ་བ་མི་འདྲ་བ་ཅི་མཆིས་ཀྱང་། རྒྱ་མཚོར་འདུས་སྐབས་ཐ་དད་མེད་པར་རོ་གཅིག་ཏུ་འགྱུར་ལ། དཔེ་དེ་བཞིན་དུ་སེམས་དང་ཆོས་སུ་སྣང་བ་ཐམས་ཅད་ཀྱང་སྣང་ཚུལ་མི་འདྲ་བ་ཇི་ལྟར་ཡང་། དེའི་ངོ་བོ་བཙལ་གྱིན་བཙལ་གྱིན་འགག་པར་གྱུར་ནས། མེད་པ་དེའང་དུས་གསུམ་དུ་མ་སྐྱེས། མ་འགག་པ། དེ་ཉིད་གཞན་དུའང་འགྱུར་བ་མེད་པ་དེ་ནི། མ་མཐོང་བའི་མཐོང་བ་ཆེན་པོ། དེ་རང་གིས་རིག་ནས་མཐོང་མ་ཐག་ཏུ། དཔེར་ན་གྲུབ་བརྒྱའི་སྤྱི་མེས་ས་ར་ཧ་པས་མི་རྟོག་ཕྱུམ་རའི་ནང་དུ་བཞུགས་སྐབས་ཐོད་པའི་ཆང་སྟོད་ནང་ངོས་སུ། ཕྱིའི་ཡུལ་ལྗོངས་འཆར་བའི་རྐྱེན་ཞིག་གིས།ཆོས་རྣམས་ཐམས་ཅད་སྒྱུ་མའི་གཟུགས་བརྙན་དུ་གཟིགས་ནས། སྐད་ཅིག་ཉིད་ལ་རིག་པ་སད་དེ་མགུར་གསུངས་པ། མདུན་དང་རྒྱབ་དང་ཕྱོགས་བཅུ་རུ། །གང་གང་མཐོང་བ་དེ་དེ་ཉིད། །དེ་རིང་ཉིད་དུ་འཁྲུལ་པ་ཆད། །ད་ནི་སུ་ལའང་འདྲི་མི་བྱ། །ཞེས་དམ་པའི་དོན་དེ་རང་གིས་མཐོང་མ་ཐག་ཏུ་འཁོར་བ་སྡུག་བསྔལ་གྱི་རྒྱ་མཚོ་ཆེན་པོ་ལས་བརྒལ་བར་བྱས་སོ། །དེ་ཡང་འབྲི་གུང་༧སྐྱོབ་པ་འཇིག་རྟེན་མགོན་པོས།

རྣམ་རྟོག་རྟོགས་པའི་རྣལ་འབྱོར་པ།།
རྟོགས་པའི་སྐད་ཅིག་དེ་ཉིད་ལ།།
འཁོར་བ་ཆོས་སྐུ་བདེ་ཆེན་དུ།།
སྐད་ཅིག་གཅིག་གིས་འགྱུར་བ་ལགས།།

ཞེས་གསུངས་པ་ལྟར་རོ།།

此外，瞻部洲盡所有種種河流，雖然奔流形態不同，顏色有別，味道各異，但在匯入大海之際則無有差別地轉為一味。

如其所喻，心與法的一切顯現也如此，不管顯現如何，其自性找著找著就歸於寂滅。彼“無”，即“三時無生、無滅”，亦“未轉為他物”。

對此“未見之大見”，自明而見彼之當下，譬如，百位成就者之共祖薩惹哈，於花園中安坐時，以外部景象倒映於顱骨酒器內之緣，觀萬法如影如幻後，瞬間明覺覺醒，而唱出道歌：“前後及十方，所見皆為彼；今日斷迷亂，不應問旁人。”

即所謂，自見勝義，當下即能跨越痛苦輪迴大海。

此外，覺巴仁波切語：

“證悟妄念瑜伽士，
於彼證悟之剎那，
能將輪迴於瞬間，
轉為大樂之法身。”

རང་བྱུང་བླ་མ་མཆོག་ལ་བལྟ་བར་བགྱི། །ཞེས་འདི་ཇི་ལྟར་བལྟ་ན། ༧སྐྱབས་པའི་བཀའ་འབུམ་ལེ་ཚན། ༤༢༠༧ ལས། རྟེན་འབྲེལ་ལྟར་ན་རྟེན་བདུན་རྣམ་དག་ལྟར་རྟེན་དམིགས་པ་ནི། དེའང་ཕྱི་ནང་གསང་གསུམ་དུ་འབྱུང་ལ། དེ་ལས་ཕྱིའི་རྟེན་འབྲེལ་གྱི་རྟེན་བླ་མ་ནི་ཞལ་དངོས་སུ་བཞུགས་པ་དེ་ཡིན། ནང་རྟེནཅིང་འབྲེལ་བར་འབྱུང་བའི་བླ་མ་ནི། རང་ཉིད་ཀྱི་དམིགས་པའི་ཡུལ་དུ་གྱུར་པ་སེམས་ཉིད་བླ་མར་སྣང་བ་རང་གི་བསམ་པའི་རང་གཟུགས་སུ་མདུན་གྱི་ནམ་མཁའ་ལ་བསྒོམ་པ་དེ་ཉིད་ཡིན། གསང་བ་རྟེན་འབྲེལ་གྱི་བླ་མ་ནི། རྡོ་རྗེའི་ལུས་འདི་ཉིད་འཁོར་ལོ་སྟོད་སྨད་དུ་བསྒོམ་པ་དེ་ཉིད་དོ།། ཞེས་གསུངས་སོ། །ཆོས་དབྱིངས་བདེ་ཆེན་དེ་ནི་མཐོང་ཞེས་འདི་མཐོང་བ་ལ་ཡོན་ཏན་ཅི་ཡོད་ཅེ་ན། བསམ་གྱིས་མི་ཁྱབ་སྟེ། ཡུལ་སྟོང་པ་ཉིད་ཆོས་ཀྱི་དབྱིངས་དང་། ཡུལ་ཅན་བདེ་བ་ཆེན་པོ་དབྱེར་མེད་པའི་ཡེ་ཤེས་འདི་འདྲ་བ་ཤེས་རབ་ཀྱི་མིག་གིས་མཐོང་མ་ཐག འཁོར་བའི་རྒྱ་མཚོ་ཆེན་པོའི་ལས་དང་ཉོན་མོངས་པའི་ཟ་ རླབས་འཁྲུགས་པ་ལས་རབ་ཏུ་བརྒལ་ཏེ། དུས་རྟག་ཏུ་འཕོ་འགྱུར་མེད་པའི་བདེ་བ་ཆེན་པོ། ཟག་བཅས་ཀྱི་དྲི་མ་དག་པའི་ས་ཕྱོགས་རབ་ཏུ་དགའ་བ་སོགས་ལ་ཕྱིན་པར་བྱེད་པས་ན། མཐོང་བ་དོན་མེད་པ་མ་ཡིན་པར། དོན་ཤིན་ཏུ་ཆེན་པོ་ཡོད་པས།

所謂“自生殊勝上師我瞻禮”，若問如何瞻禮，覺巴文集第680節講到：按照緣起的清淨七所依來看，（瞻禮所依）亦分內、外、密三種：（瞻禮）外緣起所依上師，是（瞻禮）現實存在的上師；（瞻禮）內緣起上師，是於前方虛空中，把作為自己所緣境而顯現的心性上師，觀修為自己思惟之本貌；（瞻禮）密緣起上師，是將此金剛身觀為上下輪。

所謂“剎那得見大樂之法界……”，若問此見有何功德？功德不可思議！“境”，乃法界空性；“有境”，乃與大樂無別之本慧。以智慧之眼剎那得見彼等，即能跨越輪迴大海業與煩惱之迷亂波濤，並能獲至恒時無有變遷的大樂，抵達已淨除有漏垢染之歡喜地等。因此，此“見”並非無意義，而是意義極大。

མ་བཅོས་རང་བྱུང་གི་བླ་མ་ཆོས་ཀྱི་སྐུའི་རང་ཞལ་ལ། བདག་གི་ཤེས་རབ་ཀྱི་མིག་གིས་བལྟ་བར་བགྱིའོ་སྙམ་པས། བླ་མའི་ཐུགས་ཆོས་སྐུ་སྟོང་ཉིད་ཀྱི་དོན་ལ་ཅེ་རེར་བལྟ་ཞིང་། འདི་འདྲ་བ་མཇལ་བ་རེ་དགའ་སྙམ་པ་དང་བཅས། ཆོས་དབྱིངས་བདེ་ཆེན་དེ་ནི་མཐོང་མ་ཐག །འཁོར་བའི་རྒྱ་མཚོ་ཆེ་ལས་རབ་བརྒྱལ་ནས། །བདེ་ཆེན་དག་པའི་ས་ལ་ཕྱིན་པར་བྱེད། །མཐོང་བ་དོན་ཡོད་བླ་མ་མཆོག་འདི་བལྟ། །ཞེས་བརྗོད། དེ་ལ་འདིར། ཆོས་དབྱིངས་བདེ་ཆེན་དེ་ནི་མཐོང་མ་ཐག །ཅེས་པ་ཡུལ་ཆོས་ཀྱི་དབྱིངས་དང་། ཡུལ་ཅན་བདེ་བ་ཆེན་པོ་ཞེས་པའི། ཡུལ་ཆོས་ཀྱི་དབྱིངས་དེ་ནི། དཀོན་མཆོག་བརྩེགས་པ་ལས། ལེབ་༡༤༢···༧ ཆོས་རྣམས་དང་ནི་ཆོས་ཀྱི་དབྱིངས། །འདི་གཉིས་ལ་ཡང་མཚན་མ་མེད། །ཆོས་རྣམས་མཚན་མ་སྤངས་པས་ན། །ཆོས་ཀྱི་དབྱིངས་ཞེས་བཤད་པ་ཡིན། །ཆོས་ཀྱི་དབྱིངས་ཞེས་གང་བཤད་པ། །དབྱིངས་དང་དབྱིངས་མེད་པ་ཡང་མིན། །ཆོས་ཀྱི་དབྱིངས་ཞེས་རབ་བསྟན་ཀྱང་། །ཡང་དག་པར་ནི་དམིགས་སུ་མེད། །མཚན་མ་མེད་པ་མི་སེམས་ཤིང་། །སྨོན་པ་མེད་པའང་སེམས་མི་བྱེད། །དེ་ལྟར་རྣམ་པར་མི་རྟོག་པས། །མཚན་དང་མཚན་མེད་རབ་རྟོགས་འགྱུར། །ཡེ་ཤེས་དམ་པ་གནས་པ་མེད། །གནས་པ་མེད་པས་ལེགས་གནས་ཡིན། །དེ་ལྟའི་གནས་པ་གང་ཐོབ་པ། །ཆོས་ཀྱི་དབྱིངས་ལ་གནས་པ་ཡིན། །གལ་ཏེ་རྟེན་མེད་ཐོབ་གྱུར་ན། །རྟག་ཏུ་གཡོ་བ་མེད་པར་འགྱུར། །འཇུག་པ་མེད་ཅིང་འབྱུང་བ་མེད། །མཉམ་པ་ཉིད་དུ་རབ་ཏུ་གནས། །བསྟན་མེད་དབྱིངས་ནི་གང་ཡིན་པ། །དེ་ནི་ཆོས་ཀྱི་དབྱིངས་ཞེས་བྱ། །ཞེས་དང་།

對無造作、自生上師之法身本貌，我以智慧之眼瞻禮！凝視上師意法身空性之義，並思惟：能如此瞻仰是多麼令人喜悅！

念誦：

“剎那得見大樂之法界，
即可渡脫輪迴之大海，
抵達大樂清淨之剎土，
見即獲益上師我瞻禮！”

此處，“剎那得見大樂之法界”，所謂“境，乃法界”；“有境，乃大樂”。而其中的“境，乃法界”。《寶積經》（第182頁第2行）中講到：

“諸法及法界，二者皆無相；諸法斷性相，因此謂法界。如何謂法界，非‘界’非‘無界’；細說此法界，正等無所得。不思量‘無相’，亦不思‘無願’；如此不妄想，圓證‘相’‘無相’。正等慧無住，‘無住’故‘善住’；何處得‘此住’，法界之中‘住’。若得‘無所依’，恒時無動搖；無入亦無出，平等性永住。何為‘無見界’，彼即為‘法界’。”

༄སྐྱོབ་པ་འཇིག་རྟེན་གསུམ་མགོན་པོས།

ཆོས་ཅན་མི་བསམ་ཆོས་ཉིད་མི་བསམས་ཏེ། །ཆོས་དང་ཆོས་ཅན་གཉིས་སུ་མེད་པ་ཡི། །དོན་དེ་བློ་ཡིས་འཛིན་པས་མི་བཟུང་ཞིང་། །འདི་ནི་དབྱིངས་ཉིད་འདི་ནི་ཡེ་ཤེས་ཏེ། །གཟུང་འཛིན་གཉིས་ཀྱིས་སྟོང་པའི་རིག་པ་ལ། །དུས་གསུམ་ཤེས་བྱའི་དཀྱིལ་འཁོར་འཆར་བའི་ཚུལ། །སྟོང་པར་སོང་གིས་ངོགས་པའི་འཇིགས་པ་སད། །ལུང་དང་རིགས་པས་གཏན་ལ་ཕབ་པ་ཡིས། །ཡེ་ཤེས་རང་རིག་འདི་ལ་རེ་ཐག་ཆད། །ཅེས་པ་ལྟར་དང་། བདེ་ཆེན་ནི། ཀྱེའི་རྡོ་རྗེ་ལས། རྫོགས་པའི་རིམ་པའི་རྣལ་འབྱོར་འདི། །དེ་ཡི་བདེ་བ་བདེ་ཆེན་བརྗོད། །ཅེས་རྣམ་རྟོག་ཕྲ་རག་གི་ཟུག་རྔུ་མཐའ་དག་ཞི་ནས། སེམས་བདེ་སྟོང་གཉིས་སུ་མེད་པའི་ཡེ་ཤེས་ལ་གནས་པར་གསུངས་ཤིང་། དེ་ལྟ་བུའི་ཆོས་དབྱིངས་བདེ་ཆེན་དེ་ཉིད་མཐོང་མ་ཐག་ཏུ་འཁོར་བའི་བཙོན་ར་ལས་ཐར་བར་འགྱུར་ལ། བདེ་ཆེན་ཆོས་སྐུའི་གློང་གི་རྒྱུ་བའི་རང་གཟུགས་བླ་མ་དེ་ལ། མ་བཅོས་ཤེས་རབ་མིག་གིས་བལྟས་པ་ཙམ་གྱིས་གྲོལ་བར་འགྱུར་བ་ནི། བཀའ་བརྒྱུད་འདི་བྱིན་རླབས་མོས་གུས་ཀྱི་ལམ་པ་ཡིན་པས་སོ།།

སྐྱབས་དེ་དྲན་པར་གྱུར་པ་ཞེས་ཡང་འདི་ལྟར་དངོས་འཛིན་འཁོར་བའི་ལུགས་སྲོག་སྐད་ཅིག་གིས། དགྲོལ་བརམཛད་པའི་སྐྱབས་གནས་དམ་པ། འདི་ལྟར་སྣང་བའི་ཆོས་ཐམས་ཅད་རྟག་བརྟན་བདེན་གྲུབ་ཏུ་འཁྲུལ་བློས་རྟོག་པས་བཏགས་པ་མ་གཏོགས། རང་ངོས་ནས་བདེན་པར་གྲུབ་པ་སྤུ་ཙམ་མ་མཆིས་སོ་སྣམ་པའི་སྟོང་ཉིད་ཆོས་ཀྱི་སྐུ་དེ། སྐད་ཅིག་མ་གཅིག་དྲན་པ་ཙམ་གྱིས་ཀྱང་ཉོན་མོངས་དུག་ལྔ་དང་། དངོས་པོར་འཛིན་པའི་རྣམ་རྟོག་དང་། སེམས་འདོད་པའི་ཕྱོགས་སུ་འཁྲིད་པའི་བདུད་ཀྱི་དཔུང་རྣམས་ཅིག་ཅར་དུ་འཛོམས་པར་བྱེད་པས་ན།

覺巴仁波切語：

不思‘有法’亦不思‘法性’，‘法’及‘有法’二者無分別，心於此義持而不執著，此為‘法界’此則為‘本慧’，能所二取皆空明覺中，三時所知壇城顯現狀，以空性令疑惑怖畏醒，以教與理獲得此確定，本慧自明之中斷希求。”

所謂“大樂”，《喜金剛》中講到：“圓滿次第之瑜伽，彼之安樂即大樂。”即是指粗細妄念的痛楚全部止息後，心住於樂空無二之本慧中。一旦見到這樣的大樂法界本性，即能從輪迴牢獄中得以解脫。

對於法身大樂界佛陀之本貌──上師，僅以無造作之智慧眼瞻禮即能獲得解脫，此即噶舉派的虔敬加持道。

所謂“雖僅刹那憶念救度尊……”，也是如此，是指能瞬間將執實輪迴的鐵鎖解開的正等皈依處。

如此，所顯現萬法，無非是以迷亂心妄想後，施設為恒常、堅固、實有而已，（實際）其本身不存在絲毫實有。如是思惟之法身空性，僅以刹那憶起亦能將五毒煩惱、執實妄念、以及引心趨欲之魔軍同時摧毀。

དཔའ་བོ་ཆེན་པོ་བདེན་འཛིན་གྱི་གཡུལ་ལས་རྣམ་པར་རྒྱལ་བ། མ་བཅོས་རང་བྱུང་གི་བླ་མ་ཆོས་ཀྱི་སྐུའི་རང་ཞལ་ལ། བདག་གི་ཤེས་རབ་ཀྱི་མིག་གིས་བལྟ་བར་བགྱིའོ་སྙམ་པས། བླ་མའི་ཐུགས་ཆོས་སྐུ་སྟོང་ཉིད་ཀྱི་དོན་ལ་ཅེ་རེར་བལྟ་ཞིང་འདི་ལྟ་བུ་མཇལ་བ་རེ་དགའ་སྙམ་པ་དང་བཅས། སྐྱབས་དེ་དྲན་པར་གྱུར་པ་ཙམ་གྱིས་ཀྱང་། །ཉོན་མོངས་རྣམ་རྟོག་བདུད་དཔུང་འཇོམས་མཛད་པའི། །དཔའ་བོ་གཡུལ་ལས་རྣམ་རྒྱལ་བླ་མ་ལ། །ཡིངས་པ་མེད་པར་ཤེས་རབ་མིག་གིས་བལྟ། །ཞེས་བརྗོད་དོ། །དེ་ལ་འདིར། ཡིངས་པ་མེད་པར་ཤེས་རབ་མིག་གིས་བལྟ། །ཞེས་པ་ཆོས་ཉིད་བདེ་ཆེན་དེ་ཇི་ལྟར་མཐོང་དེ་ནི་ཉོན་མོངས་པའི་བདུད་ཀྱི་ཚོགས་མཆན་འཛིན་གྱི་རྣམ་རྟོག་ཐམས་ཅད་རྨིག་མེད་དུ་འཇོམ་པའི་རྡོ་རྗེ་ལྟ་བུའི་ཏིང་ངེ་འཛིན་གྱིས་སོ། །ཏིང་ངེ་འཛིན་དེ་ལས་མི་གཡོ་བའི་རང་སེམས་བླ་མ་དེ་ལ་བལྟ་བའི་སྐྱོང་ཚུལ་ཇི་ལྟར་ཞེ་ན། འབྲི་གུང་༧སྐྱོབ་པའི་ཞལ་ནས། དུས་གསུམ་སངས་རྒྱས་ཀྱི་གཞུང་ལམ་དེ། །དུས་རྒྱུན་ཆད་མེད་པའི་དྲན་པ་ཡིན། །དྲན་པ་རྒྱུན་ཆགས་མ་ཤེས་ན། །ལུས་ངག་ཏབ་ཏབ་ཀྱི་ཁ་ན་མེད། །ཅེས་གསུངས་པ་ལྟར་རང་སེམས་ཆོས་སྐུ་དེ་ལ་རྣམ་རྟོག་གིས་བར་མ་མཆོད་པར་ལུས་ངག་ཡིད་གསུམ་ཤེས་བཞིན་དྲན་པའི་སྒོ་ནས་རྒྱུན་སྐྱོང་བར་གསུངས་པ་བཅས། བལྟ་བའི་མཆོད་པ་འབུལ་བ་ལགས་སོ།།

因此，對戰勝執實之大勇士，即無造作、自生上師之法身本貌，我以智慧之眼瞻禮！如是思惟後，凝視上師意法身空性之義，並思惟：能如此瞻仰是多麼令人喜悅！

念誦：

“雖僅剎那憶念救度尊，
亦滅煩惱念頭魔軍眾，
善戰勇士尊勝之上師，
以不放逸智眼我瞻禮！”

此處，“以不放逸智眼我瞻禮”，（若問）所謂法性大樂如何得見？（答案是），唯有能將煩惱魔軍、執相妄念全部摧毀殆盡的金剛喻定。

若問，對於如如不動之自心上師，其瞻禮應如何保任？

覺巴仁波切語：

“三世諸佛之大道，乃無間斷恒憶念；
若不通曉恒憶念，身語庸碌而無益。”

如其所言，自心法身不被妄念障礙，而以身語意三門有意識地憶念，是為保任。（此）為瞻禮供養。

གཉིས་པ། གཟུགས་སྐུ་ལ་བསྟོད་པ།

ཁྱོད་ཀྱི་སྐུ་ལ་ཕྱོགས་བཅུ་ཞེས་སོགས་ཚིག་རྐང་བཞིས་བསྟན་ཏེ། དེ་ཡང་དཔལ་ལྡན་བླ་མ་སངས་རྒྱས་ཆོས་ཀྱི་སྐུ་དེ་ཉིད་ཀྱིས་སྔོན་གྱི་སྨོན་ལམ་གྱི་སྟོབས་ལས་བྱུང་བ། གཟུགས་སྐུ་མཛེས་ཤིང་བལྟ་བས་མི་ངོམས་པ། དེའི་བ་སྤུའི་བུ་ག་རེ་རེ་བཞིན་ཡང་སངས་རྒྱས་ཀྱི་ཞིང་ཁམས་ཆེས་མང་པོ་ཆགས་པས་ན། བླ་མ་ཉིད་ཀྱི་སྐུ་ལ་ཕྱོགས་བཅུ་དུས་གསུམ་གྱི་སངས་རྒྱས་ཀྱི་ཞིང་ཁམས་ཐམས་ཅད་མ་འདྲེས་གསལ་ཇོགས་སུ་སྣང་ཞིང་། ནམ་མཁའི་མཐས་གཏུག་པའི་སངས་རྒྱས་ཀྱི་ཞིང་ཁམས་དེ་ཐམས་ཅད་ཀྱང་བླ་མ་ཉིད་ཀྱི་སྐུ་གཅིག་པུས་ཁྱབ་པ། སངས་རྒྱས་དེ་ཐམས་ཅད་འཁོར་བྱང་ཆུབ་སེམས་དཔའ་དང་ཉན་ཐོས་རྒྱ་མཚོ་ལྟ་བུ་ལ་ཆོས་ཀྱི་འཁོར་ལོ་བསྐོར་ཞིང་། གདན་སེང་ཁྲི་པདྨ་ཉི་ཟླའི་སྟེང་དུ་ཐོགས་དང་དོགས་པ་མེད་པའི། རྣམ་པར་འོད་དང་འོད་ཟེར་ནམ་མཁའ་ཁྱབ་པར་འགྲོ་བཞིན་དུ་བཞུགས་པར་བསམ་ཞིང་། དེ་ལ་ཤེས་རབ་ཀྱི་མིག་གིས་ཅེར་རེར་བལྟས་ནས། འདི་ལྟ་བུ་མཛལ་བ་རེ་དགའ་སྙམ་པ་དང་བཅས།

ཁྱོད་ཀྱི་སྐུ་ལ་ཕྱོགས་བཅུ་མ་ལུས་པའི།།
དུས་གསུམ་རྒྱལ་བ་སྲས་དང་བཅས་པ་རྣམས།།
མི་འཇིགས་པ་པདྨ་ཉི་ཟླའི་གདན་སྟེང་དུ།།
མཚན་དཔེས་སྤྲས་པའི་སྐུ་ལ་དགའ་བས་བལྟ།།

ཞེས་བརྗོད་ཅིང་མཉམ་པར་འཇོག་པ་སྟེ། དེ་དག་ནི་སྐུ་བལྟ་བའི་ཡན་ལག་གོ།

第二節瞻禮色身

“於您身中圓具十方之……”等，以四句偈頌宣說。

色身，乃由具德上師法身佛本身，於往昔所發誓願力產生。色身曼妙而觀之不厭，其身上每一毛孔均形成極多佛刹。因此，十方三世一切諸佛刹土均無有交疊，清晰完整地顯現於上師身上，盡虛空界一切佛刹，也以上師一身遍覆。佛對如海般眷屬——菩薩及聲聞弟子轉動法輪，並於獅子寶座蓮花日月座墊上，放射無礙、無慮之光與光芒，遍照虛空而安坐。以智慧之眼凝視（上師色身），並思惟：能如此瞻仰是多麼令人喜悅！並念誦：

“於您身中圓具十方之，
三世諸佛以及佛子眾；
不敗蓮華日月座墊上，
相好隨好之身歡喜瞻！”

如此禮贊而平等住。此為身之瞻禮支分。

མཚན་དཔེས་སྤྲས་པའི་སྐུ་ལ་དགའ་བས་བལྟ། ཞེས་འདི་ལ་གཞི་ཤེས་པ་རྡོ་རྗེ་ཐེག་པའི་སྒོ་ནས་དོན་དམ་དུ་འགྲེལ་བརྗོད་བྱེད་ན་དེ་ཡང་། འཕགས་པ་ཤེས་རབ་ཀྱི་ཕ་རོལ་ཏུ་ཕྱིན་པ་རྡོ་རྗེ་གཅོད་པར། བཅོམ་ལྡན་འདས་ཀྱིས་བཀའ་བསྩལ་པ། རབ་འབྱོར་དེ་དེ་བཞིན་ནོ། །དེ་དེ་བཞིན་ཏེ། མཚན་ཕུན་སུམ་ཚོགས་པས་དེ་བཞིན་གཤེགས་པར་བལྟ་བར་མི་བྱ་སྟེ། ཡང་རབ་འབྱོར། མཚན་ཕུན་སུམ་ཚོགས་པས་དེ་བཞིན་གཤེགས་པར་བལྟ་བར་འགྱུར་ན། འཁོར་ལོས་བསྒྱུར་བའི་རྒྱལ་པོ་ཡང་དེ་བཞིན་གཤེགས་པར་འགྱུར་ཏེ། དེ་བས་ན་མཚན་ཕུན་སུམ་ཚོགས་པས་དེ་བཞིན་གཤེགས་པར་བལྟ་བར་མི་བྱའོ། །དེ་ནས་བཅོམ་ལྡན་འདས་ལ་ཚེ་དང་ལྡན་པ་རབ་འབྱོར་གྱིས་འདི་སྐད་ཅེས་གསོལ་ཏོ། །བཅོམ་ལྡན་འདས་བདག་གིས་ཇི་ལྟར་བཅོམ་ལྡན་འདས་ཀྱིས་གསུངས་པའི་དོན་འཚལ་བ་ལྟར་ན། མཚན་ཕུན་སུམ་ཚོགས་པས་དེ་བཞིན་གཤེགས་པར་བལྟ་བར་མི་བགྱི་ལགས་སོ། །དེ་ནས་བཅོམ་ལྡན་འདས་ཀྱིས་དེའི་ཚེ་ཚིགས་སུ་བཅད་པ་འདི་དག་བཀའ་བསྩལ་ཏོ། །

གང་དག་ང་ལ་གཟུགས་སུ་མཐོང་། །གང་དག་ང་ལ་སྒྲར་ཤེས་པ། །
ལོག་པའི་ལམ་ལ་ཞུགས་པ་སྟེ། །སྐྱེ་བོ་དེ་དག་ང་མི་མཐོང་། །
སངས་རྒྱས་རྣམས་ནི་ཆོས་ཉིད་ལྟ། །འདྲེན་པ་རྣམས་ནི་ཆོས་ཀྱི་སྐུ། །
ཆོས་ཉིད་ཤེས་པར་བྱ་མིན་པས། །དེ་ནི་རྣམ་པར་ཤེས་མི་ནུས། །

ཞེས་དང་། དེ་ལྟར་གསལ་སྟོང་གཉིས་སུ་མེད་པ་སངས་རྒྱས་སྤྲུལ་པའི་སྐུ་ལ། ཡིད་དྭང་བ་རབ་ཏུ་འབར་བ་དགའ་བས་སྐུ་ལ་བལྟ་བའི་མཆོད་པ་ལགས་སོ། །

所謂“相好隨好之身歡喜瞻”，此處，若以“知基”之道金剛乘，在勝義諦上解釋禮贊，《能斷金剛聖般若波羅蜜多》中講到，世尊言：“須菩提，如是，如是。不應以圓滿之相觀如來。又，須菩提，若以圓滿之相觀如來，則轉輪聖王亦為如來。是故不應以圓滿之相觀如來。”

爾後，須菩提長老對世尊如是言：“世尊，若我依照世尊之言而揣度所說義，即不以圓滿之相觀如來。”

爾後，世尊以偈頌言：

“若人以色求見我，　若人以聲了知我，
此人乃已入邪道，　彼等眾生未見我。
應觀諸佛為法性，　一切導師乃法身；
法性並非彼所識，　故彼不能被了知。”

如是，對明空無二之佛化身，以清淨意念，熱烈歡喜地瞻禮而作供養。

གཉིས་པ།
ཕྱག་འཚལ་བའི་ཡན་ལག།

དེ་ལ་གཉིས་ཏེ། མདོར་བསྟན་པ་དང་། རྒྱས་པར་བཤད་པའོ།།

དང་པོ། མདོར་བསྟན་པ།

སྐུ་གསུམ་སེམས་ཀྱི་ངོ་བོ་སོགས་ཚིག་རྐང་བཞིས་བསྟན་ཏེ། འདི་ལྟར་བླ་མ་སངས་རྒྱས་རིན་པོ་ཆེའི་ཐུགས་སྐྱེ་འགག་སོགས་སྤྲོས་མཚན་ཀུན་དང་བྲལ་བའི་ཆོས་ཀྱི་སྐུའི་རང་མདངས་ལས། གདུལ་བྱ་དག་པ་ས་བཅུ་པ་སོགས་ཀྱི་ངོར། ལོངས་སྤྱོད་རྫོགས་པའི་སྐུ་མཚན་དཔེས་བརྒྱན་པ། ངེས་པ་ལྔ་ལྡན་གནས་ངེས་པ་འོག་མིན་སྟུག་པོ་བཀོད་པ་ཁོ་ནར་བཞུགས་པ། སྐུ་ངེས་པ་མཚན་དཔེ་ཡོངས་སུ་གསལ་རྫོགས་ཀྱིས་སྤྲས་པ། འཁོར་ངེས་པ་བྱང་སེམས་འཕགས་པ་ཤ་སྟག་གིས་བསྐོར་བ། ཆོས་ངེས་པ་ཐེག་ཆེན་གྱི་ཆོས་འབའ་ཞིག་གསུང་བ། དུས་ངེས་པ་འཁོར་བ་ཇི་སྲིད་བར་དུ་བཞུགས་པ་བཅས་ལྔའོ་གྱི་རོལ་པ་སྟོན་པར་སྣང་ཞིང་། དེ་ལས་གདུལ་བྱ་དག་དང་མ་དག་སྣ་ཚོགས་པའི་སྣང་ངོར། མཆོག་དམན་གྱི་རྣམ་པ་ཅན་གྱི་སྤྲུལ་པ་མཐའ་ཡས་པ་ཅིག་ཅར་དུ་སྟོན་ཀྱང་། ངེས་པའི་དོན་དུ་དེ་གསུམ་ག་བླ་མའི་ཐུགས་རྣམ་ཀུན་མཆོག་ལྡན་གྱི་སྟོང་ཉིད། ཆོས་སྐུ་རྡོ་རྗེ་འཆང་ཆེན་པོའི་རང་རྩལ་ལས་ལོགས་སུ་དབྱེར་མེད་པ། ལྷན་ཅིག་སྐྱེས་པའི་བདེ་བ་ཆེན་པོའི་སྐུ་ཁྱོད་ཉིད་ལ་ཞེས། སྐུ་གསུམ་དབྱེར་མེད་པའི་བླ་མ་སངས་རྒྱས་ཀྱི་སྐུ་བཀྲ་ལམ་མེར་དམིགས་ནས། དེའི་སྤྱན་སྔར་རང་གི་ལུས་གྲངས་མེད་དཔག་ཏུ་མེད་པ་སྤྲིན་ཆེན་པོ་ལྟ་བུར་སྤྲུལ་ནས། སངས་རྒྱས་དེ་རྣམས་རེ་རེ་བཞིན་ཞབས་ཀྱི་པདྨོ་ལ། རང་གི་ལུས་རེ་རེ་བཞིན་མགོ་བོས་བཏུད་ནས།

第二章
頂禮支分

分為二：略說；詳說。

第一節略說

“三身心之體性金剛持……”等，以四句偈頌宣說。

如此，從上師佛寶之心意—離於一切生滅戲論的法身光華中，在清淨十地徒眾前，顯現出相好莊嚴、俱五種決定之圓滿受用報身（“五決定”為：處決定，永住於色究竟大密嚴剎土；身決定，相好莊嚴圓滿報身；眷屬決定，唯有聖者菩薩圍繞；法決定，只宣說大乘法教；時決定，住世乃至輪迴未空）；而在清淨和不清淨各種徒眾面前，同時顯現出種種優劣不同之無邊化身。

在了義上，此三身與上師心意—萬象具勝之空性、或法身金剛總持之自妙力，均無二無別。與生俱來之大樂身即是上師您本身！觀想在三身無別之上師佛身光華前，自己化為無數無量雲海般的化身，於一一佛之蓮足前，以一一化身稽首頂禮。

ཡིད་སངས་རྒྱས་ཀྱི་ཡོན་ཏན་དྲན་པའི་གདུང་ཤུགས་ཀྱིས།ངག་བསྟོད་པའི་ཚིག་གི་ང་རོ་དྲག་པོ་དང་བཅས་ཏེ། ལུས་ཡན་ལག་ལྔ་ས་ལ་ཕབ་ནས་ཕྱག་འཚལ་ཞིང་། སྐྱབས་གནས་དམ་པ་ཁྱེད་རྣམས་ལ་དུས་དེང་ནས་བྱང་ཆུབ་མ་ཐོབ་ཀྱི་བར་དུ་སྐྱབས་སུ་མཆིའོ། །ཐུགས་བརྩེ་བ་ཆེན་པོས་བསྐྱབ་ཏུ་གསོལ་སྙམ་པ་དང་བཅས་ཕྱག་འཚལ་བའི་མོས་པས། སྐུ་གསུམ་སེམས་ཀྱི་ངོ་བོ་རྡོ་རྗེ་འཆང་། །དབྱེར་མེད་བདེ་བ་ཆེན་པོ་ཁྱོད་ཉིད་ལ། །དཔག་མེད་ལུས་ཀྱིས་སྤྲིན་ཚོགས་བཏུད་བྱས་ཏེ། །གདུང་བའི་ང་རོས་ཕྱག་འཚལ་སྐྱབས་སུ་མཆི། །ཞེས་བརྗོད། སྐུ་གསུམ་སེམས་ཀྱི་ངོ་བོ་རྡོ་རྗེ་འཆང་། །ཞེས་ངོ་བོ་སྟོང་པ་ཆོས་སྐུ་དང་། རང་བཞིན་གསལ་བ་ལོངས་སྐུ། རྣམ་པ་འགག་མེད་སྤྲུལ་སྐུ། དེ་གསུམ་དབྱེར་མེད་ངོ་བོ་ཉིད་ཀྱི་སྐུ་སྟེ། དེ་ཡང་སེམས་ཉིད་ངོ་བོ་ཉིད་སྐུའམ་ཆོས་སྐུ་ཞག་གཅིག་སྟེ། སྒྲོལ་པའི་བཀའ་འབུམ་ལེ་ཚན། ༤༠༢༽ ནང་། ཡན་ལག་བདུན་པ་ཚིགས་སུ་བཅད་པ་ལས། སེམས་ཉིད་ངོ་བོ་ཉིད་ཀྱི་སྐུ། །ལྷུན་གྱིས་གྲུབ་ཅིང་འདུས་མ་བྱས། །བློ་བསམ་ཤེས་བརྗོད་ཡུལ་ལས་འདས། །རྗེ་རིན་པོ་ལ་ཕྱག་འཚལ་ལོ། །ཞེས་གསུངས་པ་ལྟར་བླ་མ་ཀུན་ཁྱབ་ཆོས་ཀྱི་སྐུ་ལ་ཕྱག་འཚལ་བའོ། །གདུང་བའི་ང་རོས་ཕྱག་འཚལ་སྐྱབས་སུ་མཆི། །ཞེས་པ་ནི་བསྟོད་པའི་མཆོད་པ་ཡིན་པས། ༡སྒྲོལ་པའི་བཀའ་འབུམ་ལེ་ཚན། ༤༢༠༽ ལས། བསྟོད་པའི་མཆོད་པ་ལ་གསུམ་ལས། བསྟོད་པ་རང་གང་ཡིན་ན་སྙན་ངག་བརྗོད་པའི་བསྟོད་པ། ཡན་ལག་བདུན་པ་བྱེད་པའི་དུས་ཀྱི་དང་པོ། ཡོན་ཏན་རིན་ཆེན་མང་པོའི་ཚོགས་མངའ་ཞིང་། །ཞེས་པ་ལ་སོགས་པའམ། སངས་རྒྱས་ཐམས་ཅད་འདུས་པའི་སྐུ། །ཞེས་པ་ལ་སོགས་པ།

意，強烈憶念佛之功德；語，大聲念誦詞句；身，五體投地頂禮。

“於諸正等皈依處，直至菩提永皈依，請以大悲救度我。”如是思惟而虔敬頂禮。

念誦：

“三身心之體性金剛持，
無別大樂尊之身足前，
無量雲海化身作禮敬，
殷切呼喊頂禮行皈依。”

所謂“三身心之體性金剛持”：本質空，即法身；自性明，即報身；無礙顯現，即化身；三身無別，即自性身，亦稱作心性自性身或唯一法身。

覺巴仁波切文集第492頁中，七支供偈頌寫道：“心性即是自性身，任運成就而無為；離言離思亦離境，頂禮至尊之珍寶。”如其所言，頂禮上師之遍覆法身！

所謂“殷切呼喊頂禮行皈依”，此為禮贊供養。

覺巴仁波切文集第680節講到，禮讚供養有三，“何為禮贊？即念誦詩詞讚頌。於七支供養開頭，念誦“眾多珍貴功德聚集田……”或念誦“一切諸佛總集身……”等。

བླ་མའི་བསྟོད་པ་བརྗོད་ཅིང་ཕྱག་འཚལ་བའི་ཚིག་བརྗོད་པའོ།།

དེའང་བསྟོད་པའི་མཆོད་པ་ཡིན་མོད་ཀྱིས། སྐབས་འདིར་བླ་མའི་སྐུ་གསུང་ཐུགས་ཀྱི་རྣམ་པར་ཐར་པ་ལ་སྒྲོ་མི་གདགས་ཤིང་། སྐྱོན་དུ་མི་བལྟ་བར་ཅི་མཛད་ཐམས་ཅད་གདུལ་བྱ་འདུལ་བའི་ཐབས་ལ་མཁས་པ་ཡིན་པར་བསམ་ཞིང་ཡོན་ཏན་འབའ་ཞིག་བརྗོད་དགོས་པ་ཡིན།།

念誦上師禮贊詞後，念誦頂禮詞。彼亦為禮贊供養。然而此處，對上師身語意之行誼不作增益、不觀過失，上師一切所作所為都是調伏徒眾之善巧方便。應如此思惟而唯讚頌其功德。

གཉིས་པ། རྒྱས་པར་བཤད་པ།

ལའང་རིན་ཆེན་བྱང་ཆུབ་སེམས་ཀྱི་རང་བཞིན་སོགས། ཚིག་རྐང་ཉི་ཤུ་ཐམ་པས་དོན་ཚན་ལྔ་བསྟན་པ་ལས།

༈ དང་པོ་སྐུ་ལ་ཕྱག་འཚལ་བ།

རིན་ཆེན་བྱང་ཆུབ་སེམས་ཀྱི་ཞེས་འཇིག་རྟེན་ན་དཀོན་ཞིང་རིན་ཐང་ཆེ་བའི་ཡིད་བཞིན་གྱི་ནོར་བུ་ལྟ་བུ། བྱང་ཆུབ་ཀྱི་སེམས་རྣམ་པ་གཉིས་ཀྱི་རང་བཞིན། ཆོས་ཀྱི་སྐུ་དང་གཟུགས་ཀྱི་སྐུ་འདི་ནི། མཚན་དཔེ་བརྒྱ་དང་བཅུ་གཉིས་སོགས་དུས་གསུམ་གྱི་རྒྱལ་བ་ཀུན་གྱི་སྐུའི་གསང་བ། མི་ཟད་པ་རྒྱན་གྱི་འཁོར་ལོ་དང་རྣམ་དབྱེར་མེད་པ་རོ་གཅིག་ཏུ་འདྲེས་པ་ཡིས། ནམ་མཁའི་མཐས་ཀླས་པའི་སངས་རྒྱས་ཀྱི་ཞིང་ཁམས་ཐམས་ཅད་ཁྱོད་ཀྱི་སྐུ་དེས་ཁྱབ་ཅིང་ཁྱོད་ཀྱི་སྐུ་ལ་སངས་རྒྱས་ཀྱི་ཞིང་ཁམས་ཐམས་ཅད་སྣང་བར་མཛད་པས་ན། ངོ་མཚར་ནླ་ན་མེད་པའི་དཔལ་འཛིན་པ། མཚན་དཔེའི་གཟི་བརྗིད་ཉི་མ་ལྟར་འབར་བ་སོགས་མིག་གི་བདུད་རྩི་འདི་ལ། བདག་གིས་ལུས་ངག་ཡིད་གསུམ་གུས་པས་འདུད་པར་བགྱིའོ་སྙམ་པ་དང་ཕྱག་འཚལ་བའི་མོས་པས། རིན་ཆེན་བྱང་ཆུབ་སེམས་ཀྱི་རང་བཞིན་སྐུ། །དུས་གསུམ་རྒྱལ་བ་ཀུན་དང་འདྲེས་པ་ཡིས། །ཞིང་ཁམས་ཐམས་ཅད་ཁྱོད་ཀྱི་སྐུས་ཁྱབ་ཅིང་། །སྐུ་ལ་ཞིང་ཁམས་སྣང་མཛད་དཔལ་ལ་འདུད། །ཅེས་བརྗོད་དོ། །དེ་ཡང་ཕྱག་གི་མཚན་ཉིད་གཏན་ལ་དབབ་པའི་སྐོར་འགྲེལ་ལས།

དང་པོ། ཕྱག་གི་ངོ་བོ་ནི། ལུས་ངག་ཡིད་གསུམ་གུས་པའོ།།

第二節詳細宣說

“珍寶菩提心之自性……”等，以整二十句偈頌宣說，分為五類：

一、頂禮佛身

所謂“珍寶菩提心之自性……”，如同世間稀有昂貴之如意摩尼寶，二種菩提心之自性──法身與色身，（此二者）將百一十二種相好莊嚴等三世一切諸佛之身密與無盡莊嚴輪，無有差別地融為一味。因此，虛空中一切無邊淨土遍滿您之尊身，您之尊身顯現一切淨土，從而具備無比稀有之盛德、相好威嚴，如日照耀。對於您此等妙容，我以身語意三門虔誠禮敬。如是思惟而虔敬頂禮。

念誦：

“珍貴菩提心之自性身，
融合三世一切如來之，
一切淨土遍滿您尊身，
身中顯現淨土恭致禮！”

復又，《決定頂禮性相初品釋》講到：

第一，頂禮之自性，乃身語意三門虔敬。

དེ་སྐད་དུ་ཡང་ལུས་ཀྱི་ཕྱག་འཚལ་སྐུར་ཏེ་དུད་དེ་དུད། །ངག་གི་ཕྱག་འཚལ་བསྟོད་པའི་དབྱངས་ཚིག་སངས་སེ་སངས། །ཡིད་ཀྱི་ཕྱག་འཚལ་མོས་གུས་སྤྱི་དང་ཡལ་ལེ་ཡལ། །ཞེས་སོ།།

གཉིས་པ། ངེས་ཚིག་ནི། ཕྱག་འཚལ་བས་ལུས་ངག་ཡིད་གསུམ་གྱི་སྡིག་སྒྲིབ་འཆགས་པའོ།།

གསུམ་པ། དབྱེ་བ་ནི། བརྒྱད་དེ།

༡༽ རྟོགས་པ་ཆོས་ཉིད་ཀྱི་ཕྱག་ནི། རང་སེམས་སངས་རྒྱས་སུ་རྟོགས་པ་ལ་བྱ་སྟེ། དེ་ཕྱག་ཏུ་ཇི་ལྟར་འགྲོ་ཞེ་ན། རིམ་ལྔ་ལས། ཇི་ལྟར་ཆུ་ལ་ཆུ་བཞག་དང་།། ཇི་ལྟར་མར་ལ་མར་བཞིན་དུ། །རང་གིས་རང་གི་ཡེ་ཤེས་ནི། །ལེགས་མཐོང་གང་ཡིན་འདིར་ཕྱག་ཡིན། །ཞེས་སོ།།

༢༽ དགུ་ཕྲུགས་ཀྱི་ཕྱག་ནི། བླ་མ་གསུམ་ལྡན་གྱི་ཕྱག་སྟེ། དབང་བསྐུར་བ་དང་། རྒྱུད་བཤད་པ། གདམས་ངག་བཏབ་པ་ལ་ཕྱག་དགུ་ཕྲུགས་འཚལ་དགོས་སོ།།

༣༽ བྱ་གཤོག་གི་ཕྱག་ནི། བཙད་པོ་དང་། རབ་བྱུང་། ཐུགས་པ་གསུམ་འཛོམས་ན་བྱའོ།།

༤༽ ཞེ་ཕྱག་ནི། ཡ་རབས་རྗེ་བོ་རྒན་རིམ་ལ། །མ་རབས་གཞོན་པས་ཞེ་ཕྱག་བྱས་ནས་ཐལ་མོ་སྦྱར་བའོ།།

༥༽ རྒྱལ་པོའི་ཕྱག་ལ་གསུམ་སྟེ། འདུན་ཚུགས། སུམ་ཁྱུགས། རྒྱལ་ཕྱག་ཉེ་ཤུ་རྩ་གཅིག་པའོ།།

༦༽ ཉན་ཐོས་རབ་བྱུང་གི་ཕྱག་ནི། དཔྲལ་སྦྱིབས་སོ།།

༧༽ ཟ་མ་མོ་བཙུན་གྱི་ཕྱག་ནི། སྨྲུམ་མཐུན་ཏེ་བྱ་སྨྲུམ་འབུ་འཐུ་བ་ལྟར་དུད་པའོ།།

༨༽ མོས་ཕྱག་ནི། དཀོན་མཆོག་རྟེན་མཐོང་གི་ཕྱག་སྟེ། ལན་གསུམ་འཚལ་བའོ།།

也就是說，身頂禮，身體屈俯低低垂垂；語頂禮，音詞念誦清清朗朗；意頂禮，心意恭敬歡歡喜喜。

第二，頂禮之言辭，乃邊頂禮邊懺悔身語意三門罪業。

第三，頂禮之分類，分為八種：

1）、法性證悟之頂禮。應證悟自心為佛。若問如何行頂禮，《五次第》云：“如水融於水，酥油融於油，自於自本慧，善見即頂禮。”

2）、九叩首之頂禮，即頂禮三具上師，對給予灌頂之上師、宣講密續之上師、以及傳授口訣之上師，須行九叩首禮。

3）、如鳥鼓翼之頂禮。若尊者、僧人、咒士三者齊聚，則應行此頂禮。

4）、表示敬意的頂禮。晚輩、下屬對賢者、尊者、長者表達敬意而行合掌禮。

5）、向國王行頂禮。分三：站立、三鞠躬，禮二十一拜。

6）、向聲聞僧人頂禮，即額頭相碰。

7）、向女聖人之頂禮。小鳥啄食蟲子一樣俯身。

8）、信解頂禮。見三寶所依而三頂禮。

ཕྱག་འཚལ་བའི་དཔེ་གང་ལས་བླངས་ཤེ་ན། རྨ་བྱ་རྩུ་འཐུང་བ་ལས་བླངས་སོ། །ཡན་ལག་ལྔ་ས་ལ་ཕབ་པ་ནི། ཉོན་མོངས་པ་འདོད་ཆགས་དང་། ཞེ་སྡང་། གཏི་མུག ང་རྒྱལ། ཕྲག་དོག་བཅས་དུག་ལྔ་དག་པའི་དོན་དུའོ།། འདིར་ནི་གོང་གསལ། རྟོགས་པ་ཆོས་ཉིད་ཀྱི་ཕྱག་སྟེ། དེ་ཡང་༄སྐྱོབ་པའི་བཀའ་འབུམ་ལེ་ཚན།༤༠༧༽ ནང་། ཐུགས་ཀྱི་ཡན་ལག་བདུན་པའི་དོན་འགྲེལ་སྒོམ་པ་བྱང་རིན་ལ་གདམས་པ་ལས། ཡན་ལག་བདུན་པ་ཇོ་བོ་ཡིས། ཕྱག་ནས་ཕྱག་བྱེད་ཕྱག་རྣམས་ནི། །གང་ཚེ་རྣལ་འབྱོར་པས་མ་མཐོང་། །འདི་ནི་རྡོ་རྗེའི་ཕྱག་ཡིན་ནོ། །ཞེས་རྡོ་རྗེ་ནི་སྟོང་ཉིད་དུ་གསུངས་པས། དོན་དམ་ཕྱག་རྒྱ་ཆེན་པོའི་ཕྱག་གོ །

༈ གཉིས་པ་གསུང་ལ་ཕྱག་འཚལ་བ།

དྲི་མེད་གསུང་དབྱངས་ཞེས་བླ་མ་རིན་པོ་ཆེ་ཡང་དག་པར་རྫོགས་པའི་སངས་རྒྱས་ཁྱེད་ཀྱི་གསུང་། རྩུབ་པ་དང་བརླང་བ་སོགས་ཀྱི་དྲི་མ་དང་བྲལ་ཞིང་། །སྙན་ཞིང་འཇེབས་པ་ལ་སོགས་པ་ཡོན་ཏན་གྱི་ཡན་ལག་དྲུག་ཅུ་རྩ་བཞི་དང་ལྡན་པའི་གསུང་དབྱངས་སྙན་པོས། ཐར་པ་དང་ཐམས་ཅད་མཁྱེན་པའི་ལམ་གྱི་སྒྲོག་གི་ཟུངས་སུ་གྱུར་པ། འཆི་མེད་ཀྱི་བདུད་རྩི་དང་འདྲ་བའི་ཆོས་ཀྱི་འཁོར་ལོ་རྒྱ་མཚོ་ལྟ་བུས། སྣང་སྲིད་འཁོར་འདས་ཀྱིས་བསྡུས་པའི་ཆོས་མ་ལུས་པ་ཀུན། སྟོང་ཉིད་སྤྲོས་བྲལ་སྐྱེ་བ་མེད་པར་བསྟན་ནས། འཇིག་ཚོགས་སུ་ལྟ་བ་དང་། མཐར་འཛིན་པར་ལྟ་བ་དང་། ལྟ་བ་མཆོག་འཛིན་དང་། ཚུལ་ཁྲིམས་བརྟུལ་ཞུགས་མཆོག་འཛིན་དང་། ལོག་པར་ལྟ་བ་སོགས། ལྟ་བའི་རི་རྒྱལ་ལྷུན་པོ་རྣམས་ཀུང་རྨིག་མེད་དུ་འཇོམས་པར་མཛད་པ་དང་།

若問頂禮採取何種姿態？（回答是）要採取孔雀飲水之態。五體投地，乃為淨化煩惱五毒──貪、嗔、癡、慢、疑。

上述提到的證悟法性之頂禮，《覺巴文集》第601頁中，《教授貢巴蔣仁密咒七支供養釋義》中講到：“尊者說彼七支供，瑜伽士作頂禮畢，未見能禮所禮事，此乃金剛之頂禮。”

所謂金剛，即為空性。因此，是勝義大手印之頂禮。

二、頂禮佛語

“憑藉無垢妙音甘露海……”，上師寶正等圓滿佛您之佛語，遠離惡語及妄語等垢染，具備美妙悅耳等六十四功德之動聽佛音，化為遍知與解脫道上之生命力，以無死甘露般之法輪海，揭示顯有輪涅所攝萬法乃無生離戲空性，將壞聚見、邊執見、見取見、戒禁取見、邪見等見地之須彌山王盡皆摧毀殆盡。

གསུང་གཅིག་ཉིད་ཀྱིས་འགྲོ་བ་རང་རང་གི་དབང་པོ་དང་འཚམས་པའི་ཆོས་རང་རང་གི་སྐད་དུ། ཐོགས་པ་མེད་པར་སྟོན་པར་མཛད་པའི་རྡོ་རྗེའི་གསུང་རྨད་དུ་བྱུང་བ་དེ་ལ། བདག་གིས་སྒོ་གསུམ་གུས་པ་ཆེན་པོས་ཕྱག་འཚལ་ལོ། །སྨྲས་པ་དང་བཅས། དྲི་མེད་གསུང་དབྱངས་བདུད་རྩིའི་རྒྱ་མཚོ་ཡིས། །ཆོས་ཀུན་སྐྱེ་བ་མེད་པར་རབ་བསྟན་ནས། །ལྷ་བའི་རི་རྒྱལ་ལྷུན་པོ་འཛོམས་མཛད་པ། །ཐོགས་མེད་རྡོ་རྗེའི་གསུང་ལ་ཕྱག་འཚལ་ལོ། །ཞེས་བརྗོད། ཆོས་ཀུན་སྐྱེ་བ་མེད་པར་རབ་བསྟན་ནས། །ཞེས་གཟུགས་ནས་རྣམ་མཁྱེན་བར་གྱི་ཆོས་ཀུན་སྐྱེ་བ་མེད་པར་ཇི་ལྟར་བསྟན་ཅེ་ན། འཕགས་པ་དགོངས་པ་ངེས་པར་འགྲེལ་བ་ཞེས་བྱ་བ་ཐེག་པ་ཆེན་པོའི་མདོ་སྡེ་ལེབ། ༢༠༨༤ ངེས་དོན་སྙིང་པོ་ལས། འདི་ལྟར་རང་གི་མཚན་ཉིད་ཀྱིས་མེད་པར་གང་ཡིན་པ་དེ་ནི་མ་སྐྱེས་པ་ཡིན། མ་སྐྱེས་པ་གང་ཡིན་པ་དེ་ནི་མ་འགག་པ་ཡིན། མ་སྐྱེས་པ་དང་མ་འགག་པ་གང་ཡིན་པ་དེ་ནི་གཟོད་མ་ནས་ཞི་བ་ཡིན། གཟོད་མ་ནས་ཞི་བ་གང་ཡིན་པ་དེ་རང་བཞིན་གྱིས་ཡོངས་སུ་མྱ་ངན་ལས་འདས་པ་ཡིན། རང་བཞིན་གྱི་ཡོངས་སུ་མྱ་ངན་ལས་འདས་པ་གང་ཡིན་པ་དེ་ནི། ཡོངས་སུ་མྱ་ངན་ལས་འདའ་བར་བྱ་བ་ཅུང་ཟད་ཀྱང་མེད་དོ།། དེ་ཡི་ཕྱིར་མཚན་ཉིད་ངོ་བོ་ཉིད་མེད་པ་ལ་དགོངས་ནས། ངས་ཆོས་ཐམས་ཅད་མ་སྐྱེས་པ། མ་འགག་པ། གཟོད་མ་ནས་ཞི་བ། རང་བཞིན་གྱི་ཡོངས་སུ་མྱ་ངན་ལས་འདས་པའོ། །ཞེས་བསྟན་ཏོ། །ཞེས་གསུངས་པ་ལྟར་སྐྱེ་འགག་གནས་གསུམ་དང་བྲལ་བའི་གྲགས་སྟོང་གཉིས་སུ་མེད་པ་རྡོ་རྗེའི་གསུང་ལ་ཕྱག་འཚལ་བ་ཡིན་ནོ།།

一佛語即能以眾生各自語音，無礙宣說與其各自根基相應之法，對此稀有金剛語，我以三門大虔敬頂禮。如是思惟並念誦：

“藉由無垢妙音甘露海，
揭示萬法無生義理已，
粉碎見地須彌山王者，
恭敬頂禮無礙金剛語。”

所謂“揭示萬法無生義理已”，若問如何揭示從“色”乃至“遍知”之萬法無生的義理呢？《解深密經》第206頁中，<了義精華品>講到：

“如此，何謂自性相無？乃無生。何謂無生？乃無滅。何謂無生無滅？乃從本寂靜。何謂從本寂靜？乃自性涅槃。何謂自性涅槃？乃毫許涅槃亦無。是故，思惟性相無自性已，我宣說萬法無生、無滅、從本寂靜、自性涅槃。”

如其所說，頂禮遠離生住滅三者、聲空無二之金剛語！

༈ གསུམ་པ་ཐུགས་ལ་ཕྱག་འཚལ་བ།

འགྱུར་མེད་བློ་འདས་ཐུགས་ཀྱི་ཞེས་བླ་མ་རིན་པོ་ཆེ་ཡང་དག་པར་རྫོགས་པའི་སངས་རྒྱས་ཀྱི་ཐུགས་ཆོས་ཀྱི་སྐུ། གཞི་ལམ་འབྲས་བུའི་གནས་སྐབས་ཀུན་ཏུ་ངོ་བོ་ལ་འགྱུར་བ་མེད་ཅིང་། ཐོས་པ་དང་བསམ་པ་སྒོམ་པ་སོགས་ཀྱིས་རྟོགས་པའི་ཡུལ་མིན་པས་ན། བློ་ལས་འདས་པའི་ཐུགས་ཀྱི་དཀྱིལ་འཁོར་དུ། ཤེས་བྱ་ཇི་ལྟ་བ་དང་ཇི་སྙེད་པ་གཉིས་ཀ་དུས་གཅིག་ལ་མཁྱེན་པ་སྟེ། དེ་ཡང་སྟོང་ཉིད་སྤྲོས་བྲལ་གནས་ལུགས་ཟབ་མོའི་དོན་ལ་ཐུགས་རྩེ་གཅིག་ཏུ་མཉམ་པར་བཞག་པ། ཆོས་ཀྱི་དབྱིངས་མཉམ་པ་ཉིད་ཀྱི་ཡེ་ཤེས་ལས། དུས་དང་རྣམ་པ་ཀུན་ཏུ་མ་གཡོས་བཞིན་དུ། འདས་དང་མ་འོངས་ད་ལྟར་གྱི་དུས་གསུམ་དང་། གནས་དང་གནས་མིན། དབང་པོ་མཆོག་དང་མཆོག་མིན། ལས་ཀྱི་རྣམ་སྨིན། མོས་པ་སྣ་ཚོགས། ཁམས་སྣ་ཚོགས། ལམ་དང་ལམ་མིན། ཉོན་མོངས་དང་རྣམ་བྱང་། སྔོན་གྱི་གནས། འཆི་འཕོ་བ་དང་། སྐྱེ་བ། ཟག་པ་ཟད་པ་ལ་སོགས་པ་རྟེན་ཅིང་འབྲེལ་བར་འབྱུང་བའི་ཆོས་ཐམས་ཅད། ལག་མཐིལ་དུ་སྐྱུ་རུ་ར་བཞག་པ་ལྟར་མངོན་སུམ་དུ་མཁྱེན་པའི་ཡེ་ཤེས་ཀྱི་སྟོབས། ཡང་དག་པར་འཆང་བ་ཟབ་གསལ་གཉིས་མེད་གདོད་ནས་ལྷུན་གྱིས་གྲུབ་པ་ལ། བདག་གིས་སྒོ་གསུམ་གུས་པ་ཆེན་པོས་ཕྱག་འཚལ་ལོ་སྙམ་པ་དང་བཅས། འགྱུར་མེད་བློ་འདས་ཐུགས་ཀྱི་དཀྱིལ་འཁོར་དུ། །ཆོས་དབྱིངས་མཉམ་པ་ཉིད་ལས་མ་གཡོས་ཀྱང་། །དུས་གསུམ་མཁྱེན་པའི་ཡེ་ཤེས་སྟོབས་འཆང་བ། །གཉིས་མེད་ལྷུན་གྱིས་གྲུབ་ལ་ཕྱག་འཚལ་ལོ། །

ཞེས་བརྗོད།

三、頂禮佛意

所謂“不動離念佛意壇城中……”，上師寶正等圓滿佛之意法身，於基、道、果一切階段，本質無有變遷，非為聞、思、修等所證之境。因此，於離念佛意壇城中，能同時了知“如所有”及“盡所有”二種所知。

復又，於離戲空性甚深實相義中專注一心入於等持，於法界平等性本慧中，一切時中無有撼動地，對過去、現在、未來三時、處與非處、勝根劣根、業之異熟、各種信解、各種界、道與非道、煩惱與解脫、宿命、命終、出生、漏盡等等緣起萬法，皆如庵摩羅果置於掌心般地現知。（這樣的）本慧力，正等執持、深明無二、本即任運成就。對此，我以三門大虔敬頂禮！如是思惟並念誦：

“不動離念佛意壇城中，
雖不逾越法界平等性，
執持三時遍知之本慧，
頂禮無二自在成就者。”

གཉིས་མེད་ལྷུན་གྱིས་གྲུབ་ལ་ཕྱག་འཚལ་ལོ། །ཞེས་པའི་དོན་ནི། དཀོན་བརྩེགས།《ཆ》ལེབ་༤༥༨་༤གང་རང་བཞིན་གྱིས་སྟོང་པ་དེ་ལ་གཉིས་སུ་མེད་དེ། གང་གཉིས་སུ་མེད་པ་དེ་ལ་ངར་འཛིན་པ་མེད། ང་ཡིར་འཛིན་པ་མེད། གང་ལ་ངར་འཛིན་པ་མེད་པ་དང་། ང་ཡིར་འཛིན་པ་མེད་པ་དེ་ལ་ཆགས་པ་མེད་དེ། ཆགས་པ་མེད་པ་ཉིད་པ་དེ་ནི་འཇིག་རྟེན་ལས་ཡང་དག་པར་འདའ་འོ། །ཞེས་དང་ཡང་། འགྲོ་མགོན་ཕག་མོ་གྲུ་པས་ཀྱང་། གཉིས་སུ་མེད་ན་ཕྱག་རྒྱ་ཆེ། །ཞེས་གསུངས་པ་དང་། ཡང་༧སྐྱོབ་པའི་བཀའ་འབུམ་ལེ་ཚན། ༢༣༧》ནང་གསལ། བུ་གཉིས་མེད་གཉིས་མེད་ཅེས་བྱ་བ། །གཉིས་ག་མེད་པ་མ་གཏོགས་པ། །གཉིས་ག་གཅིག་ཏུ་བྱེད་པ་ཡང་། །བྱེད་མཁན་བློ་དང་གསུམ་དུ་འགྲོ། །དེས་ན་གཉིས་མེད་སྒྲ་དོན་ལ། །ཕྱིན་ཅི་ལོག་ཏུ་འཁྲུལ་པ་ཡི། །བྱིས་པ་རྣམས་ཀྱི་ལོག་རྟོག་གིས། །མཁས་པའི་དགོངས་པ་མི་དགའ་བར། །བུ་གཉིས་མེད་ཡེ་ཤེས་རྡོ་རྗེ་དང་། །སྐད་ཅིག་ཙམ་ཡང་མི་འབྲལ་འཚལ། །ཞེས་གསུངས་པ་དང་། ཆོས་ཐམས་ཅད་གཉིས་སུ་མེད་པར་རོ་གཅིག་ངང་ནས་ལྷུན་གྲུབ་འབད་མེད་ཀྱིས་གསལ་སྟོང་གཉིས་སུ་མེད་པ་བླ་མའི་ཐུགས་ལ་ཕྱག་འཚལ་བའོ།།

“頂禮無二自在成就者”，此句之義，《寶積經》第六卷，第458頁第4行講到：

“任何自性空，即無二；任何無二，即無我執與我所執；任何無我執與我所執，即無貪；獲得無貪，即正等超越於世間。”

又，眾生怙主帕摩竹巴亦說，“無二即是大手印”。

又，《覺巴仁波切文集》第232節講到：

“兒啊，‘無二’稱之為‘無二’，無非二者皆無有。若謂二者合為一，作者此心成三者。故於‘無二’之詞義，顛倒迷惑之愚人，因其錯亂分別念，不喜智者之密意。兒啊，‘無二’本慧此金剛，剎那亦不應分離。”

於萬法無二且一味之境界中，任運無勤地，頂禮明空無二之上師心意。

༈ བཞི་པ་ཡོན་ཏན་ལ་ཕྱག་འཚལ་བ།

ཁྱོད་ཀྱི་སྐུ་གསུང་ཐུགས་ཀྱི་ཞེས་བླ་མ་རིན་པོ་ཆེ་ཡང་དག་པར་རྫོགས་པའི་སངས་རྒྱས་ཁྱོད་ཀྱི་སྐུ་ལ། མཚན་བཟང་པོ་སུམ་ཅུ་རྩ་གཉིས་དང་། དཔེ་བྱད་བཟང་པོ་བརྒྱད་ཅུ་ལ་སོགས་པ་དང་། གསུང་ལ་དབྱངས་ཀྱི་ཡན་ལག་དྲུག་ཅུ་རྩ་བཞི་ལ་སོགས་པ། ཐུགས་ལ་སྟོབས་བཅུ་དང་། མི་འཇིགས་པ་བཞི། མ་འདྲེས་པའི་ཆོས་བཅོ་བརྒྱད་ལ་སོགས་པ་སྐུ་གསུང་ཐུགས་ཀྱི་ཡོན་ཏན་ཟད་མི་ཤེས་པའི་གཏེར་ཆེན་པོ་ནི། ཡུན་བསྐལ་པ་གྲངས་མེད་ཀྱི་རིང་ལ་ཕྱོགས་བཅུའི་རྒྱལ་བ་ཀུན་གྱིས་གསུངས་ཀྱང་རྫོགས་པར་མིན་པས་ན། དེ་འདྲ་བའི་ཡོན་ཏན་མཐའ་ཡས་པ་མངའ་བའི་བདག་ཉིད་ཆེན་པོ་ཁྱོད་ལ། བདག་གིས་སྒོ་གསུམ་གུས་པ་ཆེན་པོས་ཕྱག་འཚལ་ལོ་སྙམ་པ་དང་བཅས།

ཁྱོད་ཀྱི་སྐུ་གསུང་ཐུགས་ཀྱི་ཡོན་ཏན་ནི།།
བསྐལ་པ་རྒྱ་མཚོ་མ་ལུས་ཐམས་ཅད་དུ།།
རྒྱལ་བ་ཀུན་གྱིས་བརྗོད་ཀྱང་རྫོགས་མེད་པའི།།
ཡོན་ཏན་མཐའ་ཡས་མངའ་བ་ཁྱོད་ཕྱག་འཚལ།།

ཞེས་བརྗོད། ཁྱོད་ཀྱི་སྐུ་གསུང་ཐུགས་ཀྱི་ཡོན་ཏན་ནི། ཞེས་གཞི་ཤེས་པ་རྡོ་རྗེ་ཐེག་པའི་ལམ་གྱི་སྒོ་ནས་འདིར་འགྲེལ་བརྗོད་བྱེད་ན། ༧སྐྱོབ་པའི་བཀའ་འབུམ་ལེ་ཚན། ༢༣༨༡ ནང་གསལ། གསང་སྔགས་བཟླས་དྲངས་པའི་སྒྲ་གནད་འདིས། ཐམས་ཅད་སྟོང་པར་བསྟན་པ་མ་ལགས་སམ། དོན་དམ་ཀུན་རྫོབ་གཉིས་སུ་གཉིས་ཀྱིས་བཏགས། གཉིས་དང་བྲལ་བའི་རྣལ་འབྱོར་དབང་ཕྱུག་ལ། དངོས་དང་དངོས་མེད་དམིགས་དང་མི་དམིགས་མེད། བདག་མེད་གཞན་མེད་བདག་གཞན་གཉིས་ཀ་མེད།

四、頂禮佛之功德

“您之身語意等諸功德……”，上師寶正等圓滿佛，您之身，具三十二相好、八十隨行好等功德；您之語，具六十四語韻等功德；您之意，具十力、四無畏、十八不共法等功德。

對您身語意功德之無盡大寶藏，十方三世一切諸佛於無量劫中讚猶未盡。對具有彼等無邊功德之聖者，我以三門大虔敬頂禮！如是思惟並念誦：

“您之身語意等諸功德，
窮盡大海一切之劫時，
一切如來讚歎猶未盡，
頂禮具足無邊功德您。”

所謂“您之身語意等諸功德……”，此處若以知基之道金剛乘作解釋《覺巴文集》第238節載明：

“‘金剛’作為密咒關鍵引導詞，既非宣說一切皆為空性義，又於勝義世俗二者二安立，遠離如是二分自在瑜伽士，並無‘有實無實’‘觀待無觀待’，無我無他自他二元盡皆無。

ཐུབ་མཆོག་རྡོ་རྗེ་འཆང་བ་བཅོམ་ལྡན་གྱིས། གསང་སྔགས་གསང་ཞེས་གསུངས་པར་གྱུར་པའི་གནད། རང་སེམས་ཕྱོགས་གཅིག་རྟོགས་པའི་ཐེག་དམན་དང་། རྒྱལ་སྲས་མཉམ་ཉིད་མ་རྟོགས་སེམས་དཔའ་ལ། དངོས་པོ་དངོས་མེད་ཡིན་ཞེས་གསུངས་པ་དང་། དངོས་པོ་དངོས་མེད་ཡིན་ཞེས་གསུངས་པའི་དོན། བཛྲ་བཛྲ་རྡོ་རྗེ་མ་གོ་བས། ཕྱོགས་གཅིག་སྟོང་པར་རྟོགས་པའི་བློ་མིག་གིས། ཐེག་ཆེན་ཡངས་པའི་གནད་འདི་མ་མཐོང་བ། རྨོངས་པའི་བྱིས་པ་ག་ཆད་དུ་བར་བྱེད། ཅེས་གསུངས་པ་ལྟར། རྒྱལ་བའི་སྐུ་གསུང་ཐུགས་ཀྱི་ཡོན་ཏན་ནི། སྟོང་ཉིད་རྡོ་རྗེའི་རང་བཞིན་ཏེ། སྐུ་རྡོ་རྗེ་དང་། གསུང་རྡོ་རྗེ། ཐུགས་རྡོ་རྗེའི་རང་བཞིན་ལས་མ་འདས་པས། དེ་ནི་བསལ་གཞག་མེད་པ་དེ་བཞིན་གཤེགས་པའི་སྙིང་པོའི་རང་བཞིན་ཕོ་ནའོ།།

世尊對於殊勝能仁金剛持，宣說彼乃密咒謂‘密’之關鍵。自心僅僅證悟單邊之劣乘，以及尚未證悟平等之菩薩，所謂‘有實乃為無實’之說法，以及‘有實乃為無實’所說義，乃因未解‘班雜’ ‘金剛’真實義。僅以證悟單邊空性之慧眼，未能證見大乘寬廣之要義，將令愚昧癡人沮喪嚎啕哭。”

如其所說，佛之身語意功德，乃金剛空性之自性，未逾越金剛身、金剛語、金剛意之自性。

因此，此唯無需消除、亦無可安立之如來藏自性。

༄ ལྔ་པ་འཕྲིན་ལས་ལ་ཕྱག་འཚལ་བ།

འཁོར་བའི་རྒྱ་མཚོ་སྟོངས་པར་ཞེས་བླ་མ་རིན་པོ་ཆེ་རྫོགས་པའི་སངས་རྒྱས་རྡོ་རྗེ་འཆང་ཆེན་པོ་ཁྱོད་ལ། ཟད་པ་དང་གཏུགས་པར་དཀའ་ཞིང་། སྡུག་བསྔལ་གྱི་ཆུ་རླབས་དྲག་པོ་རྟག་ཏུ་འཁྲུགས་པའི་འཁོར་བའི་རྒྱ་མཚོ་ཆེན་པོ་ནམ་སྟོངས་པར་མ་གྱུར་གྱི་བར་དེ་སྲིད་དུ་འཁོར་བའི་གནས་སུ་བཞུགས་ནས། གང་ལ་གང་འདུལ་གྱི་སྤྲུལ་པ་བསམ་གྱིས་མི་ཁྱབ་པས།འགྲོ་བ་རྣམས་སྨིན་པར་མཛད་པའི་ཕྲིན་ལས་ཀྱི་མཆོག་མངའ་བ་སྟེ།

དེ་ཡང་དང་པོ་ཁོ་ནར་སྡུག་བསྔལ་གྱི་ཚོར་བ་དྲག་པོས་ཉེན་པའི་ངན་འགྲོའི་འགྲོ་བ་རྣམས། སྡུག་བསྔལ་རབ་ཏུ་ཞི་བའི་ཕྲིན་ལས་ཀྱིས་མངོན་མཐོའི་རྟེན་ལམ་སྐྱེ་བའི་གདུལ་བྱ་ལ་འགོད་པ་དང་། དེ་ཡང་སྲིད་པའི་བདེ་བ་ལ་མངོན་ཞེན་སྤངས་ནས་ཐར་པ་དོན་གཉེར་གྱི་བསམ་པ་ལ་འགོད་པའི་ཕྲིན་ལས་དང་། དེ་ནས་ངེས་ལེགས་ཀྱི་རྒྱུ་ཚོགས་ལམ། སྦྱོར་ལམ། མཐོང་ལམ། སྒོམ་ལམ་རྣམས་ལ་རིམ་གྱིས་དཀྲི་བའི་འཕྲིན་ལས་དང་། མཐར་ངེས་ལེགས་ཀྱི་འབྲས་བུ་མི་གནས་པའི་མྱ་ངན་ལས་འདས་པ་སངས་རྒྱས་ཀྱི་ས་ལ་འགོད་པའི་ཕྲིན་ལས་ཏེ། འགྲོ་བ་འདུལ་བའི་ཕྲིན་ལས་ཀྱི་བྱེ་བྲག་སྣ་ཚོགས་པ་འབད་རྩོལ་ལ་མ་ལྟོས་པར་ངང་གིས་འབྱུང་བར་ལྷུན་གྱིས་གྲུབ་ཅིང་།

五、頂禮佛行事業

所謂“輪迴大海未成空盡時……”，輪迴大海無窮無盡、痛苦之驚濤駭浪不停洶湧拍擊。彼未空盡之際，上師寶圓滿佛金剛總持您，安住於彼，以不可思議、隨機調伏之神變，作成熟眾生之殊勝事業。

首先，對於惟患猛烈痛苦之迷亂惡趣諸眾，以止息痛苦之事業將彼安置於生上趣所依道之教化中；

其次，乃使彼等斷除貪戀輪迴安樂，使其趣向追求解脫之事業；

復次，乃將彼等次第置於決定勝之因—資糧道、加行道、見道、修道等之事業；

最後，乃將彼等安置於決定勝之果—無住涅槃佛地之事業。

調伏眾生之種種不同事業，無需勤作而能任運成就。

དེ་ཡང་སྲིད་པ་ཇི་སྲིད་ཀྱི་བར་རྒྱུན་མི་ཆད་པ་མངའ་བའི་སྐྱབས་མཆོག་བླ་མ་རིན་པོ་ཆེ་ཁྱེད་ལ། བདག་གིས་སྒོ་གསུམ་གུས་པ་ཆེན་པོས་དུས་དང་རྣམ་པ་ཀུན་ཏུ་ཕྱག་འཚལ་ལོ་སྙམ་པ་དང་བཅས། འཁོར་བའི་རྒྱ་མཚོ་སྟོངས་པར་མ་གྱུར་ཅོ། །འགྲོ་རྣམས་སྨིན་པར་མཛད་པའི་འཕྲིན་ལས་མཆོག །སྣ་ཚོགས་ལྷུན་གྲུབ་རྒྱུན་ཆད་མེད་པ་ཡི། །སྐྱབས་མཆོག་བླ་མ་ཁྱེད་ལ་ཕྱག་འཚལ་ལོ། །ཞེས་བརྗོད་དོ། །དེ་དག་ནི་ཕྱག་འཚལ་བའི་ཡན་ལག་གོ།

གོང་གསལ་དེ་རྣམས་ཕྱག་འཚལ་བའི་ཡན་ལག་སྟེ། དུས་གསུམ་སངས་རྒྱས་ཀྱི་ངོ་བོར་གྱུར་པ། སྐུ་བཞི་དབྱེར་མ་མཆིས་པ་དེ་ལ། སྐུ་གསུང་ཐུགས་ཡོན་ཏན་འཕྲིན་ལས་ཐ་དད་མེད་པར། རང་སེམས་བླ་མ་དེ་ཉིད་ལ་ཕྱག་བྱ་བ་ནི། ཕྱག་རྒྱ་ཆེན་པོའི་དོན་དམ་གྱི་ཕྱག་གོ། །དེ་ཡང་༧སློབ་པ་འཇིག་རྟེན་མགོན་པོའི་ཞལ་ནས། འོ་སྐོལ་བླ་ན་མེད་པ་ཡང་དག་པར་རྫོགས་པའི་བྱང་ཆུབ་སྒྲུབ་པར་འདོད་པ་རྣམས་ཀྱིས་དག་པ་རྣམ་པ་བཞིའི་སྒོ་ནས་ཤིན་ཏུ་རྣམ་པར་དག་པའི་རྟེན་འབྲེལ་བསྒྲིགས་ཏེ། བླ་ན་མེད་པའི་སངས་རྒྱས་ཐོབ་པར་བྱེད་པ་ལ། རྣམ་པར་དག་པ་ཞིག་གིས་རྟེན་འབྲེལ་སྒྲིག་ཤེས་པ་ཞིག་དགོས་ཏེ། རྟེན་གང་ལ་བརྟེན་ན་བླ་མ་ལ་བརྟེན། འབྲེལ་གང་གིས་འབྲེལ་ན་ཡན་ལག་བདུན་གྱིས་འབྲེལ། འབྱུང་གང་ལ་འབྱུང་ན་དེ་ལ་བརྟེན་པའི་ཡོན་ཏན་འབྱུང་སྟེ། དེའང་བདུན་རྣམ་དག་གི་དབང་དུ་བྱས་ན། རྟེན་དམིགས་པ་དང་། མཆོད་པ་དང་། བཤགས་པ་དང་། རྗེས་སུ་ཡི་རང་བ་དང་། བསྐུལ་བ་དང་། གསོལ་བ་འདེབས་པ་དང་། བསྔོ་བའོ། །ཞེས་གསུངས་སོ། །

對於輪迴未空之際相續不斷之勝皈依處上師寶您，我以三門大虔敬作頂禮！如是思惟並念誦：

“輪迴大海未成空盡時，
成熟眾生殊勝之事業，
任運種種相續不斷者，
頂禮殊勝依怙上師尊！”

以上為頂禮支分。

上述頂禮支分內容中，對於三世諸佛之體性、四身無別、身語意功德事業無別之自心上師，所作的頂禮，是大手印勝義諦頂禮。

覺巴仁波切語：“我們欲修持無上正等圓滿菩提者，(應知道)以四清淨結合極清淨緣起；求取無上佛果時，應知道以（四清淨結合成的）清淨來結合緣起。依靠何因？應依靠上師；結合何緣？應結合七支供養。產生何者？乃產生依靠上師之功德。若以清淨七支做，即是觀所依、供養、懺悔、隨喜、請轉法輪、祈請住世以及迴向。”

གསུམ་པ།
མཆོད་པ་འབུལ་བའི་ཡན་ལག

དེ་ལ་གཉིས་ཏེ། སྤྱི་ཙམ་ལ་དམིགས་ནས་འབུལ་བ་དང་། བྱེ་བྲག་སོ་སོར་ཕྱེ་ནས་འབུལ་བའོ།།

༈ དང་པོ་ནི། སྤྱི་ཙམ་ལ་དམིགས་ནས་འབུལ་བ།

ཁྱོད་ལ་མཆོད་པའི་རྣམ་འཕྲུལ་སོགས་ཚིག་རྐང་བཞིས་བསྟན་ཏེ། དེ་ཡང་ཐོག་མ་ཁོ་ནར་རང་འཁོར་ལོ་སྡོམ་པ་སོགས་ཡི་དམ་གང་ཡིན་གྱི་སྐུར་གསལ་ནས། འོག་ནས་འབྱུང་བའི་མཆོད་པ་རྣམས་ཀྱིས་ནམ་མཁའི་ཁམས་ཐམས་ཅད་གང་བར་དམིགས་ལ། དེ་ནས་བླ་མ་ཡང་དག་པར་རྫོགས་པའི་སངས་རྒྱས་རིན་པོ་ཆེ་ཁྱོད་ལ། བདག་གིས་མ་སེམས་ཅན་ཐམས་ཅད་ཀྱི་དོན་དུ་མཆོད་ཡོན། མེ་ཏོག བདུག་སྤོས། མར་མེ། དྲི་ཆབ། ཞལ་ཟས། རོལ་མོ། ན་བཟའ། སྨན། འབྲུ། རིན་ཆེན་གདུགས་དང་། རྒྱལ་མཚན། བླ་བྲེ། འཕན་ལྡ་ལྡི། རྒྱལ་སྲིད་རིན་ཆེན་དང་ཉེ་བའི་རིན་ཆེན། བཀྲ་ཤིས་དང་དངོས་གྲུབ་ཀྱི་རྫས་སངས་རྒྱས་རྣམས་ཀྱི་ཞིང་ཁམས་རང་ལུས་ལོངས་སྤྱོད་དགེ་བའི་རྩ་བ་དང་བཅས་པ་རྣམས། འཕགས་པ་ཀུན་ཏུ་བཟང་པོའི་རྣམ་འཕྲུལ་ལས་བྱུང་བ་ལྟ་བུ་མཆོད་པའི་སྤྲིན་རྒྱ་མཚོ་ཡིས། ཕྱོགས་བཅུའི་རྒྱལ་བ་ཀུན་གྱི་དབང་དྲུག་མཉེས་པར་བྱེད་ཅིང་། དེའི་མཐུས་མཐའ་ཡས་པའི་འགྲོ་བ་རྣམས་ཀྱང་སྨིན་པར་བྱེད་པ་དེ་འདྲ་བས། ཆོས་ཀྱི་དབྱིངས་ནམ་མཁའི་མཐའ་གདུགས་པ་རྣམས་རྒྱས་པར་བཀང་ནས་ལན་གཅིག་ཙམ་མིན་པ། དུས་རྒྱུན་ཆད་མེད་པར་བླ་ན་མེད་པའི་མཆོད་པ་ཆེན་པོ་འདིས་མཆོད་པར་བགྱིའོ།།

第三章
供養支分

分二：觀待整體而作總供；各各區別而作分別供。

第一節總供養

“憑藉供養您之神變海……”等，以四句偈頌宣說。

復又，首先，自己明觀為勝樂金剛等任一本尊身，觀想下方出現之供養物，遍佈虛空。為利益一切如母眾生，我向正等上師圓滿佛寶您獻上：功德水、鮮花、熏香、油燈、塗香、食物、音樂、天衣、藥類、穀物、寶傘、勝利幢、華蓋、彩幡、輪王七政寶、輪王七近寶、吉祥物及成就物、一切淨土、自身與受用，以及所具善根。以如同聖普賢菩薩神變而化現般的供雲海，令十方一切諸佛六根生起愉悅，並能以佛力令無邊眾生得以成熟。如此，供品廣大遍滿法界無垠虛空，非供養一次，而是應當無有間斷地以此無上大供養作供。

ཕྱག་བརྗེ་བ་ཆེན་པོས་བཞེས་སུ་གསོལ་སྐམ་པ་དང་བཅས། ཕྱོད་ལ་མཆོད་པའི་རྣམ་འཕྲུལ་རྒྱ་མཚོ་ཡིས། །རྒྱལ་བ་མཉེས་ཤིང་འགྲོ་རྣམས་སྨིན་མཛད་པའི། །ཆོས་ཀྱི་དབྱིངས་རྣམས་རྒྱས་པར་བཀང་ནས་ནི། །རྒྱུན་ཆད་མེད་པར་བླ་མེད་མཆོད་པས་མཆོད། །ཅེས་བརྗོད། ཕྱོད་ལ་མཆོད་པའི་རྣམ་འཕྲུལ་རྒྱ་མཚོ་ཡིས། །ཞེས་པ་ནི། འཕགས་པ་བཟང་པོ་སྤྱོད་པའི་མདོ་ལས། རྡུལ་གཅིག་སྟེང་ན་རྡུལ་སྙེད་སངས་རྒྱས་རྣམས། །སངས་རྒྱས་སྲས་ཀྱི་དབུས་ན་བཞུགས་པ་དག དེ་ལྟར་ཆོས་ཀྱི་དབྱིངས་རྣམས་མ་ལུས་པ། །ཐམས་ཅད་རྒྱལ་བ་དག་གིས་གང་བར་མོས། །ཞེས་གསུངས་པ་ལྟར། རྒྱལ་བའི་དཀྱིལ་འཁོར་རབ་འབྱམས་ཀྱི་སྤྱན་སྔར། དངོས་དང་དངོས་མིན་གྱི་མཆོད་ཡོན་ཇི་སྙེད་ཅིག་མཆིས་པ་རྣམས། དཔེར་ན། འཛམ་བུ་གླིང་འདིའི་རྡུལ་ཕྲ་རབ་གཅིག་གི་ནང་དུ་ཚུད་པར་བྱས་ཤིང་། དེ་ཡང་རྡུལ་ཕྲན་དེ་ཉིད་ཆེ་རུ་མ་བཏང་། རྒྱལ་བའི་དཀྱིལ་འཁོར་དང་། འཁོར་འདས་ཀྱི་སྡུད་པའི་མཆོད་པའི་ཡོ་བྱད་དེ་རྣམས་ཀུང་ཆུང་དུ་མ་སོང་བ་ནི་རྣམ་པར་འཕྲུལ་པ་ཡིན་ལ། དེ་ལྟར་རྣམ་པར་འཕྲུལ་པའི་རྡུལ་གཅིག་པོ་དེ་བཞིན་དུ། ས་གཞི་རིལ་པོའི་རྡུལ་ཇེ་སྙེད་ཡོད་པ་དག་གོང་བཞིན་དུ་བློ་ཡིས་སྤྲུལ་བསྒྱུར་བྱེད་པར་རྣམ་འཕྲུལ་དང་། ཚད་བཟུང་མེད་པ་མཐའ་ཡས་པས་ན་རྒྱ་མཚོ་ཞེས་པའི་དོན་ནོ། །དེ་ཡང་འབྲི་གུང་༧སྐྱོབ་པའི་གསུང་སྒྲུབ་ངས་བསྒྲིགས་པ་སེམས་བསྐྱེད་ཆེན་མོ་ལས། མཆོད་པ་དེ་རྣམས་ཐམས་ཅད་ལ་ཀུན་ཏུ་བཟང་པོའི་རྣམ་འཕྲུལ་ལམ། སྨིན་ཕུང་གི་མཆོད་པ་བགྱི་བ་ལགས། དེ་ཡང་རྣམ་འཕྲུལ་ནི་དངོས་པོ་གཅིག་ལ་ཡང་། དེའི་རྣམ་པར་འཕྲུལ་པའི་རིགས་མི་འདྲ་བ་དཔག་ཏུ་མེད་པ་བསམས་ནས་འབུལ་བ་ལ་ཟེར་བ་ལགས་ལ།

請以慈悲納受！如是觀想並念誦：

“憑藉供養您之神變海，
令佛歡喜成熟諸眾生，
廣大遍滿一切之法界，
不斷以此無上作供養。”

所謂“憑藉供養您之神變海……”，《普賢行願品》中講到：

“於一塵中塵數佛，各處菩薩眾會中，無盡法界塵亦然，深信諸佛皆充滿。”

如其所言，於佛之廣袤壇城前，盡所有一切有實、無實供品，比如入於此瞻部洲一極微塵，此微塵本身亦未變大，佛之壇城以及輪涅所攝一切供養資具彼等亦未變小，此即神變。如同一微塵之神變，整個大地盡所有一切微塵如同前述，以心變化而作神變。“無邊無垠故，即謂大海義。”

覺巴仁波切之《大發心儀軌》也講到：“對於所有供養，均以普賢之神變方式，以雲聚作供。

復又，所謂神變，即於一實有供品，亦觀想化為無量不同種類供品而作供。

སྨིན་ཕུང་ནི་དེའི་དངོས་པོ་དེ་ལ་ཡང་སྨིན་གྱི་ཕུང་པོ་ལྟར་དཔག་ཏུ་མེད་པ་བསམས་ནས་འབུལ་བ་ལ་ཟེར་བ་ལགས། མདོར་ན་ཆོས་ཀྱི་དབྱིངས་དང་མཉམ་པར་བསམས་ནས་འབུལ་བ་ཡིན་ཏེ། དེ་ལྟར་ཡང་། ཀུན་ཏུ་བཟང་པོའི་ལུས་ནི་ནམ་མཁའི་རང་བཞིན་ཏེ། ཐམས་ཅད་ཞིང་ལ་མི་གནས་དེ་བཞིན་ཉིད་ལ་གནས། །ཞེས་གསུངས་སོ། །དེ་ཡང་སྤྱན་སྔ་འབྲི་གུང་གླིང་པས་མཛད་པའི་སེམས་བསྐྱེད་ཆེན་མོ་ལས། འགྲོ་བའི་མགོན་པོ་ཕག་མོ་གྲུ་པའི་ཞལ་ནས། དང་པོ་གསང་སྔགས་ཀྱི་མཆོད་པ་ལྟར་མ་བྱེད་གསུང་བའི་བཀའ་རྒྱ་དེའི་རྗེས་ལ་བྱས་ཀྱང་བཏུབ་གསུང་བའི་བཀའ་རྒྱ་གློད་པ་དང་། དེའི་རྗེས་ལ་ཅིས་ཀྱང་གྱིས་གསུང་བའི་བཀའ་གནང་བྱུང་བས། ཞེས་གསུངས་པ་ལྟར་སྔགས་ཀྱི་མཆོད་པ་འདི་དག་འབུལ་ཚུལ་གྱི་གོ་རིམ་ཡང་རིམ་པ་ཅན་དུ་གསུངས་སོ། །ཧཱུྃ།

所謂‘雲聚’，亦即觀想實物如雲聚般無量化現而作供。總之，觀想供品化現為量等法界而作供。

又謂，普賢菩薩之身，即虛空自性，彼不住任何剎土而住於真如本性。

復又，近侍直貢林巴所撰《大發心儀軌》中講到：“眾生怙主帕摩竹巴最初設立禁令說，不要如密咒供養那般做；後來又放寬了禁令說，但做無妨；此後又開放禁令說，無論如何必做。”

如其所言，密咒供養此等供養情況之理解順序，（眾生怙主帕摩竹巴）是（針對程度不同者）按次第宣說的。

༈ གཉིས་པ་བྱེ་བྲག

སོ་སོར་ཕྱེ་ནས་འབུལ་བ་ལ་བཞི་སྟེ། ཕྱིའི་མཆོད་པ། ནང་གི་མཆོད་པ། གསང་བའི་མཆོད་པ། དེ་ཁོ་ན་ཉིད་ཀྱི་མཆོད་པ་རྣམས་སོ།

༈ དང་པོ་ཕྱི་ཡི་མཆོད་པ་ནི།

བདག་ཉིད་ཆེན་པོའི་ཐུགས་ཀྱི་ཐོ་བྲང་ནས་ཞེས་སོགས་ཚིག་རྐང་ཉི་ཤུ་རྩ་བརྒྱད་ཀྱིས་དམིགས་པའི་རྣམ་གྲངས་ཉི་ཤུ་རྩ་གཉིས་སུ་བསྟན་པ་ལས།

དང་པོ་ནི། མཆོད་ཡོན་གྱི་ལྷ་མོ།

བདག་ཉིད་ཆེན་པོའི་ཐུགས་ཀྱི་ཐོ་བྲང་ཞེས་རང་བདག་ཉིད་ཆེན་པོ་ཡི་དམ་དུ་གསལ་བའི་ཐུགས་ཀ་ནས། མཆོད་ཡོན་གྱི་ལྷ་མོ་དཀར་མོ་མཛེས་ཤིང་ལྷ་ན་སྡུག་པ། དར་དང་རིན་པོ་ཆེའི་རྒྱན་ལྡན་ཕྱག་ན་རིན་པོ་ཆེའི་སྣོད་ཡན་ལག་བརྒྱད་ལྡན་གྱི་ཆུས་བཀང་བ་ཐོགས་པ། དེ་འདྲ་བ་བསམ་གྱིས་མི་ཁྱབ་པར་སྤྲོས་ཤིང་། དེ་ལས་མཆོད་ཡོན་གྱི་སྤྲིན་ཆེན་པོ་རྒྱ་ཆེས་ཀྱི་དབྱིངས་ནམ་མཁའ་དང་མཉམ་ཞིང་། ཡུན་འཁོར་བ་མ་སྟོངས་ཀྱི་བར་དུ་རྒྱུན་མི་ཆད་པ། བྱེད་ལས་འཕགས་པ་རྣམས་ཀྱི་ལྗགས་ཀྱི་དབང་པོ་དགྱེས་པར་བསྐྱེད་པ། མཐོང་བ་ཙམ་གྱིས་སེམས་ཅན་ཐམས་ཅད་ཀྱི་སྒྲིབ་གསུམ་དག་ནས། རྫོགས་པའི་སངས་རྒྱས་ཀྱི་གོ་འཕང་ལ་འགོད་ནུས་པ། དེ་འདྲ་བས་ནམ་མཁའ་ཐམས་ཅད་མཆོད་ཡོན་གྱི་སྤྲིན། བར་སྣང་ཐམས་ཅད་ལ་མཆོད་ཡོན་གྱི་ཆར། ས་གཞི་ཐམས་ཅད་མཆོད་ཡོན་གྱི་མཚོ་རྫིང་ཟད་མི་ཤེས་པས་གང་བས་མཆོད་པར་བསམ།

第二節 分別供養

各各分別作供養分四類：外供、內供、密供，真如供。

一、外供

所謂“於大自在主之意宮殿……”等，以二十八句偈頌宣說，所緣品類分成二十二種。

（一）供水白天女

所謂“於大自在主之意宮殿……” ，從自身明觀為大自在主本尊的心間，放射出不可思議的供水白天女，彼等美麗動人，以綾羅綢緞與珍珠寶貝裝飾，手持盛滿八功德水的珍寶器皿，彼供水大雲，量等虛空法界；時至輪迴未空供養不斷；能使諸聖眾舌根生起悅意。僅以得見即能淨除一切眾生之三障，並將彼等置於圓滿佛果。

如此觀想虛空中遍佈無窮供雲、天空中遍灑無盡供雨、大地上一切湖池遍滿無邊功德水，如是觀想而作供養。

གཉིས་པ། མེ་ཏོག་གི་ལྷ་མོ།

ཡང་ཐུགས་ཀ་ནས་འོད་ཟེར་འཕྲོས་པའི་སྣར། མེ་ཏོག་གི་ལྷ་མོ་དཀར་མོ་ཕྱག་ན་མནྜ་ར་བ་ལ་སོགས་ལྷ་རྫས་ཀྱི་མེ་ཏོག་དབྱིབས་ལེགས་ཁ་དོག་མཛེས་པ། དྲི་བསུང་ལྡན་སུམ་ཚོགས་ཅན་ཐོགས་པ་བསམ་གྱིས་མི་ཁྱབ་པ་སྤྲོས། དེ་ལས་ལྷའི་མེ་ཏོག་རྒྱ་ཆེས་ཀྱི་དབྱིངས་ནམ་མཁའི་ཁམས་དང་མཉམ་ཞིང་། ཡུན་འཁོར་བ་མ་སྟོངས་ཀྱི་བར་དུ་རྒྱུན་མི་ཆད་པ། བྱེད་ལས་འཕགས་པ་རྣམས་སྤྱན་གྱི་དབང་པོ་དགྱེས་པར་བསྐྱེད་པ། ངོ་བོ་སངས་རྒྱས་ཀྱི་ཡེ་ཤེས་མཐོང་བ་ཙམ་གྱིས་སེམས་ཅན་ཐམས་ཅད་ཀྱི་སྒྲིབ་གསུམ་དག་ནས། རྫོགས་པའི་སངས་རྒྱས་ཀྱི་གོ་འཕང་ལ་འགོད་ནུས་པ། དེ་འདྲ་བས་ནམ་མཁའ་ཐམས་ཅད་མེ་ཏོག་གི་སྤྲིན་དང་གདུགས། བར་སྣང་ཐམས་ཅད་མེ་ཏོག་གི་ཆར། ས་གཞི་ཐམས་ཅད་མེ་ཏོག་བཅལ་དུ་བཀྲམ་པས་མཆོད་པ་ཕུལ་བར་བསམ། དེ་ལ་འདིར་༸སྐྱབས་པ་འཇིག་རྟེན་མགོན་པོའི་བཀའ་འབུམ་ལེ་ཚན། ༥༨༠༦ ནང་ཡན་ལག་བདུན་མཆོད་སྐབས་ཕྱི་མཆོད་ལྷའི་སྐོར་ནང་དོན་སོ་སོ་བར་མཚམས་སུ་སྦྱར་བ་གཟུམ་གསལ། དང་པོ་ལ་བཞི་སྟེ། ཕྱིའི་མཆོད་པ་དང་། ནང་གི་མཆོད་པ་དང་། གསང་བའི་མཆོད་པ་དང་། དེ་ཁོ་ན་ཉིད་ཀྱི་མཆོད་པའོ། །དང་པོ་ནི་མེ་ཏོག་ལ་སོགས་པ་ལྷའོ། །ཆོས་གང་ཉམས་སུ་ལེན་པ་དང་འདི་དང་འབྲེལ་དགོས་ཏེ། མདོའི་ལུགས་དང་སྔགས་ཀྱི་ལུགས། མདོའི་རྗེས་སུ་འབྲངས་པས་སྔགས་ལྟར་བྱེད་པ་ཡིན། བླ་མའི་རྣམ་ཐར་གྱི་རྗེས་སུ་འབྲངས་ན། མཆོད་པ་རྣམ་ལྔ་རྒྱུན་དུ་མ་ཆག་པ་བྱེད་དགོས།

（二）供花白天女

亦從（自身明觀為本尊的）心間放射光芒，從光芒中放射出不可思議的供花白天女，彼等手持曼陀羅花等天界鮮花，花形曼妙，花色絢爛，花香芬芳。

此中天界鮮花量等虛空法界；時至輪迴未空供養不斷；能使諸聖眾眼根生起悅意。其體性為佛之本慧，僅以得見即能淨除一切眾生之三障，並將彼等置於圓滿佛果。

如此觀想虛空中遍佈花雲花傘、天空中遍灑花雨、大地上遍開鮮花，如是觀想而作供養。

於此，《覺巴文集》第680節中，對七支供時所結合有關外五供之各自內容，描述如下：“首先，供養支分包括四類：外供、內供、密供與真如供。外供指鮮花等五供，無論修何法均需與之結合。顯密二供的結合，則是以隨順顯宗方式，而契合密宗之密意作供養。若效仿上師傳記中的做法，五供應該無有間斷地做。

ང་ཡང་གྲོགས་པོ་བཟང་པོའི་དྲིན་གྱིས། འདི་དཀྱུས་སུ་ཆུད་པ་ཡིན་ཏེ། སྔོན་དཔལ་ཆོས་ཡེ་རྩ་རི་ལ་ཕྱིན་པས། ཕོང་ཉིན་རི་ལ་རྣམ་ལྷ་མ་ཆག་པར་ལན་གསུམ་བྱེད་ཅིང་སྣང་བས། ངས་ཀྱང་དང་པོ་མ་འཛོལ་ཙམ་བྱུང་ཡང་།རང་གིས་བྱས་པས་ཕྱིས་ནས་ད་ལྟའི་བར་ཡན་ཆད་རྒྱུན་མ་ཆད་པར་ཕུལ་བ་ཡིན། འདི་བཞིན་དུ་ཕུལ་བས་སངས་རྒྱས་པའི་དུས་སུ། ཞིང་དེར་མེ་ཏོག་ལ་སོགས་པའི་མཆོད་པའི་ཁྱད་པར་རྒྱུན་མ་ཆད་པར་འབྱུང་བ་ཡིན། དེ་ལས་དང་པོ་མེ་ཏོག་ལ་སོགས་པ་ཐམས་ཅད་ལ། སྤྱིར་ཤེས་བྱ་ལ་མེ་ཏོག་འབྱུང་བའི་རྒྱུ་མཚན་དང་། དེ་ཇི་ལྟར་འབུལ་བའི་ཐབས་དང་། ཕུལ་བས་ཡོན་ཏན་འབྱུང་ཚུལ་ལོ། །དང་པོ་ཕྱི་རོལ་ཏུ་མེ་ཏོག་འབྱུང་བའི་རྒྱུ་མཚན་ལ་གཉིས་ཏེ། མདོ་དང་། སྔགས་ལུགས་སོ།།

དང་པོ་ནི། འོ་སྐོལ་གྱི་སྟོན་པ་སངས་རྒྱས་ཐུབ་པ་ཆེན་པོ་དེས། སྔོན་བྱང་ཆུབ་སེམས་དཔའི་སྤྱོད་པ་སྤྱད་པའི་དུས་ན་མེ་ཏོག་གཅིག་ཕུ་ལ་བརྟེན་ནས་ཀྱང་རང་གི་བླ་མ་དང་། སངས་རྒྱས་སྟ་མ་རྣམས་ལ། བསོད་ནམས་ཀྱི་ཚོགས་དཔག་ཏུ་མེད་པ་བསགས་པས། ཕོང་སངས་རྒྱས་པའི་ཞིང་འདིར་མེ་ཏོག་མི་འབྱུང་བ་ཁ་མེད།

གཉིས་པ་སྔགས་ལྟར་ན། ཕྱི་ནང་ཐམས་ཅད་གནད་གཅིག་པ་ཡིན་པས། དྭངས་མའི་དྭངས་མ་འབུལ་བར་བྱ། ཞེས་པས་ན་རྡོ་རྗེའི་ལུས་འདི་ལའང་འབྱུང་བ་ལྔའི་དྭངས་མ། དོན་སྙིང་ལྔ་མེ་ཏོག་ཏུ་ཡོད་པར་བཤད། མཆིན་པ་ས་ཡི་མེ་ཏོག གློ་བ་ཆུའི་མེ་ཏོག སྙིང་མེ་ཡི་མེ་ཏོག མཆེར་པ་རླུང་གི་མེ་ཏོག མཁལ་མ་ནམ་མཁའི་མེ་ཏོགཡང་ན་མིག་སའི། རྣ་བ་རླུང་གི །སྣ་ནམ་མཁའི། ལྕེ་མེའི། ལུས་ཆུའི་མེ་ཏོག་གོ།

我亦因受到善友之恩德影響，從未間斷做此供養。

往昔，巴秋耶來到匝日後，他每天都要做三次五供。我剛開始做時，也鮮有不出錯的時候，但還是持之以恆地做獻供，至今未曾間斷。如此做獻供故，成佛之際，彼淨土中將源源不斷出現鮮花等供養。

其中，關於鮮花等一切，一般而言，就認知來說，包括鮮花**產生之理由，如何供養之方法，及供養功德產生之情況。**

第一，外面出現鮮花的理由，分二：顯宗理由與密宗理由。

首先，顯宗理由：我等教主釋迦大能仁於往昔行持菩薩行時，僅憑藉一朵鮮花，卻供養了自己的上師以及過去諸佛，從而累積了無量福報，因此，他成佛之國土不可能不出現鮮花。

其次，密宗理由：'一切內外要點同一故，應供養精華中之精華。'因此，此金剛身內亦有五大之精華，有五臟為鮮花之說：肝為地大之花，肺為水大之花，心為火大之花，脾為風大之花，腎為空大之花；或又說，眼為地大之花，耳為風大之花，鼻為空大之花，舌為火大之花，身為水大之花。

ཕྱི་རོལ་ཏུ་འང་འབྱུང་བ་ལྔའི་དྭངས་མ་མེ་ཏོག་མི་འབྱུང་ཁ་མེད་པ་ཡིན། གཞན་ཡང་མདོག་ལྟར་ན་འབྱུང་བ་བཞི་ཡི་དྭངས་མ་མེ་ཏོག་ཏུ་འོང་བར་བཤད། དེ་མེའི་དྭངས་མ་དམར་པོ་འོང་བར་བཤད། སའི་དྭངས་མ་སེར་པོ། ཆུའི་དྭངས་མ་དཀར་པོ། རླུང་གི་དྭངས་མ་སྔོན་པོར་འབྱུང་ངོ་། །ཡང་ན་འབྱུང་བ་བཞིའི་དྭངས་མ་ལས་མཆོད་པའི་ལྷ་མོ་མེ་ཏོག་མར་བཤད་དེ། འབྱུང་བ་བཞི་དྭངས་མ་ཡིན་པའི་རྒྱུ་མཚན་ནི། སོས་ཀ་འབྱུང་བ་མེ་དར་བའི་དུས་སུ་ས་གཞི་ལ་དྲོད་ཕེབས་ཤིང་། སོས་ཀ་ཚད་པ་ཆེ་བའི་དུས་སུ། མེའི་དྭངས་མ་ཁྲུག་ཆོས་ལ་སོགས་པ་དམར་པོ་དར་བ་ཡིན། དེ་ནས་ཐམས་ཅད་འགོལ་འགོལ་འབྱུང་བ་ཡིན་ཏེ། ས་དར་བའི་དུས་མེ་ཏོག་སེར་ཆེན་ལ་སོགས་པ་སེར་པོ་རྣམས་དར་བ་ཡིན་ནོ། །དབྱར་འབྲུ་ཆར་ཆུ་འབབ་སྐེ། ཆུ་དར་བའི་དུས་སུ་པུཎྜ་རི་ཀ་དཀར་པོ་རྣམས་དར་བ་ཡིན། གཞན་ཡང་མེ་ཏོག་རྣམས་ཀྱང་སྐྱེ་ཤས་ཆེན་པོར་འགྱུར་རོ། །སྔོན་སེར་ཁ་རླུང་དར་བ་ཡིན་པས་སྤང་རྒྱན་ལ་སོགས་པའི་མེ་ཏོག་སྔོན་པོ་རྣམས་དར་བའི་དུས་ཡིན་རླུང་གི་དྭངས་མ་ཡིན། མདོར་ན་ནམ་ཟླ་དང་དུས་ཀུན་མི་འཕྲུག་པར་འབྱུང་བ་ཡིན་ནོ། །འདུས་པའི་རྩ་རྒྱུད་ལས། མ་ལྟ་ཀི་དང་ཨུ་ཏི་ཀ མེ་ཏོག་ཀ་ར་ཝི་ར་སམ། ཞེས་གསུངས། དེའི་དོན་བཤད་རྒྱུད་དུ་དྲིས་ལན་གསུངས་པ་མེ་ཏོག་ཅེས་ནི་གང་ལ་བྱ། ཞེས་དྲིས་པས་ལྷ་མོ་དགུ་དང་ནམ་མཁའི་ཁམས། །མེ་ཏོག་ཅེས་ནི་བཤད་པ་ཡིན། །ཞེས་གསུངས་པས། ལྷ་མོ་རྣམས་མེ་ཏོག་ཏུ་འོང་བར་བཤད་དོ།།

གཉིས་པ་དབུལ་བའི་ཐབས་ལ་གཉིས་ཏེ། མཐར་ཐུག་ཏུ་སངས་རྒྱས་ཐོབ་པར་བྱ་བའི་ཆེད་དུ་འབུལ་བ་དང་། གནས་སྐབས་སུ་ཕྲིན་ལས་བཞི་འགྲུབ་པའི་དོན་དུ་འབུལ་བའོ།།

外部也不可能不出現五大之精華──鮮花。

此外，按顏色來說，亦有四大精華為花之說。火大精華為紅花，地大精華為黃花，水大精華為白花，風大精華為藍花。亦或，將四大精華稱為供花天女。

四大稱為精華之理由：春天，火大旺盛，大地回暖。春天溫度較高時，火大之精華角蒿等紅花遍地盛開；此後，萬物生機勃勃，地大旺盛時，水蘿蔔花等黃花遍地盛開；夏天，縠雨時節雨水豐沛，水大旺盛時，白蓮花等白花遍地盛開；其他花朵也是淺淡顏色居多；秋天，風大旺盛故，正是龍膽等植物的藍色花朵遍地盛開之時，此為風之精華。

總之，根據四時季節與時令變化，四大精華亦無誤地交替出現在外面。

《密集金剛根本續》中講到；“瑪瑪基與鄔諦尕，或稱瑞香草之花”（關於）其含義，在《密集根本金剛續問答》中問道：“鮮花所指乃為何？”（回答是）：“諸天女與虛空界，稱謂悉皆為鮮花”因此諸天女被稱為鮮花。”

第二，供養方法分二：**究竟上，**為獲取佛果而作供養；**暫時地，**為修持四事業而作供養。

དང་པོ་ནི་ཞིང་བླ་མ་སངས་རྒྱས་ཀྱི་ངོ་བོ་ལ། དངོས་པོ་རྣམ་པར་དག་པ་བྱང་ཆུབ་ཀྱི་སེམས་ཀྱིས་རང་གཞན་ནམ་མཁའ་དང་མཉམ་པའི་སེམས་ཅན་ཐམས་ཅད་བླ་ན་མེད་པའི་སངས་རྒྱས་ཐོབ་པར་འདོད་པའི་བློ་ཡིས་དབུལ་བ་ཡིན་ཏེ། ཆོས་རྗེ་རིན་པོ་ཆེའི་ཞལ་ནས། རིན་ཆེན་བྱང་ཆུབ་སེམས་ལས་བྱུང་གྱུར་ཅིང་། །ཆོས་ཀུན་གདོད་ནས་ཞི་བས་ཤེས་རབ་ཀྱིས། །འཕགས་པ་མཆོད་ཅིང་སེམས་ཅན་སྨིན་མཛད་པའི། །ཀུན་ཏུ་བཟང་པོ་མཆོད་པའི་སྤྲིན་ཕུང་མཆོག །ཆོད་རྫས་མཐའ་ཡས་དཔག་ཏུ་མེད་པ་ཡིས། །རབ་འབྱམས་ཆོས་ཀྱི་དབྱིངས་ཀུན་བཀང་ནས་ནི། །བླ་མ་རྣམས་དང་དཀོན་མཆོག་གསུམ་ལ་འབུལ།། ཞེས་གསུངས་པས། ཞིང་བསམ་པ་དངོས་པོ་གསུམ་ག་རྫོགས་པའི་སངས་རྒྱས་སུ་བྱས་ནས་གསོལ་བ་བཏབ་ན་གང་འདོད་ཐམས་ཅད་འགྲུབ་པ་ཡིན་ཏེ། ཆོས་རྗེ་རིན་པོ་ཆེའི་ཞལ་ནས། ཞིང་དང་བསམ་པ་དངོས་པོ་གསུམ། །གཅིག་ཏུ་བྱས་ནས་གསོལ་བ་གདབ། །བར་ཆད་གསུམ་དང་བྲལ་གྱུར་ན། །ཅི་འདོད་འབྲས་བུ་སྨྱུར་དུ་འབྱུང་། །ཞེས་གསུངས། དེ་ལྟར་བླ་མ་ལ་མེ་ཏོག་འབུལ་བ་གལ་ཆེ་བ་ཡིན་ཏེ། འབྲི་གུང་ཀུན་ན་དབྱར་ཀ་མེ་ཏོག་བླ་ཡེ་ཁྲིག་ཁྲིག་པ་འབུལ་དུ་འོང་། དེ་ཉེ་གནས་ཀུན་ལ་སྤྱན་སྔར་སྒྲིག་ཏུ་བཅུག་པར་འདུག་སྟེ། རེས་ཟླུམ་པོར་འགོད། རེས་གྲུ་བཞི། རེས་ཟླ་གམ་དུ་འགོད། མདོར་ན་དབྱིབས་ཀྱི་ཁྱད་པར་སྣ་ཚོགས་སུ་འགོད། །རྟེན་འབྲེལ་དུ་མ་བསྒྲིགས་པར་གདའ། དེའི་དུས་ན་ཐུགས་རྗེས་ཆེ་བར་མཛད་དེ། གྲིབ་སྙམ་བྱས་ནས་ཚུགས་པ་མང་པོ་བཀང་སྟེ། ཕྱིས་ཀྱི་མཆོད་རྫས་ཀྱང་མཛད། འདི་ཀུན་ནི་མེ་ཏོག་འབུལ་མི་དགོས་ཁྱེ་ཚུར་སྒྲིལ་བ་རང་གི་ཚིག་གསུངས་ནས་ཅུང་ཟད་བཀྲོན། གྲུབ་ཚད་དུ་དམ་བཅས་ནས་ཕུལ་ན། དཀའ་བ་དཔག་ཏུ་མེད་པ་སྒྲུབ་དགོས་པའི་མཆོད་རྫས་ཀུན་ཀྱང་འབུལ་དུ་འོང་བར་འདུག་སྟེ།

首先，（為獲取究竟佛果而作供養）：資糧田，乃佛之體性，即上師；供養物，乃清淨菩提心；意樂，乃為自他一切等空如母有情獲得無上佛果之欲求。

法尊仁波切說：“乃由珍寶菩提心所生，萬法自始以來本寂靜，以慧供養聖者成熟眾，普賢菩薩殊勝之供雲，無量無邊殊勝供養物，無垠法界悉皆盡充滿，供養三寶供養上師眾。”因此，資糧田、意樂，供養物三者，若為了圓滿佛果而作供養、祈禱，則一切所願皆成就。

法尊仁波切說“福田意樂及供品，合一供養而祈禱，三種障礙皆遠離，所欲之果迅速現。”

如此，向上師供養鮮花極其重要。

夏天，直貢替寺前的拉耶空地佈滿供養之鮮花，所有弟子均有在上師跟前佈置鮮花、獻供之舉。有時佈置成圓形，有時佈置成四方形，有時佈置成半圓形，總之，佈置成各種不同形狀，以預祝諸多吉祥緣起。

此際，因非常珍惜鮮花，而將鮮花風乾保存，盈箱溢篋，以備日後作供。此處（有人認為）無需供花，僅僅赤手空拳（這裏指吝嗇）即可。（上師對此情況）稍有呵斥之意。

若是為成就而發誓供養，就算歷經千辛萬苦，也要準備成就所需要的一切供品。

སྔོན་ཆོས་རྗེ་ལ་རྒྱ་གར་དུ་འགྲོ་བར་ཞུས་པས་མ་གནང་། ནན་ཆེར་ཞུས་པས། ཁྱེད་ཅི་ནས་ཀྱང་མི་གསན་པར་བཞུད་ན། རྡོ་རྗེ་གདན་ན་སློབ་དཔོན་ཀླུ་སྒྲུབ་ཀྱིས་བཙུགས་པ། མེ་ཏོག་ཙམ་པ་ཀའི་སྡོང་པོ་ཡོད་པར་འདུག་པས། དེ་ནས་མེ་ཏོག་གཅིག་ཡོངས་ལ་སྐུར་ཅིག་གསུངས་ནས། སྒོམ་པ་གསལ་བ་དབང་ཕྱུག་དང་། སྒོམ་པ་ཤེས་རབ་གཉིས་ལ། གསེར་ཞོ་ལྔ་བཅུ་ཙམ་བསྐུར་ཏེ་འགྲོ་བར་བརྩམ་པས། སྒོམ་ཤེ་འདིའི་ཙབ་ཚུབ་ཅིག་གིས་མ་ཐོན། དུས་སྐབས་ཤིག་ཏུ་དེ་སྟོན་བྲིན་ཚོང་དུས་སུ་རས་སྒྲུབ་ཏུ་བཏང་བས། ཨ་ཙ་ར་ཞིག་དང་ཕྲད་དེ། དེའི་ལག་ནས་ཕར་གྱི་མེ་ཏོག་བྱུང་ནས། དེ་ལྟ་བུ་སྤྲིན་ཕར་འབུལ་དུ་བྱུང་། བོད་ཀྱི་ཙམ་པ་ཀ་སྦྲ་དོག་པ་འདི་དང་མི་མཐུན་ཏེ། གཙུར་བཙུག་པ་ཁ་ཕྱེ་བས་དྲིས་ཀྱང་རྒྱང་རིང་པོར་ཁྱབ་པ་ཞིག་འོང་གསུངས། གཉིས་པ་ཐུན་མོང་དུ་འཕྲིན་ལས་བཞི་བསྒྲུབ་ན། རང་ལ་ན་ཚ་དྲག་པོ་བྱུང་ནའང་། ཞིང་བླ་མ་དེ་བཅོམ་ལྡན་འདས་རྣམ་སྣང་སྐུ་མདོག་དཀར་པོར་བསྒོམ། ཙམ་པ་ཀ་ལ་སོགས་པ་མེ་ཏོག་དཀར་པོ་དྲི་ཞིམ་ཞིང་ནུས་པ་རྨད་དུ་བྱུང་བ་དབྱིབས་ཀླུམ་པོར་བཀོད་པ་དབུལ་ཏེ། ཁ་ཤར་ཕྱོགས་སུ་བལྟས་ལ་ནད་ཞི་བར་གསོལ་བ་དྲག་པོ་ཡང་ཡང་བཏབ་ན་ངེས་པར་ཞི་བར་འགྱུར་ཏེ། སྔོན་ང་ལ་ཕྱི་ན་ཡོད་པའི་དུས་ན། འཁོར་ན་དགེ་བའི་བཤེས་གཉེན་ཆེན་པོ་ཞིག་ཤངས་ཁྲག་བྱུང་ནས། སྨན་དང་། ཐབས་ལ་སོགས་པ་གང་གིས་ཀྱང་མ་ཆོད་པར་སེར་མལ་གྱིས་སོང་། དེའི་དུས་ན། བདུན་ཆོས་ཀྱི་གནད་འདི་ཐུན་ཆད་ཐ་མ་ཉག་ཉུག་བཤད་ཅིང་ཡོད་པ་ལས། ཁོང་ལ་རྟེན་འབྲེལ་འདི་བསླབས་ཏེ། འདིས་མ་ཕན་ན་ད་ཕྱིན་ཆད་མི་ཤོད་གསུངས།

往昔，（曾有弟子）向法尊請示要去印度，卻未得應允。作更懇切請求後，（法尊說）：“若你說什麼都不聽而非要去的話，那麼在金剛座，有龍樹阿奢黎所種瞻波伽花枝，請取一支花帶回來。”之後，瑜伽士瑟瓦汪秋與希讓二人，拿到上師交付的約五十錢黃金後，準備動身。

瑜伽士希讓因為（行程）匆忙（來不及準備）而未出發，有一次他被派往到秋天市集上採購棉布時，遇到一位行腳僧，從他手中得到了上述瞻波伽花，這樣就把花帶來供養上師了。（上師說）：“藏地的瞻波伽花，與這束毛茸茸的花不一樣。這花放在盒子裏，盒蓋開啟後，雖然間隔很遠，也能聞到花香。”

其次，為修持共通的四事業而作供養：若是自己身患重病，應將資糧田上師觀為身色潔白之大日如來，佈置瞻波伽花等顏色潔白、氣味芬芳，功效罕見、形狀半圓的花作供養，面觀東方，猛烈祈禱疾病痊癒。如此則定會使疾病息止。

過去我在拉契時，眷屬中有位大格西流鼻血，藥、咒語等無論用什麼都不見效，臉色發黃以至臥床。當時，就將七支供之要點前前後後給他簡單講了，教他學這個緣起法。如果這個無效的話，那我以後也就不講了。

ཁོང་གིས་འདི་ཉམས་སུ་བླངས་པས་སང་རང་ལ་དྲག་ནས་གདའ། བློ་ངེས་པ་བྱས་ན་ཅི་ཡིན་ཡང་འགྲུབ་པར་འདུག་སྟེ། རྟེན་འབྲེལ་ཡང་དེ་རང་། དམིགས་པ་ཡང་དེ་རང་། སྨན་ཡང་དེ་རང་། ཐུགས་ཀྱང་དེ་རང་ཟབ་པར་འདུག་སྟེ། རྒྱས་པ་དང་དབང་ལ་སོགས་པའི་ལས་གཞན་རྣམས་ལའང་། མེ་ཏོག་དྲི་ཞིམ་ནུས་པ་རྨད་དུ་བྱུར་པ་ཁ་དོག་རང་རང་གི་རིགས་དང་མཐུན་པ། སེར་པོ། དམར་པོ། དབྱིབས་གྲུ་བཞི་དང་ཟླ་གམ། ཞིང་ཟླ་མ་རིན་འབྱུང་དང་། སྣང་མཐའ་རང་གི་ཁ་དོག་ཅན་བསམས་ཏེ། ཁའི་སྟོན་ཕྱོགས་རྒྱུད་ནས་གསུངས་པ་ལྟར་བྱས་ལ། འདི་དང་འདི་འགྲུབ་པར་མཛད་དུ་གསོལ་བ་དྲག་ཏུ་བཏབ་ན། གང་ཡིན་པ་དེ་འགྲུབ་པར་ངེས་པ་ཡིན། ཐུགས་པ་མཐུ་བྱེད་པ་མེ་ཏོག་སྔོན་པོ་དང་། ནག་པོ་ཁོ་ན་དགོས་པར་བཤད་ནས་འདུག

མཐའ་ཡས་སེམས་ཅན་མ་ལུས་ཐམས་ཅད་ཀྱི།།
ཁ་དོག་མདངས་དང་མི་ལྷན་སྤྲངས་ཕྱིར་དང་།།
མཚན་དང་དཔེ་བྱད་འོད་འབར་ཐོབ་བྱའི་ཕྱིར།།
བདག་གིས་ཁྱེད་ལ་མེ་ཏོག་དབུལ་བར་བགྱི།།

པུཥྤེ་ཨཱ་ཧཱུྃ།

他修持七支供後，第二天病就痊癒了。心若堅定，做什麼都能成。緣起如此，所緣如此，藥也如此，咒也如此，這是關鍵。

其他增業和懷業等，也要獻供氣味芬芳、效果顯著的鮮花，顏色與業之類別相符，或黃或白；形狀或四方，或半圓；資糧田乃是與所供鮮花顏色相應之上師寶生佛或無量光佛；面朝的方向應按照密續所說那樣做；這樣做並猛烈祈禱“……能令此成就”，則無論如何一定如願成就。作威猛咒施時則只能使用藍色或黑色鮮花。

“無邊眾生一切盡無餘，
為棄不具光華之顏色，
為得相好隨好之熾光，
我以鮮花供養您尊前。
布唄阿吽！”

གསུམ་པ་ཕྱུལ་ནས་ཡོན་ཏན་འབྱུང་ཚུལ་ལ། གནས་སྐབས་དང་མཐར་ཐུག་གོ།

གནས་སྐབས་ནི། རང་ལ་གཞན་གྱིས་མེ་ཏོག་འཐོར་བ་འབྱུང་བ་དང་། གཞན་གྱིས་རྟེན་ཁྱད་པར་ཅན་ལ་མེ་ཏོག་འཐོར་བ་འཚོལ་བ་འབྱུང་ཞིང་། དེ་ལའང་རྟེན་ལ་མེ་ཏོག་ཆགས་པ་ལ་སོགས་པ་ངོ་མཚར་ཆེ་བའི་རྟགས་འབྱུང་བ་དང་། སྐྱེ་བ་གཞན་དུའང་གཟུགས་ཕུན་སུམ་ཚོགས་པ་དང་། དྲི་ཞིམ་ཞིང་ཤ་འཇམ་པ་ཁ་དོག་ལེགས་པ་ལ་སོགས་པ་འབྱུང་ངོ་།།

མཐར་ཐུག་རང་ཉིད་སངས་རྒྱས་པའི་སངས་རྒྱས་ཀྱི་ཞིང་དེར། མེ་ཏོག་གི་ཚོགས་དཔག་ཏུ་མེད་པ་འབྱུང་ཞིང་། ལྷ་རྣམས་ཀྱིས་ཀྱང་མེ་ཏོག་ཁ་དོག་དང་། དྲི་ཕུན་སུམ་ཚོགས་པ་ཕུས་ནུབ་ཙམ་དུ་འཐོར་བ་འབྱུང་བར་གསུངས་ཏེ། དེ་ནི་མེ་ཏོག་གི་དོན་བཤད་པ་ཡིན་ནོ།།

第三，供花功德分暫時功德及究竟功德。

暫時功德：會有他人朝自己拋灑鮮花、他人委託自己向特殊所依拋灑鮮花、且鮮花粘到所依身上等極稀有徵兆出現；來世也長相圓滿，身上體味清新、肌膚柔軟、膚色善妙。

究竟功德：自己成佛之剎土，鮮花簇簇，無量無邊；諸天拋灑於剎土的鮮花，顏色絢麗、氣味芬芳、（數量多到）幾乎淹沒膝蓋。

此為供花之含義。

གསུམ་པ། བདུག་སྤོས་ཀྱི་ལྷ་མོ།

ཡང་ཐུགས་ཀ་ནས་འོད་ཟེར་འཕྲོས་པ་ལས། དེ་ལས་བདུག་སྤོས་ཀྱི་མཆོད་པ་རྒྱ་ནམ་མཁའི་མཐའ་དང་མཉམ་ཞིང་། ཡུན་འཁོར་བ་མ་སྟོངས་ཀྱི་བར་དུ་རྒྱུན་མི་ཆད་པ། བྱེད་ལས་འཕགས་པ་རྣམས་ཀྱི་ཤངས་ཀྱི་དབང་པོ་དགྱེས་པར་བསྐྱེད་པ། ངོ་བོ་སངས་རྒྱས་ཀྱི་ཡེ་ཤེས། དྲི་ཚོར་བ་ཙམ་གྱིས་སེམས་ཅན་ཐམས་ཅད་ཀྱི་སྒྲིབ་གསུམ་དག་ནས། རྫོགས་སངས་རྒྱས་ཀྱི་གོ་འཕང་ལ་འགོད་ནུས་པ། དེ་འདྲ་བས་ནམ་མཁའ་ཐམས་ཅད་བཻཌཱུརྻའི་ལྷ་བྲེ་བྲེས་པ་ལྟ་བུའི་སྤོས་ཀྱི་སྤྲིན་འཁྲིགས་ཤིང་། དེ་ལས་བར་སྣང་དང་ས་གཞི་ཐམས་ཅད་སྤོས་དྲི་ཞིམ་པོའི་ངང་གིས་ཁྱབ་པས་མཆོད་པ་ཕུལ་བར་བསམ། དེ་བཞིན་དུ་སྤོས་ལའང་དོན་གསུམ་སྟེ། སྤོས་དང་སྨན་ལ་སོགས་པ་འདི་རྣམས། སོ་ནམ་རྨོ་བཀོལ་བ་ལ་སོགས་པ་མ་བྱས་པར་འབྱུང་བའི་རྒྱུ་མཚན་དང་། དེ་ཚུལ་ཇི་ལྟར་དབུལ་བ་དང་། ཡོན་ཏན་འབྱུང་ཚུལ་ལོ།།

དང་པོ་ལ་གཉིས་ཏེ། མདོ་ལུགས་གོང་དང་འདྲ།

གཉིས་པ་ནི། ནང་རྡོ་རྗེ་ལུས་ལ་ཇི་ལྟར་ཡོད་པ་བཞིན་དུ། དེའི་རྟེན་འབྲེལ་གྱིས་ཕྱི་རོལ་ཏུ་དེ་དང་མཚུངས་པར་མི་འོང་ཁ་མེད་པ་ཡིན་ཏེ། རྡོ་རྗེའི་ལུས་འདི་ལ་འབྱུང་བ་བཞི་དྭངས་མ་ལས་ནང་ན་སྙིང་ལ་སོགས་པའི་དོན་སྙིང་ལྔ་ཡོད་པས། ཕྱི་རོལ་ཏུའང་བ་མཁལ་སྨུག་པོ་དང་། མཁལ་མ་བྲེའོ་དང་། གླ་གོ་ཡུ་དང་། སྙིང་ཞོར་ཤ་དང་། ར་མཇོར་ལ་སོགས་པ། སྤོས་ཀྱང་ཡིན་སྨན་ཡང་ཡིན་གསུང་། ཐད་ཀ་ཐད་ཀར་ཕྱི་རོལ་གྱི་ནད་རྣམས་ལའང་ཕན།

（三）供熏香黃天女

亦從（自身明觀為本尊的）心間放射光芒，從光芒中放射出不可思議之供熏香黃天女，彼等手持精美的珍寶熏爐，爐內盛著蛇心旃檀和牛頭旃檀（又名果西夏）等各種香料，以本慧之火燃熏。

彼等所供養之熏香，量等虛空；時至輪迴未空供養不斷；能使諸聖眾鼻根產生悅意；其體性為佛之本慧。僅以感受香氣即能清淨一切眾生之三障，並將彼等置於佛之果位。

如此，如同懸掛吠琉璃華蓋般的熏香雲聚遍佈虛空、天空及大地，觀想以馥鬱香氣籠罩而獻供。

同樣，熏香亦有三義：藥香等不由種植栽培而自然**產生之原因；如何供養；供香功德。**

第一，藥香等不由種植栽培而自然產生之原因亦分顯宗與密宗兩方面。**顯宗理由，**如前所述。**密宗理由：**如同內在金剛身內具有什麼，以其緣起，外在就不可能不出現對應物。由金剛身四大精華，內在有心臟等五藏，因此外部也有（能解肝毒之）木肝子(或名榼藤子)；（能清腎肺熱之）析蓂；（能治肺腎病之）檳榔；（能清心熱之）酸棗仁、（能治脾病之）麻黃。（以上這些）既是香料也是藥料，直接對外在的病有療效。

ཡང་ན་ནང་རྡོ་རྗེའི་ལུས་འདི་ལ་ཐིག་ལེ་དཀར་དམར་ངོ་བོ་བསིལ་བར་གནས་ཏེ། རྒྱུད་ནས་མིང་ཡང་ཙན་དན་ག་སུར་ཟེར་ཏེ། དེ་བཞིན་ཕྱི་རོལ་ཏུའང་ཙན་དན་ག་སུར་འབྱུང་བ་ཡིན་ཏེ། ནད་གྲང་བ་ལས་ཕྱི་རོལ་གྱི་ག་སུར་བཏང་ན་བསིལ་བ་དང་ཕྲད་པས་འབྱུང་བ་རྒྱུ་རྐྱེན་ཏེ། འབྱུང་བ་རོ་མ་སྙོམས་ན་ནད་དྲག་པོ་འབྱུང་ཞིང་འཆི་བར་འགྱུར་བའོ། །དེའི་ཕྱི་སྦྱོར་རེང་བུ་དང་འབུལ་སྦྱོར་ལ་སོགས་པ། སྦྱོར་སྦྱོར་རྣམས་ཀྱང་ནང་གི་འབྱུང་བ་ཆ་སྙོམས་པའི་ཕྱིར། གཅིག་གི་ཆ་གཅིག་གིས་མནན་ན་ཆ་སྙོམས་པ་ཡིན། སྔོན་སྔ་ནས་བཅོ་ལྔ་སྦྱོར་གྱི་སྦྱོར་བ་མཛད་པ་ཀུན་ཀྱང་ནོར་འཁྲུལ་མེད་པར་ཞོ་ལ་བརྟེགས་ནས་ཤིན་ཏུ་མཉམ་སྟེ། དེའང་ནང་གི་འབྱུང་བ་ཆ་སྙོམས་པའི་རྟེན་འབྲེལ་ཡིན་པའི་གཤིས་སུ་འདུག བཅོ་ལྔ་སྦྱོར་གྱི་སྦྱོར་བ་འདི་ལའང་། གསང་སྔགས་རྙིང་མ་བའི་སྨན་སྒྲུབ་དང་དོན་མཚུངས་པར་འདུག་སྟེ། སྨན་སྒྲུབ་དེའང་མ་ལེགས་ན་བཀྲ་མི་ཤིས་པའི་ལྟས་ངན་པ་དང་། ཁྱི་རོ་ལ་སོགས་པ་འབྱུང་སྟེ། དེ་བྱུང་བས་ཉེས་པ་མང་པོ་འབྱུང་ལ། ལེགས་ན་ལྟས་བཟང་པོ་འབྱུང་ཞིང་། དངོས་གྲུབ་མང་པོ་འབྱུང་བར་གདའ། དེ་བཞིན་དུ་སྦྱོར་སྦྱོར་འདི་ལའང་སྦྱོར་བའི་ཐབས། སྙོམས་ཐབས་དང་གོས་གཙང་མ་ལ་སོགས་པ་ཐར་གྱིས་ཐེན་པ་བྱེད་པ་ཡིན། ལངས་པའི་དུས་ན་དྲི་མི་ཞིམ་པ་སོགས་བྱུང་ན། །ཉེས་པ་མང་པོ་འབྱུང་སྟེ། ལེགས་པར་གྱུར་ན་ཕན་བདེ་མང་པོ་འབྱུང་བར་འདུག སྦྱར་ལེགས་པའི་དྲི་དེས་ཁམས་སྙོམས་པ། དང་བའི་དད་པ་སྐྱེ་ལ། ཏིང་ངེ་འཛིན་སྐྱེ་བའི་གྲོགས་སུའང་འགྱུར།

亦或，內在金剛身中，紅白明點本性屬寒涼，續部亦將其稱作旃檀冰片。同樣，外部也出現旃檀冰片。身患寒病者若以外部冰片入藥，則與寒氣相遇後，體內水大增盛，若四大失衡則病情加重而致死。

其外在獨香與供香等，合制諸香亦是內在各大種保持平衡之故，一大種制衡另一大種從而獲得平衡。（根據）近侍（調製熏香的方法），以十五種熏香合制之全部物料，都無誤過秤，精確到“錢”，用量極其平均。此亦為內在各大均衡之緣起法性。

關於此十五香合製，亦與密咒寧瑪派製藥之義相應。

製藥也是，若不善妙，則會出現腐爛、狗屍等不祥之兆，隨之產生眾多過失；若善妙，則吉兆出現，隨之出現諸多成就。

同樣地，此合製熏香之混合方法、均衡方法、服飾潔淨等（善妙的話），則（調製出的香）就可以拉伸順滑而不會斷。

晨起時，若出現不潔氣味，則過失很大；若氣味善妙，則出現諸多利樂。

合製善妙的熏香，其氣味可令人生起諸界平等之清淨信心，也為禪定生起之助伴。

འདིའི་ལུང་སངས་རྒྱས་ཕལ་པོ་ཆེ་ན་བཞུགས་ཏེ་གཞོན་ནུ་ནོར་བཟང་གིས། ཚོང་དཔོན་ཨུཏྤལའི་མདོག་ལ་ཆོས་ཞུས་པས། ཚོང་དཔོན་ན་རེ། རིགས་ཀྱི་བུ་ངས་སྤོས་སྦྱོར་ལེགས་པ་ཞིག་ཤེས་པ་ཡིན་གྱིས་གཞན་ཅི་ཡང་མི་ཤེས་སོ།། ཟེར་ནས། སྤོས་སྦྱོར་ཞུས་པས། ཚོང་དཔོན་ན་རེ། ངས་བྱང་ཆུབ་ཀྱི་སེམས་རྣམ་པ་གཉིས་རྒྱུད་ལ་བསྐྱེད་པའི་སྤོས་སྦྱོར་ཤེས། ཏིང་ངེ་འཛིན་བཟང་པོ་སྐྱེ་བ་དང་། ཉན་ཐོས་དང་། རང་སངས་རྒྱས་དང་། བླ་ན་མེད་པའི་བྱང་ཆུབ་ཐོབ་པའི་སྤོས་སྦྱོར་ཤེས། ཞ་དང་། ཧུང་དང་། རོལ་མོ་ལ་རྒྱབ་པས། དེའི་སྒྲ་ཐོས་པས་ཕྱིར་མི་ལྡོག་པའི་ས་ཐོབ་པའི་སྤོས་སྦྱོར་ཤེས། དེ་བཞིན་དུ་ལྷ་དང་མི་དང་ཀླུ་དང་ལྷ་མིན་དང་། དྲི་ཟ་དང་། གནོད་སྦྱིན་དང་། གྲུལ་བུམ་ལ་སོགས་པ་དགའ་བའི་སྤོས་སྦྱོར་ཤེས་སོ།། ངས་ནི་དེ་ལས་སྟོན་པར་ནུས་རེ་སྐད་གསུངས། དེའང་དོན་འདི་ལྟ་བུ་ཡིན་ཏེ། ཁ་སྟོན་མེད་པར་སླ་ཆེ་ལ་སོགས་པ་སྣ་རེ་བསྲེག་ཏུ་མི་བཏུབ་སྟེ། བསྲེག་ནས་ཕྱོགས་དེ་ན་གནས་པའི་ཀླུ་དང་ཐུག་ནས། རང་ལའང་ཉེས་པ་མང་པོ་འབྱུང་བར་འདུག །གཞན་ཡང་ཁྲག་ཏུལ་བ་ལ་སོགས་པའི་དངོས་པོ་ངན་པ་སླ་ཆེའི་འགྲོ་ཞིག་ཡོད་པ་དེ་ལ་གཟིགས་པས། སླ་ཆེ་དེ་ཁྲག་གི་ལྟད་ཡོད་པ་ཞིག་ཡིན་འདུག དེས་ལན་པར་གདའ་གསུངས། ཡང་རྫུབ་པ་ནང་སྦྱར་ནའང་མི་ལེགས་ཏེ། ཇོ་ཏི་ལྟ་བུ་ཤ་སྟག་སྦྱར་ནའང་འཐབ་མོ་འོང་བར་འདུག སློབ་དཔོན་ཀླུ་སྒྲུབ་ཀྱིས་མཛད་པའི་སྤོས་སྦྱོར་སུམ་ཅུ་པ་ནས། རེའུ་མིག་བྱས་ཏེ། འདིའི་རྗེས་སུ་འབྲང་ན་རྫུབ་པར་འགྱུར། འདིའི་རྗེས་སུ་འབྲང་ན་འཇམ་པར་འགྱུར་གྱི་སྐབས་བཤད་པས། བཅུ་དྲུག་པ་བརྒྱད་པ་ཕྲུག་བཞེས་ལྟར་བྱའོ།།

（關於調製熏香）在華嚴經中的記載是：

善財童子向青蓮花色商主請法。商主說：“善男子，我只懂巧妙調製熏香一法，其他什麼都不懂。”善財童子於是向商主請教調製熏香之法。商主說：“我懂得調製於相續中生起兩種菩提心之熏香；懂得調製生起殊勝禪定及獲得聲聞、圓覺、佛果之熏香；懂得調製聽聞擊鼓、吹螺、奏樂之聲而獲不退轉地之熏香；同樣亦懂得調製天、人、龍、非人、乾達婆、藥叉、鳩盤荼等所喜之香。除此之外，別的我絕對說不上來。”

亦有此種說法：不要單獨燃熏麝香等未經添加的香料，否則，當地所居之龍聞觸後，會對熏香者加諸危害。

此外，當看到有麝香味的膿血等劣物，會誤認為是帶血渣的麝香，這是錯誤的。

又，熏香中加入性燥物料，亦不善妙，若全部用肉蔻之類的，則會引發衝突。

阿闍黎龍樹所撰《調製熏香三十法》中講到：“製作表格，說明加入這個藥性變烈，加入這個會藥性變溫。”因此按照十六比八的比例來調製。

གཉིས་པ་འབུལ་བའི་ཐབས་ལ་གཉིས་ཏེ། མཐར་ཐུག་དང་གནས་སྐབས་སོ།།

དང་པོ་ནི། ཕྱི་ནང་གི་རྟེན་འབྲེལ་བསྒྲིགས་ཤེས་པའི་སྒོ་ནས། ལེགས་པར་སྦྱར་བའི་ སྤོས་ཀྱི་བྱེ་བྲག་རྣམས། རྒྱ་རབ་འཛིག་རྟེན་ཁམས་ཁྱབ་པ། དུས་ཆོས་ཀྱི་དབྱིངས་དང་མཉམ་པ། བྱེད་ལས་འཕགས་པ་མཆོད་ཅིང་། སེམས་ཅན་སྨིན་པར་བྱེད་པའི་ནུས་པ་དང་ལྡན་པར་བསམ་པའི་དངོས་པོ་དེ། ཞིང་རྣམ་པར་དག་པ་བླ་མ་སངས་རྒྱས་ཀྱི་ངོ་བོ་ལ། བསམ་པ་སེམས་ཅན་ཐམས་ཅད་རྫོགས་པའི་སངས་རྒྱས་ཐོབ་པར་འདོད་པའི་བློས། མཐའ་ཡས་སེམས་ཅན་མ་ལུས་ཐམས་ཅད་ཀྱིས། །འདོད་ཆགས་ལ་སོགས་དྲི་མ་སྤངས་ཕྱིར་དང་། །ཆོས་ཀྱི་ཤེས་རབ་དྲི་མེད་ཐོབ་བྱའི་ཕྱིར། །བདག་གིས་ཁྱེད་ལ་བདུག་སྤོས་འབུལ་བར་བགྱི། ཨོཾ་བཛྲ་དྷཱུ་པེ་ཨཱཿཧཱུྃ། ཞེས་བརྗོད་ནས། གསོལ་བ་དྲག་པོ་འདེབས་པ་ཡིན་ནོ། །དེའང་ཞིང་བསམ་དངོས་གསུམ་དག་པའི་རྟེན་འབྲེལ་གྱིས། གསོལ་བ་གང་བཏབ་འགྲུབ་པ་སྟེ། དེའང་ཞིང་དང་བསམ་པ་དངོས་པོ་གསུམ་ཞེས་པ་ལ་སོགས་པའོ། །དེའང་བཛྲ་སྟོང་པ། དྷཱུ་པེ་སྣང་བ། ཨཱཿཧཱུྃ་གཉིས་སུ་མེད་པའི་དོན་ཏེ། དོན་དེ་ལྟ་བུས་མཆོད་པར་བྱེད་པ་ཡིན།

གཉིས་པ་འཕྲིན་ལས་བཞི་དང་བསྟུན་ནས་འབུལ་བ་ནི། ཞིང་བླ་མ་སངས་རྒྱས་སྨན་པའི་རྒྱལ་པོའམ། ཡང་ན་ལས་སོ་སོ་ལ་ཤེས་པའི་ལྷར་བསྒོམ་སྟེ། སྤོས་ཁ་དོག་དཀར་སེར་དམར་སྔོ་བཞི། སྤོས་རྒྱ་སྒོར་མོ། གྲུ་བཞི། ཟླ་གམ། གྲུ་གསུམ་མོ། །སྨན་འབུལ་ན་དཀར་སེར་དམར་སྔོའོ། །བསམ་པ་གང་འདོད་པ་བསྟུན་ནས་གསོལ་བ་གདབ་པའོ།།

第二，供養熏香之方法有究竟與暫時二種。

首先（究竟方法為），知道結合內外緣起，調製之各種不同熏香，觀想供品最上者為：量，廣遍世間；時，等同法界；能供聖眾，能令眾生成熟之熏香。清淨資糧田為：上師，其體性為佛。意樂為：欲求一切眾生獲得圓滿菩提。(口中念誦)：

“一切眾生盡無餘，斷除貪等垢染故，獲得無垢法慧故，我以熏香供尊前。唵班雜杜貝啊吽！”並作熱烈祈禱。

憑藉資糧田、意樂及供養品三者清淨之緣起而祈願，所願皆成。此即所謂資糧田、意樂、供養品等內容。

又“班雜”為空性；“杜貝”為顯現；“啊吽”為顯空無別。以此義而作供。

其次（暫時方法）：針對四事業而作供。資糧田：上師藥師佛，或觀修通曉不同事業的佛。（供養物：熏香），顏色為白、黃、紅、藍四種，形狀為圓形、四方、半圓、三角，若供藥，亦用白黃紅藍。意樂：根據所欲而祈請。

ཕྱུལ་བའི་ཡོན་ཏན་ནི་གནས་སྐབས་སུ་ལས་སོ་སོའི་གསོལ་བ་བཏབ་པ་འབྱུང་བ་དང་། ཚེ་རབས་གཞན་དུའང་ལུས་ལ་དྲི་ཞིམ་པོ་བྲོ་བ་དང་། ཕྱོགས་ཐམས་ཅད་དུ་སྙན་པས་ཁྱབ་པ་འབྱུང་། མཐར་ཐུག་སྨན་བླ་ལྷ་བུར་སངས་རྒྱས་ནས། ཚུལ་ཁྲིམས་ཀྱི་དྲི་ངད་ཀྱི་སངས་རྒྱས་པའི་ཞིང་དེར་ཡང་སྨོས་དང་སྨན་ག་པུར་ཙན་དན་ལ་སོགས་པ་གྲངས་མེད་པ་འབྱུང་བ་དང་། གཞན་གྱིས་ཀྱང་དེ་ལྟ་བུས་མཆོད་པར་འགྱུར་རོ། །སངས་རྒྱས་པའི་ཞིང་དེའང་སྨོས་ནས་གྲུབ་པ་ཞིག་འབྱུང་བ་ཡིན། གཞན་དུ་ན་སྤོས་རང་ལ་ཆོས་ཐུན་ཅིག་ཡོད་པར་གསུངས།

བཞི་པ། མར་མེའི་ལྷ་མོ།

ཡང་ཐུགས་ཀ་ནས་འོད་ཟེར་འཕྲོས་པས་མར་མེའི་ལྷ་མོ་དམར་མོ། ལ་ལས་ཕྱག་ན་རིན་པོ་ཆེའི་གོང་བུ་མར་མེས་གཏམས་པ་དང་། ལ་ལས་ཉི་མ་དང་ཟླ་བ་འོད་ཟེར་འཕྲོ་བ་རྣམས་ཐོགས་པའི་ལྷ་མོ་བསམ་གྱིས་མི་ཁྱབ་པར་སྤྲོས། དེ་དག་ལས་སྣང་གསལ་སྒྲོན་མེའི་མཆོད་པ། རྒྱ་ཆོས་ཀྱི་དབྱིངས་དང་མཉམ་ཞིང་། ཡུན་འཁོར་བ་མ་སྟོངས་ཀྱི་བར་དུ་རྒྱུན་མི་འཆད་པ། བྱེད་ལས་འཕགས་པ་རྣམས་ཀྱི་སྤྱན་གྱི་དབང་པོ་དགྱེས་པར་བསྐྱེད་པ། ངོ་བོ་སངས་རྒྱས་རྣམས་ཀྱི་ཡེ་ཤེས་ཀྱི་རང་བཞིན་མཐོང་བ་ཙམ་གྱིས། སེམས་ཅན་ཐམས་ཅད་སྒྲིབ་གསུམ་དག་ནས། སངས་རྒྱས་ཀྱི་གོ་འཕང་ལ་འགོད་ནུས་པ། དེ་འདྲ་བས་ནམ་མཁའ་ས་གཞི་བར་སྣང་ཐམས་ཅད་སྒྲོན་མེའི་སྤྲིན་དང་། ཆར་དང་ཕྲེང་བ་ཚར་དུ་དངར་བས་གང་བ་དེས་མཆོད་པ་ཕུལ་བར་བསམ།

第三、供熏香之功德，亦分暫時與究竟二種。

暫時功德：各各所祈請之事業得以成就；來生身體散發香氣；美名傳揚十方。**究竟功德**：如同藥師佛般成佛，具戒律芬芳之佛剎中，旃檀、龍腦等藥香無量出現；他人亦如此對自己獻供；成佛後淨土中出現香牆。

此外，熏香本身（的功德）就有一座法（那麼長）的時間可以敍述。

（四）供燈紅天女

亦從（自身明觀為本尊的）心間放射光芒，從光芒中放射出不可思議之供燈紅天女，有的手持注滿燈油的珍寶燈盞；有的手持放光珠寶；有的手持放光日月；彼等所供油燈光明，量等法界；時至輪迴未空無有間斷；能使諸聖眾眼根生起悅意；其體性乃諸佛本慧自性。僅以得見，即能淨除眾生三障，能將彼等置於佛之果位。

如此，觀想虛空中遍佈燈雲、天空中遍灑燈雨、大地遍滿燈鬘，均排列得整整齊齊而獻供。

མར་མེའི་དོན་བསྟན་པ་ལ་གསུམ་སྟེ། ཞིང་འདིར་སྣང་གསལ་ཁྱད་པར་ཅན་ཉི་ཟླ་དང་། རིན་པོ་ཆེའི་སྒྲོན་མ་དང་། རྩི་མར་དང་། འབྲུ་མར་ལ་སོགས་པ་འབྱུང་བའི་རྒྱུ་མཚན་དང་། དབུལ་བའི་ཐབས་དང་ཕུལ་བའི་ཡོན་ཏན་འབྱུང་ཚུལ་ལོ།།

དང་པོ་ཞིང་འདིར་སྣང་གསལ་གྱི་ཐེ་བྲག་རྣམས་འབྱུང་བའི་རྒྱུ་མཚན་ནི། མདོ་དང་སྔགས་གཉིས་ལས། དང་པོ་བྱང་ཆུབ་ཀྱི་སེམས་གཉིས་ལས་བྱུང་ཞིང་། སངས་རྒྱས་འདི་བྱང་ཆུབ་སེམས་དཔའི་སྤྱོད་པ་སྤྱོད་པའི་དུས་ན། ཟླ་མའམ། སངས་རྒྱས་སྔ་མ་རྣམས་ལ་དངོས་པོ་དེ་ལྟ་བུ་ཕུལ་བ་ལས་བྱུང་བ་ཡིན་ནོ།།

གཉིས་པ་སྔགས་ལྟར་ན། ནང་རྡོ་རྗེའི་ལུས་ལ་རྩ་རླུང་ཐིག་ལེའི་དྭངས་མ་ཡོད་པས། ཕྱི་རོལ་ཏུ་འབྲུ་མར་རྩི་མར་ལ་སོགས་པའི་མར་མེ་མི་འབྱུང་བ་ཁ་མེད་ཡིན། ཕྱི་ནང་གནད་གཅིག་པའི་གོ་བ་དང་། སྣང་སེམས་གཅིག་ཏུ་རྟོགས་པར་བྱ་བའི་ཕྱིར།།

གཉིས་པ་ཚུལ་ཇི་ལྟར་འབུལ་བའི་ཚུལ་ནི་གཉིས་ལས། དང་པོ་མཐར་ཐུག་སངས་རྒྱས་ཐོབ་པར་འདོད་པས་འབུལ་བ་ནི། ཞིང་བསམ་པ་དངོས་པོ་གསུམ་གྱི་སྒོ་ནས་བྱང་ཆུབ་ཐོབ་པར་འདོད་པས་འབུལ་བ་སྟེ། མཐའ་ཡས་སེམས་ཅན་མ་ལུས་ཐམས་ཅད་ཀྱིས། །མ་རིག་མུན་པ་ཐམས་ཅད་སྤང་ཕྱིར་དང་། །ཟག་མེད་སྣང་བའི་ཤེས་རབ་ཐོབ་བྱའི་ཕྱིར། །བདག་གིས་ཁྱེད་ལ་སྣང་གསལ་འབུལ་བར་བགྱི། །ཞེས་པས་དབུལ་ཏེ་གོང་དང་འདྲ།།

གཉིས་པ་ཐུན་མོང་དུ་འཕྲིན་ལས་བཞི་དང་བསྟུན་ནས་དབུལ་བ་ནི། ཞི་རྒྱས་དབང་དྲག་ལས་བཞི་ལས་ཀོང་བུ་ཟླུམ་པོ། གྲུ་བཞི། ཟླ་གམ། གྲུ་གསུམ་དག་ཏུ།

宣說燈之三義：此剎土中之光明，尤其是日月、寶燈、酥油燈、菜籽油燈等**出現之理由；供燈方法；供燈功德**。

第一，此剎土中，各種光明出現的理由，分顯宗及密宗兩種理由。

首先，顯宗理由：從二種菩提心產生，佛於其行持菩薩行時，對上師與過去諸佛獻供（日月、寶光、酥油燈、菜油籽燈）等因緣中產生。

其次，密宗理由：內在金剛身中有氣、脈、明點之精華，外在諸如酥油、菜籽油等油燈不可能不出現。領會“內外要點同一”、了悟“顯現與心同一”之故。

第二，如理供養方法，有二。

究竟上，欲求獲得佛果而作供。通過資糧田、供品、意樂三者，意欲求取菩提而作供。“無邊眾生盡無餘，為除無明黑暗故，為得無漏明慧故，我以光明供尊前！”所作供養如前所述。

暫時地，順應四事業而作供：根據息、增、懷、誅四事業，燈盞分別用圓形、四方、半圓、三角形狀。

རྩེ་མར། འབྲུ་མར། ཏིལ་མར། ཞུན་ཆེན་གྱི་མར་ཁུ་བྱས་ལ། ཞིང་ཟླ་མ་དེ་ལས་སོ་སོའི་ལྟར་བསྐྱེད། ལས་སོ་སོའི་ཕྱོགས་སུ་ཁ་བསྟན་ཏེ། གང་དང་གང་དུ་སྒྲུབ་པ་དེ་མཇོད་དུ་གསོལ། ཞེས་གསོལ་བ་བཏབ་ན་འགྲུབ་པར་འགྱུར་རོ།།

ཡང་འཕྲིན་ལས་བཞི་ཀའང་ཀོང་བུ་གཅིག་ལ་སྒྲུབ་ཏུ་རུང་གསུངས། ཡང་ཏིང་ངེ་འཛིན་གསལ་བའི་རྟེན་འབྲེལ་ཡང་ཡིན་ཏེ། འོད་གསལ་སྒོམ་པའི་དུས་ན་ངེས་པར་མར་མེ་འབུལ་དགོས་པ་ཡིན། སྔོན་ཙནྡ་རི་ན་ཡོད་པའི་དུས་ན། མར་མེ་ཕུལ་བ་ཐམས་ཅད་མགོ་དམར་དུ་སོང་བས། ཉུབ་གཅིག་རྨི་ལམ་དུ་བུད་མེད་དམར་མོ་ཞིག་བྱུང་ནས། མར་མེའི་སྡོང་བུ་ནས་ཚུང་ཟད་ཅིག་བཀུག་ནས་བུག་པ་ཞིག་བྱས་ཏེ། འདི་ལྟ་བུ་ཞིག་གྱིས་དང་གསལ་བ་ཡིན་གྱིས་ཟེར། གསལ་བ་ལ་དགོས་པ་ཅི་ཡོད་བྱས་པས། སེམས་ཏིང་ངེ་འཛིན་གསལ་བ་ཡིན་མོད། དེར་དེ་ལྟར་བྱས་པས་མགོ་དམར་དེ་མི་ཡོང་བར་སོང་། ཕྱིས་འབྲི་གུང་དུ་བྱོན་པའི་དུས་སུ་རིག་བྱེད་ཀྱི་རྣམ་པ་ཅི་ཡོད་པ་ཕུལ་ཅིག་གསུངས་ནས། ཐར་གྱི་ལོ་རྒྱུས་དེ་རྣམས་སྐན་དུ་ཕུལ་བས་ཞིན་ཏུ་མཉེས། རྗེ་བོ་དཀོན་མཆོག་གཉེར་པ་ཀུན་གྱིས་འདི་ཡིད་ལ་ཞོག་གསུངས།།

གསུམ་པ་ཕུལ་བའི་ཡོན་ཏན་ལ་གཉིས་ཏེ། གནས་སྐབས་སུའང་མིག་ལ་སོགས་པའི་དབང་པོ་དང་བློ་གསལ་ཞིང་། ཞི་གནས་དང་ལྷག་མཐོང་གི་ཏིང་ངེ་འཛིན་གསལ། ཚེ་རབས་ཐམས་ཅད་དུ་མུན་པའི་འཇིག་རྟེན་སྤངས་ནས། མཐོང་བའི་ཆོས་སྐུར་དུ་འོང་བར་འགྱུར་རོ།།

（燈油）分別用酥油、菜籽油、芝麻油、大油融酥。資糧田上師觀為各各事業之本尊。面對各各事業之方向，於何處、成就何事，而作祈禱。若祈禱則如願成就。

又說，亦可於一燈盞中修持四種事業。

又，（供燈）亦是禪定清明之緣起。觀修光明時，一定需要供養油燈。

往昔，在匝日山之時，所有供燈師都會變成禿頭。一天晚上（香燈師）的夢中出現一位紅衣女子，她把燈芯稍稍扳了一下，捅出一個窟窿，並說“這樣做吧，讓燈更亮一些吧”。使供燈更光明，該做的都做了，不僅使心在禪定中更清明，而且如此做後，供燈師也再沒出現禿頭的情況。後來（弟子們從匝日）回到直貢時，（上師問，）關於供燈方面外道有什麼做法，（弟子們就一五一十地）將上述經過都講給上師聽。（上師就說）“所有的香燈師對此都應謹記在心。”

第三，供熏香之功德分二：究竟功德與暫時功德。

暫時功德：眼等諸根以及心清明亮堂；禪修時，止與觀均清明；生生世世摒除黑暗世間；現法迅速出現。

དགེ་བཤེས་པ་རི་བ་སྦྲ་མ་དེས་གཡུ་རྫོག་ཆེན་པོ་གསུམ་གྱིས་ཐོག་དྲངས་ནས་ཆ་རྐྱེན་དཔག་ཏུ་མེད་པ་བཏང་སྟེ། ཁོ་བོའི་མདུན་དུ་མར་མེ་ཆེན་པོ་ཞིག་རྒྱུན་པར་བཙུགས་པ། ཞིང་རྣམ་པར་དག་པ་བླ་མ་ལ་ཕུལ་བ་དེས། ད་ལྟ་ཁོང་རང་གི་གདུང་ལ་ཆེན་པོ་རྫིད་ཅན་ཇི་བ་འབར་བ་ཡིན་གསུངས་ཏེ། ད་ལོ་རང་ལ་ཡང་མར་མེ་བརྒྱ་ཙམ་གསར་དུ་བཙུགས་ནས་ཡོད་པར་གདའ། མཐར་ཐུག་ཏུའང་ཞིང་ཁམས་བཅུད་འོད་ཀྱིས་གང་བ། རང་ཡང་སངས་རྒྱས་འོད་དཔག་ཏུ་མེད་པར་འགྱུར་བ་དང་། རྒྱལ་པོ་རྩེབས་ཀྱི་སྲུ་ཁྲུད་འཛིན་གྱི་ལོ་རྒྱུས་ཀྱང་གསུངས། རང་སངས་རྒྱས་པའི་ཞིང་དེར་ཡང་། སྣང་གསལ་གྱི་བྱེ་བྲག་སྤྲར་བསྟན་པ་ལྟ་བུ་དཔག་ཏུ་མེད་པ་འབྱུང་ཞིང་། སངས་རྒྱས་ཀྱི་སྐུ་དེ་ལ་འོད་འཛོམ་གང་བ་དང་། འོད་ཟེར་བྱེ་བ་ཁྲག་ཁྲིག་ལ་སོགས་པ་འབྱུང་བར་གསུངས་པ་ཡིན་ནོ།།

ལྔ་པ། དྲི་ཆབ་ལྷ་མོ།

ཡང་ཐུགས་ཀ་ནས་འོད་ཟེར་འཕྲོས་པས་དྲི་ཆབ་ཀྱི་ལྷ་མོ་ལྔང་གུ་ཕྱུག་ན། རིན་པོ་ཆེའི་ཡོལ་གོ་ལྷའི་སྤོས་ཤིན་ཏུ་དྲི་ཞིམ་པའི་ལྡེ་གུས་བཀང་བ་ཐོགས་པ་བསམ་གྱིས་མི་ཁྱབ་པར་སྤྲོས། དེ་ལས་དྲི་ཆབ་བསིལ་སྨན་གྱིས་བྱུག་པའི་མཆོད་པ། རྒྱ་ཆོས་ཀྱི་དབྱིངས་དང་མཉམ་ཞིང་། ཡུན་འཁོར་བ་མ་སྟོངས་ཀྱི་བར་དུ་རྒྱུན་མི་ཆད་པ། བྱེད་ལས་འཕགས་པ་རྣམས་ཀྱི་སྐུའི་དབང་པོ་དགྱེས་པར་བསྐྱེད་པ། ངོ་བོ་སངས་རྒྱས་རྣམས་ཀྱི་ཡེ་ཤེས་ཀྱི་རང་བཞིན་རིག་པ་ཙམ་གྱིས། སེམས་ཅན་ཐམས་ཅད་ཀྱི་སྒྲིབ་གསུམ་དག་ནས། སངས་རྒྱས་ཀྱི་གོ་འཕང་ལ་འགོད་ནུས་པ།

在過去，格西帕日瓦曾準備了以三塊大綠松石為主的無量順緣，經常在我跟前供一盞大油燈。因為對極清淨資糧田上師作供，如今他自己的靈骨前亦有大功德主為他供燈，今年又對他新供了近一百盞油燈。

究竟功德：其剎土燈光遍滿；自己亦成為無量光佛；《持輪輞國王歷史》也說，自己成佛時，其剎土亦如前述般，出現無量無邊之各種光明；佛身籠罩著一弓長光明;以及出現俱胝那由他等光明。

（五）供養塗香綠天女

亦從（自身明觀為本尊的）心間放射光芒，從光芒中放射出不可思議之供熏香黃天女，（彼等）手持珍寶器皿，裏面盛滿香氣馥鬱的天界香水，彼等所作清涼香藥供養，量等法界；時至輪迴未空供養不斷；能使諸聖眾之身根生起悅意；彼體性乃佛之本慧自性。僅以碰觸，即能清淨一切眾生之三障，並能將彼等安置於佛果。

དེ་འདྲ་བས་ནམ་མཁའ་ཐམས་ཅད་དྲི་ཆབ་ཀྱི་སྤྲིན། བར་སྣང་ཐམས་ཅད་དྲི་ཆབ་ཀྱི་ཆར། ས་གཞི་ཐམས་ཅད་དྲི་ཆབ་ཀྱི་ཡོལ་གོ་བར་མཚམས་མེད་པར་གཏམས་པ་དེས་མཆོད་པ་ཕུལ་བར་བསམ།

དྲི་ཆབ་ལ་དོན་གསུམ་སྟེ། འབྱུང་བའི་རྒྱུ་མཚན། དབུལ་བའི་ཐབས། ཡོན་ཏན་འབྱུང་ཚུལ་ལོ།།

དང་པོ་གཉིས་ལས། མདོ་ལུགས་གོང་དང་འདྲ། གཉིས་པ་ཐུགས་ལྟར་ན། དྭངས་མའི་དྭངས་མ་དབུལ་བར་བྱ། །ཞེས་གསུངས་པས། ནང་རྡོ་རྗེའི་ལུས་འདི་ལ་འབྱུང་བ་ལྔའི་དྭངས་མ་བདུད་རྩི་ལྔ་ཡོད་པས། ཕྱི་རོལ་ཏུའང་འབྱུང་བ་ལྔའི་དྭངས་མ་ལས། གི་ཝང་དང་ག་པུར་ལ་སོགས་པ་དྲི་ཆབ་ལྔ་འབྱུང་བ་ཡིན།

གཉིས་པ་དབུལ་བའི་ཐབས་ནི། ཐུ་མ་པོ་ན་ལྟར། ཞིང་བསམ་པ་དངོས་པོ་གསུམ་དག་པའི་སྒོ་ནས་དབུལ་ཏེ། མཐར་ཐུག་སངས་རྒྱས་ཐོབ་པའི་ཕྱིར་དབུལ་བ་ནི་རྒྱུ། རྒྱ། བྱེད་ལས། དུས་ཐར་བཞིན་དུ་བྱས་ལ། མཐའ་ཡས་སེམས་ཅན་མ་ལུས་ཐམས་ཅད་ཀྱིས། །གཟུང་འཛིན་རྟོག་པའི་དྲི་མ་སྤང་ཕྱིར་དང་། །མི་རྟོག་རྣམ་དག་ཉིད་འཛིན་ཐོབ་བྱའི་ཕྱིར། །བདག་གིས་ཁྱེད་ལ་དྲི་ཆབ་དབུལ་བར་བགྱི། །ཨོཾ་བཛྲ་གནྡྷེ་ཨཱཿཧཱུཾ། གནས་སྐབས་ལས་སོ་སོར་སྒྲུབ་པའི་ཐབས་ཐུ་མ་བཞིན་ནོ། །སྤྱིར་དྲི་ཆབ་འདི་ལ་ཆོས་མང་དུ་ཡོད་པར་འདུག་སྟེ། ངས་སྨྲུན་ཐར་ཞུ་བ་མ་ཐོབས། ང་རང་ལ་ཡང་འདི་སྐྱོང་བ་ཁ་ན་མེད་གསུངས་ནས་འཛུམ་མཛད། སློན་སྨྲུན་ཐར་སྒོམ་ཆེན་ཞིག་གིས་ཞུ་བ་བྱས་པས། ཁྱོད་ཀྱི་དྲི་བ་དེ་མ་ལེགས། རྟེན་འབྲེལ་བྱེད་དགོས་གསུངས་ནས། གྲི་ཞིག་གི་རྩེ་མོ་དྲི་ཆབ་ཏུ་བཙུག་དཀྲུག་གིན་འདུག དེ་ནས་ད་ལོག་སྟེ་འོང་གསུངས་ནས།

如此觀想虛空中之塗香雲、天空中之塗香雨、大地上之塗香瓶，無有間隙地到處遍滿而獻供。

塗香三義：產生理由，供養方法，以及供養功德。

第一，塗香產生理由，分顯宗理由與密宗理由。**顯宗原因**如前所述。**密宗原因**：正如密宗所言“應供精華之精華”，內在金剛身中有五大精華──五甘露，所以外在也出現五大精華──牛黃、冰片等五種塗香。

第二，塗香的供養方法如前所述，通過資糧田、意樂、供品三者清淨而作供。

究竟上，為獲取佛果之供養方法，其物料、範圍、功用、時長都如之前所述。“無邊眾生盡無餘，為除能所妄念垢，為得無念淨禪定，我以塗香供尊前。唵班雜甘碟啊吽！”

暫時地，為修持各事業之供養方法，如前所述。

一般，塗香供養有許多緣起法。我不敢給上師使用塗香，因為上師曾笑著說，“我聞這個沒有用。”以前，一個大修行人來向上師求法，上師說：“你的氣味不是很好，需要製造緣起。”說著將一把劍的尖端放入小便中攪了攪，然後說：“現在氣味變好了。”

ཡང་སྨྲུན་དྲངས་པའི་ཚོགས་ན་བསྙེན་པར་རྫོགས་པ་རྫ་མགོ་ཞེས་བྱ་བ་སྐུ་ལ་སྦྱོར་འོང་བར་འདུག་པས་དྲི་ཆབ་བཙགས་པས་ཕོ་ཐོན་ཏེ། དྲི་འདི་དྲངས་སྙིགས་ཕྱེད་པའི་རྟེན་འབྲེལ་ཡིན་ནོ། །ཐུར་ལྷུར་ཐོག་པའི་སྒོ་ནས་སུ་ཡང་ཤེས། །མཐར་ཐུག་མི་བསྐྱོད་པ་ལྟ་བུར་འཚང་རྒྱའོ།།

དྲུག་པ། ཞལ་ཟས་ལྷ་མོ།

ཡང་ཐུགས་ཀ་ནས་འོད་ཟེར་འཕྲོས་པས་ཞལ་ཟས་ཀྱི་ལྷ་མོ་དཀར་མོ། ཕྱག་ན་གསེར་གྱི་གཞོང་པ་ཁ་དོག་དྲི་རོ་ཕུན་སུམ་ཚོགས་པ། ལྷའི་བདུད་རྩིས་བཀང་བ་བསྣམས་པ་དཔག་ཏུ་མེད་པར་སྤྲོས། དེ་ལས་ཞལ་ཟས་ཀྱི་མཆོད་པ། རྒྱ་ཆོས་ཀྱི་དབྱིངས་དང་མཉམ་ཞིང་། ཡུན་འཁོར་བ་མ་སྟོངས་ཀྱི་བར་དུ་རྒྱུན་མི་འཆད་པ། བྱེད་ལས་འཕགས་པ་རྣམས་ཀྱི་ལྗགས་ཀྱི་དབང་པོ་དགྱེས་པར་བསྐྱེད་པ། ངོ་བོ་སངས་རྒྱས་རྣམས་ཀྱི་ཡེ་ཤེས། སྤྱོང་བ་ཙམ་གྱིས་སེམས་ཅན་ཐམས་ཅད་ཀྱི་སྒྲིབ་གསུམ་དག་ནས། རྫོགས་པའི་སངས་རྒྱས་ཀྱི་གོ་འཕང་ལ་འགོད་ནུས་པ། དེ་འདྲ་བས་ནམ་མཁའ་ཐམས་ཅད་ཞལ་ཟས་ཀྱི་སྤྲིན་གྱི་ཚུལ། བར་སྣང་ཐམས་ཅད་ཞལ་ཟས་ཀྱི་ཆར་གྱི་ཚུལ། ས་གཞི་ཐམས་ཅད་ཞལ་ཟས་ཀྱི་ལྷུན་པོ་བཞིན་བྱུར་བུར་སྤུངས་པས་མཆོད་པ་ཕུལ་ཞིང་། སེམས་ཅན་ཐམས་ཅད་སྨིན་པར་བྱས་པར་བསམ་ཞིང་།

又，在迎請法會現場，有個叫“陶器頭”的出家人來傷害上師，因此上師就去如廁小解，之後這個人就離開了。這是清濁分開之緣起。

第三，供養塗香功德：回顧前面所述，則盡人皆知。最終會如不動佛般成佛。

（六）供養神饈白天女

亦從（自身明觀為本尊的）心間放射光芒，從光芒中放射出無量供養神饈白天女，彼等手托金盤，盤內盛滿色、香、味俱全之天神甘露。

彼等所獻供神饈，量等法界；時至輪迴未空供養不斷；能使諸聖眾舌根生起悅意；其體性乃諸佛本慧。僅以品嘗，即能淨除一切眾生之三障，並能將彼等置於圓滿佛果。

如此觀想虛空中一切神饈雲、天空中一切神饈雨、大地上一切神饈，如須彌山一般堆積盈滿而獻供，並令一切眾生得以成熟。

ཞལ་ཟས་ལ་ཡང་གསུམ་སྟེ། འབྱུང་བའི་རྒྱུ་མཚན། དབྱེ་བའི་ཐབས་དང་། འབྲས་བུ་འབྱུང་ཚུལ་ལོ།།

དང་པོ་ལ་གཉིས་ལས། མདོ་ལུགས་སྔར་བཞིན།

གཉིས་པ་ནི། ནང་རྡོ་རྗེའི་ལུས་འདི་ལ་འབྱུང་བ་ལྔ་ཡོད་པས། ཕྱི་རོལ་ཏུའང་འབྲས་བུ་ལ་སོགས་འབྲུ་སྣ་ལྔ་ཡོད་པ་ཡིན་ཏེ། ནང་ན་འབྱུང་བ་མེའི་ཁམས་ཡོད་པ་ཡིན་པས། ཕྱི་རོལ་ཏུ་རྒྱུ་འབྲས་འབྱུང་བ་མེས་བསྐྱེད་པས། མེ་དར་བའི་ས་ལྷོ་བལ་ཚད་ཡུལ་མ་གཏོགས་པར་མི་སྐྱེའོ། །དེའི་དོན་དྲང་སྲོང་རྣམས་ཀྱིས་ཀྱང་མཁྱེན་ཏེ། ཚད་པའི་ནད་ལ་མི་གཏོང་བ་ཡིན། ནང་ན་འབྱུང་བ་ཆུ་ཡོད་པས། ཕྱི་རོལ་ཏུའང་སྨན་མ་འབྱུང་བ་ཆུས་བསྐྱེད། དཔྱིབས་ཀྱང་ཟླུམ་པོར་ཡོད་ལ། དེའི་དོན་དྲང་སྲོང་རྣམས་ཀྱིས་མཁྱེན་ནས། གྲང་གཞི་ཅན་ལ་མི་གཏོང་བ་དང་། མེས་ཚིགས་པ་ལ་སྨན་སྐྱོ་བྱུགས་པས་ཕན་པའི་རྒྱུ་མཚན་དེ་ཡིན། ནང་ན་འབྱུང་བ་རླུང་ཡོད་པས། ཕྱི་རོལ་ཏུའང་གྲ་བོ་འབྱུང་བ་རླུང་གིས་བསྐྱེད་པས་དབྱིབས་ཀྱང་གྲུ་གསུམ་འབྱུང་ལ། དེ་ཟོས་ན་རླུང་སྐྱེ་བ་ཡིན། ནང་ན་སའི་ཁམས་ཡོད་པས། གྲོ་འབྱུང་བ་ས་ཡིས་བསྐྱེད་པ་ཡིན་པས། དབྱིབས་ཀྱང་གྲུ་བཞིར་འབྱུང་ལ་ཁ་དོག་ཀྱང་སེར་ཞིང་བཟོས་ན་བད་ཀན་བསྐྱེད་པ་ཡིན། ནས་ནི་འབྱུང་བ་ཆ་སྙོམས་པ་ལས་བསྐྱེད་པ་ཡིན་པས། ནད་གང་ལའང་མི་གནོད། དེས་ན་ཞལ་ཟས་ཀྱི་རྒྱུ་ནས་ཁོ་ན་ལ་བྱའོ།།

神饈之義亦有三：神饈出現理由，供養方法，所現果報。

第一，神饈出現理由：分顯宗與密宗二者。**顯宗理由：**如前所述。

密宗理由：內在此金剛身有五大之故，外在亦出現五穀。

身內有火大，外部就有火大所生之稻穀，因此（其）只產生在火大旺盛之南方土地，其他地方則不生。這些道理甚至連外道仙人們亦都瞭解。熱病是由火引發的。身內有水大，所以外部有水大所生之蠶豆，形狀也是圓形的。外道仙人們瞭解這些道理後，對生寒病的人用火療法，對火燙傷者用蠶豆泥敷，（這些方法）富有療效的道理就在此。身內有風大，所以外部有風大所生之蕎麥，形狀亦是三角。吃蕎麥則生風。身內有地大，所以外部有地大所生之小麥，形狀亦為四方，顏色亦為黃，吃小麥則生痰。而青稞是由各大均衡之中產生的，青稞無論如何都無害。因此，所供神饈材料唯青稞為妙。

གཉིས་པ་འབུལ་བའི་ཐབས་ནི།

ནས་བཟང་མོ་གད་བདར་གྱིས་ཐོན་པར་བྱས་ཏེ། དབྱིབས་ཀྱང་ཚུལ་ཁྲིམས་ཀྱི་རྩ་བ་བརྟན་པ། ཧིང་ངེ་འཛིན་གྱི་བུམ་པ་རྒྱས་པ་སྟོད་རྒྱས་པ་ལ། ཤེས་རབ་ཀྱི་སྙིང་པོ་བཅུད་དོད་པར་བྱེད་པ་ཡིན། རྒྱུ། རྒྱ། དུས། བྱེད་ལས་བཞིའི་དོན་ སྦྱར་དང་འདྲ། མཐའ་ཡས་སེམས་ཅན་མ་ལུས་ཐམས་ཅད་ཀྱི། ། ལོག་འཚོ་ཡུན་རིང་སྤང་དཀའ་སྤང་ཕྱིར་དང་། །ཧིང་འཛིན་བཅུད་ཀྱི་ཟས་མཆོག་ཐོབ་བྱའི་ཕྱིར། །བདག་གིས་ཁྱེད་ལ་ཞལ་ཟས་འབུལ་བར་བགྱིའོ།།

གསུམ་པ་ཕུལ་བའི་ཕན་ཡོན་འབྱུང་ཚུལ་གཉིས་ལས། གནས་སྐབས་སུའང་འགྲོར་པ་ཕུན་སུམ་ཚོགས་པ་འབྱུང་བ་དང་། མཐོང་ཆོས་ཀྱང་འབྱུང་སྟེ། སྔོན་རི་པ་ཞིག་ཅར་རྒྱུགས་མི་མོད་པའི་རྒྱུ་མཚན་གྱི་ཞུ་བ་བྱེད་ཅིང་འདུག་པས། སྔོན་ལ་བྲེ་མོ་མཛད་དེ། རྗེས་ལ་དྲི་བ་ཟབ་རི་ཁྲོད་དུ་ཅི་ནས་ཀྱང་ལྷ་བསྔོས་རེ་འབུལ་དགོས་པ་ཡིན་ཏེ། དེ་མ་ཆད་ན་རྒྱུགས་མི་འཆད་པ་ཡིན། དེ་ཤིན་ཏུ་མད་དེ། སྔོན་སྒེ་ནམ་འབྲུག་ན་བཞུགས་ཙ་ན། སྲན་མའི་ལྷ་བསྔོས་ཤིག་ཕུལ་ནས་འདུག དེར་དེ་རྣམ་ཕར་དོར་ཏེ། ཚོང་དུས་ནས་ནས་བཟང་པོ་ཁལ་གཅིག་བཙལ་ནས། ནས་ཀྱི་ལྷ་བསྔོས་འབའ་ཞིག་བྱས་ནས་ཕུལ་བས། སྲན་མ་ཡོང་འགྲོ་ཆད་ནས། ནས་ཀྱི་བརྒྱ་འབུལ་མང་པོ་བྱུང་ངོ་། མཐར་ཐུག་སངས་རྒྱས་ནས། སངས་རྒྱས་ཀྱི་ཞིང་དེར་ཞལ་ཟས་ཕུན་སུམ་ཚོགས་པ་འབྱུང་བར་གསུངས་སོ།།

第二，供養方法：

清潔並挑揀出優質青稞，(做成多瑪的形狀)，底部堅固意味戒律根基堅實；中間如寶瓶般鼓出，意味禪定增長；頂部要尖銳，意味智慧精華浮現。

（所獻供之食物的）物料、範圍、時長、功用此四內容與之前所述相同。

“無邊眾生一切盡無餘，為斷長時難斷之邪命，為獲禪定甘露殊勝食，我以美食供養於尊前。”

第三，供養利益：分二：暫時利益與究竟利益。

暫時利益：能得富裕豐盛，亦能產生現法受業。過去有位隱士，請教關於口糧經常不足的原因，才知道是過去開過玩笑，問到關鍵，說以後山居時，無論如何都要供養一次神饈，供養不斷則口糧不斷。難怪會那樣。在不丹附近居住時，隱士先以蠶豆做神饈獻供，此後，口糧不足的情況就沒有了。後來他在趕集時挑揀了一升優質青稞，只用青稞製作神饈來獻供，而不再以蠶豆作供。此後，別人對他作的供養也多數都是青稞。

究竟利益：成佛後，其剎土出現豐盛充裕之食物供養。

རྩེ་གཅིག་ཏུ་མཉམ་པར་བཞག་ནས།

བདག་ཉིད་ཆེན་པོའི་ཐུགས་ཀྱི་ཕོ་བྲང་ནས། །
ཚད་མེད་བྱང་ཆུབ་སེམས་ཀྱི་འོད་འཕྲོས་པས། །
ཕྱོགས་བཅུའི་ཞིང་ཁམས་མ་ལུས་ཐམས་ཅད་དུ། །
མཆོད་པའི་ལྷ་མོ་མཛེས་མ་དཔག་མེད་རྣམས། །
ཡོན་ཆབ་མེ་ཏོག་བདུག་སྤོས་སྣང་གསལ་དང་། །
དྲི་མཆོག་ཞལ་ཟས་མཆོད་པའི་སྤྲིན་ཕུང་ལས། །
དུས་གསུམ་རྒྱལ་བ་མཉེས་པའི་ཆར་ཕབ་ནས། །
ཞིང་ཁམས་བཀང་ནས་དུས་གསུམ་རྒྱལ་བ་མཆོད། །

ཅེས་བརྗོད།

དེ་ལྟར་ལྔ་པོ་དེ་ཕྱིའི་མཆོད་པ་སྟེ། སྒྲ་ནི་ཞར་བྱུང་གི་མཆོད་པ་ཡིན་ཏེ། དེ་དབུལ་བ་ནི། མཐའ་ཡས་སེམས་ཅན་ཚོགས་རྣམས་མ་ལུས་པས། །ངན་སོང་ལོག་པའི་སྒྲ་རྣམས་སྤངས་ཕྱིར་དང་། །ཚངས་པའི་གསུང་དབྱངས་སྙན་པ་ཐོབ་བྱའི་ཕྱིར། །བདག་གིས་ཁྱོད་ལ་སྒྲ་སྙན་དབུལ་བར་བགྱིའོ།།

專注一心入於等持，並念誦：

“從大自在主之意宮殿，
放射無量菩提心光彩，
十方一切淨土盡無餘，
遍滿無量供養美天女，
飲水鮮花熏香與明燈，
塗香食物等等之供雲，
降下三世佛喜供養雨，
遍滿淨土供養三世佛。”

如此，以上為五種外供，而聲音供養為附帶供養：

“無邊眾生一切盡無餘，為斷惡趣諸種之邪聲，為獲梵天悅耳之音韻，我以雅聲供養於尊前！”

བདུན་པ། གདུགས་ཀྱི་མཆོད་པ།

ཡང་ཐུགས་ཀ་ནས་འོད་ཟེར་འཕྲོས་ཕྱོགས་བཅུའི་འཇིག་རྟེན་གྱི་ཁམས་ཐམས་ཅད་གང་། དེ་ནས་འོད་དེ་ཐམས་ཅད་ཡོངས་སུ་གྱུར་པ་ལས། གདུགས་ཆེན་པོ་གསེར་གྱི་ཡུ་བ་ཅན་རྩིབས་སྟོང་དང་ལྡན་པ་ལ། ལྷའི་གོས་ཀྱི་གདུགས་གཡོགས་དཀར་དམར་སྔོ་བའི་ཤམ་བུ་སུམ་བརྩེགས་ཀྱི་སྟེང་དུ། མུ་ཏིག་གི་དྲ་བ་དང་དྲ་ཕྱེད་ཉེ་ལི་ལིར་འཕྱང་བ། ནོར་བུ་རིན་པོ་ཆེ་འོད་འབར་བའི་ཏོག་གིས་སྤྲས་པ་མཛེས་ཤིང་ཡིད་དུ་འོང་བ། དེ་ཡང་རྒྱ་ནམ་མཁའ་དང་མཉམ་པ། ཡུན་འཁོར་བ་མ་སྟོངས་ཀྱི་བར་དུ་རྒྱུན་མི་ཆད་པ། བྱེད་ལས་སངས་རྒྱས་ཐམས་ཅད་ཀྱི་ཐུགས་ཀྱི་དབང་པོ་དགྱེས་པར་བསྐྱེད་ཅིང་། ངོ་བོ་སངས་རྒྱས་ཀྱི་ཡེ་ཤེས། མཐོང་བ་ཙམ་གྱིས་སེམས་ཅན་ཐམས་ཅད་ཀྱི་སྒྲིབ་པ་དག་ཅིང་ཚོགས་བྱང་ཐོབ་པར་བྱེད་པ་དེ་འདྲ་བས་ནམ་མཁའ་ཐམས་ཅད་གདུགས་ཀྱི་སྒྲིན། བར་སྣང་ཐམས་ཅད་གདུགས་ཀྱི་ཆར། ས་གཞི་ཐམས་ཅད་གདུགས་ཀྱི་ཕྲེང་བས་ཁྱུར་བུར་གཏམས་ཤིང་། ཁྱད་པར་སངས་རྒྱས་རེ་རེ་བཞིན་གྱི་དབུ་ཐོག་ཏུ་གདུགས་རེ་ཕུལ་བར་བསམ།།

（七）供養大寶傘

亦從（自身明觀為本尊的）心間放射光芒，光明照遍十方世界。此光明化為大珍寶傘：黃金傘柄，傘骨千輻，傘面覆以天衣，紅白藍三層流蘇堆疊，並有珍珠瓔珞與半瓔珞瀝瀝垂下，傘頂以放光摩尼寶嚴飾，極為華美。

所獻供之寶傘，量等虛空；時至輪迴未空供養不斷；能使諸佛意根生起悅意；其體性乃佛之本慧。僅以得見，即能清淨一切眾生之障礙，並令彼等獲得圓滿菩提。

如此，一切虛空中遍佈寶傘雲、天空中遍灑寶傘雨、大地上遍鋪寶傘鬘，尤其是，一一佛頭頂均一一供有寶傘。如是觀想而獻供。

བརྒྱད་པ། རྒྱལ་མཚན་གྱི་མཆོད་པ།

ཡང་ཐུགས་ཀ་ནས་འོད་ཟེར་འཕྲོས་པས་ནམ་མཁའི་མཐའ་གདུག་པའི་ཞིང་ཁམས་ཐམས་ཅད་ཁྱབ། དེ་ནས་འོད་དེ་དག་ཡོངས་སུ་གྱུར་པ་ལས། ཕྱོགས་ལས་རྣམ་པར་རྒྱལ་བའི་རྒྱལ་མཚན་ཤེལ་དཀར་པོའི་ཡུ་བ་བརྒྱད་གཞོག་ལ། འོག་ཟླ་ཕྱེད་དཀར་པོ། བར་བེཌཱུརྻ་སེར་པོ། རྩེ་ཨིནྡྲ་ནཱི་ལའི་རྡོ་རྗེ་རྩེ་ལྔ་སྟེ་ཏོག་གསུམ་བརྩེགས། དེ་ལ་ཟ་འོག་གི་འཕན་སྣེ་མོ་གསུམ་གཤགས་ཅན་ལ་སེང་གེ་ཁང་པ་བརྒྱད་པ་དང་། ཉ་སྤུ་སྐྱེས། ལུས་དུང་ལ་མགོ་ཆུ་སྲིན་ཅན་ཏེ། ཕྱོག་ཆགས་གསུམ་གྱི་མཚན་མ་ཡོད་པའི་རྒྱལ་མཚན་ཤིན་ཏུ་དབྱིབས་ལེགས་ཤིང་། ལྷ་ན་སྡུག་པ་རྒྱ་ནམ་མཁའ་དང་མཉམ་པ། ཡུན་འཁོར་བ་མ་སྟོངས་ཀྱི་བར་དུ་འབྱུང་བ། བྱེད་ལས་འཕགས་པ་རྣམས་དགྱེས་པར་བསྐྱེད་པ། མཐོང་བ་ཙམ་གྱིས་སེམས་ཅན་ཐམས་ཅད་སྒྲིབ་གསུམ་དག་ནས། བདུད་སྡེ་ཟིལ་གྱིས་གནོན་པར་བྱེད་པ་དེ་འདྲ་བས། གོང་བཞིན་ནམ་མཁའ་ས་གཞི་བར་སྣང་ཐམས་ཅད་གང་བར་བསམ་ཞིང་འབུལ་བར་བྱ།།

（八）供養勝利幢

亦從（自身明觀為本尊的）心間放射光芒，遍覆盡虛空一切剎土，諸光化為尊勝十方勝利幢：八支白色水晶幢柄支撐，（幢柄）下方為白色半月，中間為黃色吠琉璃，頂部為藍寶石五股金剛杵，共三球堆疊。幢面的錦緞幡裁成三邊，上面有八足獅子、魚頭獺牙之毛魚，以及鱉頭海螺身這三種動物作標誌。勝利幢的形狀非常精美別致。

所供之精美勝利幢，量等虛空；時至輪迴未空供養不斷；能使諸聖眾生起愉悅。僅以得見，即能淨除一切眾生之三障，戰勝魔軍。

如前所述，虛空中、天空中、大地上遍佈勝利幢，如是觀想而獻供。

དགུ་པ། གོས་བཟང་གི་མཆོད་པ།

ཡང་ཐུགས་ཀ་ནས་འོད་ཟེར་འཕྲོས་ཕྱོགས་བཅུའི་ཞིང་ཁམས་ཐམས་ཅད་ཁྱབ། དེ་འོད་དུ་ཞུ་བ་ལས་ལྷ་རྫས་ཀྱི་གོས་བཟང་བ་དན་སྣད་ལག་གསུམ་ལྡན་ལ་གསེར་གྱི་ཡུ་བ་དང་། བཻ་ཌཱུརྱ་སེར་པོའི་ཏོག་འོད་འབར་བས་མཛེས་པ། གཡེར་ཁ་དང་དྲྭ་ཕྱེད་ཀྱིས་སྤྲུད་པ་མཛེས་ཤིང་ཡིད་དུ་འོང་བ། རྒྱ་ནམ་མཁའ་དང་མཉམ་ཞིང་། ཡུན་སྲིད་མཐའི་བར་དུ་རྒྱུན་མི་འཆད་པ། བྱེད་ལས་སངས་རྒྱས་རྣམས་དགྱེས་པར་བསྐྱེད་པ། མཐོང་བ་ཙམ་གྱིས་སེམས་ཅན་ཐམས་ཅད་རྒྱུད་སྨིན་པར་བྱེད་པ། དེ་འདྲ་བས་ནམ་མཁའ་ས་གཞི་བར་སྣང་ཐམས་ཅད་གང་བར་དམིགས་ལ་འབུལ།།

བཅུ་པ། བླ་བྲེའི་མཆོད་པ།

ཡང་ཐུགས་ཀ་ནས་འོད་ཟེར་འཕྲོས་ཕྱོགས་བཅུའི་ཞིང་ཐམས་ཅད་ཁྱབ། དེ་ཡོངས་སུ་གྱུར་པ་ལས། རྒྱུ་འཛམ་བུ་ཆུ་བོའི་གསེར་ཐགས་སུ་བྲུས་པའི་བླ་བྲེ་ལ། རིན་པོ་ཆེ་དཀར་དམར་སྤེལ་བའི་དྲྭ་ཕྱེད་གསེར་གྱི་དྲིལ་ཆུང་དང་གཡེར་ཁས་བརྒྱན་པ་དང་། དཔག་བསམ་གྱི་ཤིང་ལས་བྱུང་བའི་ལྷའི་གོས་དཀར་སེར་དམར་ལྗང་སྔོ་བའི་ལྷ་ལྡི་དང་། ཕྱེ་མ་ཕུར་མ་རི་རབ་ལྷར་བརྩེགས་པ་བཅས། རྒྱ་ནམ་མཁའ་དང་མཉམ་ཞིང་ཡུན་སྲིད་མཐའི་བར་དུ་རྒྱུན་མི་ཆད་པ། བྱེད་ལས་སངས་རྒྱས་ཐམས་ཅད་དགྱེས་པར་བསྐྱེད་པའི་དཔལ་ཡོན་དང་། མཐོང་བ་ཙམ་གྱིས་སེམས་ཅན་ཐམས་ཅད་ཀྱང་རྒྱུད་སྨིན་པར་བྱེད་པ། དེ་འདྲ་བས་ནམ་མཁའ་ས་གཞི་བར་སྣང་ཐམས་ཅད་གང་བར་དམིགས་ནས་འབུལ། སྤྲུང་བའི་ལས་བྱེད་པའོ།།

（九）供養華服

亦從（自身明觀為本尊的）心間放射光芒，遍覆十方剎土，諸光消融，化為天衣綢緞所製成的旗幡，以三瓣下擺的黃金手柄、頂部光芒熾然的黃色吠琉璃、以及鑾鈴和半瓔珞作為裝飾，極其華美。

所獻供華服，量等虛空；時至輪迴未空供養不斷；能使諸佛生出悅意，僅以得見，即能令眾生成熟。觀想其遍滿虛空、天空以及大地而作獻供。

（十）供養華蓋

亦從（自身明觀為本尊的）心間放射光芒，遍覆十方一切剎土，諸光中出現：使用上品金線織就之華蓋；以紅白寶石交迭之半瓔珞、黃金小鈴鐺及鑾鈴點綴；用如意樹上長出的白、黃、紅、綠、藍色天衣串連成的彩旗幡、以及堆積如須彌山般的香囊作裝飾。

所供華蓋，量等虛空；時至輪迴未空供養不斷；能使諸佛生起悅意，僅以得見，即令一切眾生相續成熟。

如此觀想其遍滿一切虛空、天空以及大地而獻供，以作守護之事業。

བཅུ་གཅིག་པ། རོལ་མོའི་མཆོད་པ།

ཡང་ཐུགས་ཀ་ནས་འོད་ཟེར་འཕྲོས་པས་སངས་རྒྱས་ཀྱི་ཞིང་ཐམས་ཅད་ཁྱབ། འོད་དེ་ཡོངས་སུ་གྱུར་བ་ལས་རོལ་མོའི་ལྷ་མོ་སྟོན་མོ་དཔག་ཏུ་མེད་པ་ཕྲུག་ན་པི་ཝང་། གླིང་བུ། རྫ་རྔ། མཁར་རྔ། དུང་དཀར། པ་ཊ་ཏཿ་རྔ། ཕེབ་ཇོབ། ཟངས་དུང་། ཏིང་ཏིང་ཤག ཨུ་ཀུཊྚཿའམ་ཌ་རླུམ། སོགས་སིལ་སྙན་རོལ་མོའི་བྱེ་བྲག་སྣ་ཚོགས་ཐོགས་པ་སྤྲོས། དེ་ལས་སྙན་ཅིང་གདངས་མི་བྲལ་བའི་རོལ་མོའི་སྒྲ་བསམ་གྱིས་མི་ཁྱབ་པ། རྒྱ་ནམ་མཁའ་དང་མཉམ་པ། ཡུན་ཇི་སྲིད་ཀྱི་བར་རྒྱུན་མི་ཆད་པ། བྱེད་ལས་སངས་རྒྱས་རྣམས་ཀྱི་སྙན་གྱི་དབང་པོ་དགྱེས་པར་བསྐྱེད་པ། ངོ་བོ་སངས་རྒྱས་ཀྱི་ཡེ་ཤེས། སྒྲ་ཐོས་པ་ཙམ་གྱིས་སེམས་ཅན་ཐམས་ཅད་སྒྲིབ་གསུམ་དག་ནས་རྒྱུད་སྨིན་པར་བྱེད་པ། དེ་འདྲ་བས་ནམ་མཁའ་བར་སྣང་ས་གཞི་ཀུན་གང་བར་དམིགས་ནས་འབུལ།།

བཅུ་གཉིས་པ། ན་བཟའ་ཡི་མཆོད་པ།

ཡང་ཐུགས་ཀ་ནས་འོད་ཟེར་འཕྲོས་པས་སངས་རྒྱས་ཀྱི་ཞིང་ཁམས་ཐམས་ཅད་ཁྱབ། དེ་ཡོངས་སུ་གྱུར་པ་ལས།དཔག་བསམ་གྱི་ཤིང་ལས་བྱུང་བའི་ལྷའི་གོས་པཉྩ་ལི་ཀ་དཀར་དམར་སྔོ་སེར་ལྗང་བའི་ཁ་དོག་ཅན། སྲབ་པ་དང་། འཇམ་པ་དང་། ཡང་བ་སྟེ། ཡོན་ཏན་སུམ་ལྡན་གྱི་ན་བཟའ་ཕྲུག་བསམ་གྱིས་མི་ཁྱབ་པ།

（十一）供養音樂

亦從（自身明觀為本尊的）心間放射光芒，遍覆十方一切剎土，諸光中放射出無量藍色妙音天女，她們手持各種各樣的樂器：琵琶、笛子、腰鼓、鑼、白螺、花鼓、小鈸、銅號、碰鈴、圓鼓等。從這些樂器中發出悅耳動聽、連綿不斷、不可思議的樂聲。

彼等所供音樂，量等虛空；時至輪迴未空供養不斷；能使諸佛的耳根生起悅意；其體性乃佛之本慧。僅以聽聞彼聲，即能淨除一切眾生的三障，並令其相續成熟。

如此觀想其遍滿一切虛空、天空以及大地而獻供。

（十二）供養天衣

亦從（自身明觀為本尊的）心間放射光芒，遍覆十方一切剎土，諸光中出現：如意樹上生長出的紅、白、黃、藍、綠色五彩天衣，具有透薄、柔軟、輕盈等三十種功德，不可思議。

རྒྱ་ནམ་མཁའ་དང་མཉམ་པ། ཡུན་སྲིད་མཐའི་བར་དུ་རྒྱུན་མི་ཆད་པ། བྱེད་ལས་ཐུབ་པ་རྣམས་ཀྱི་སྐུའི་དབང་པོ་དགྱེས་པར་བསྐྱེད་པ། ངོ་བོ་སངས་རྒྱས་ཀྱི་ཡེ་ཤེས་མཐོང་བའམ་རིག་པ་ཙམ་གྱིས། སེམས་ཅན་ཐམས་ཅད་ཀྱི་སྒྲིབ་གསུམ་དག་ནས་རྒྱུད་སྨིན་པར་བྱེད་པ། དེ་འདྲ་བས་ནམ་མཁའ་ས་གཞི་བར་སྣང་ཀུན་གང་ཞིང་། སངས་རྒྱས་རེ་རེ་ལ་ན་བཟའ་ཕྲུག་རེ་ཕུལ་བར་བསམ།།

བཅུ་གསུམ་པ། རིན་པོ་ཆེའི་རིགས་ཀྱི་མཆོད་པ།

ཡང་ཐུགས་ཀ་ནས་འོད་ཟེར་འཕྲོས་པས་སངས་རྒྱས་ཀྱི་ཞིང་ཐམས་ཅད་ཁྱབ། དེ་ཡོངས་སུ་གྱུར་པ་ལས་རིན་པོ་ཆེ་ཀ་ན་ཀ་དང་། དངུལ་དང་། བེཌཱུརྻ་དང་། རྡོ་རྗེ་ཕ་ལམ་དང་། པདྨ་ར་ག ཨིནྡྲ་ནཱི་ལ། སུ་ཡྰ་ཀྲྀ། མརྒ་ཏ། སྤུག མི་ཤེལ། མི་སྨྲོག་པ་ལ་སོགས་པ་དང་། ཁྱད་པར་ཡིད་བཞིན་གྱི་དགོས་འདོད་འབྱུང་བའི་ནོར་བུ་རིན་པོ་ཆེ་ཏོག་གི་ བླ་གྲོས་སོགས། ནམ་མཁའི་དབྱིངས་ཐམས་ཅད་རིན་པོ་ཆེའི་སྤྲིན། བར་སྣང་ཐམས་ཅད་རིན་པོ་ཆེའི་ཆར། ས་གཞི་ཐམས་ཅད་རིན་པོ་ཆེའི་ཕུང་པོ་དེ་ཡང་རྒྱ་ནམ་མཁའ་དང་མཉམ་པ། ཡུན་སྲིད་མཐའི་བར་རྒྱུན་མི་འཆད་པ། བྱེད་ལས་འཕགས་པ་རྣམས་མཉེས་པ་སྐྱུབ་པ།

ངོ་བོ་དེ་བཞིན་གཤེགས་པའི་ཡེ་ཤེས། མཐོང་བ་ཙམ་གྱིས་འགྲོ་བ་རྣམས་སྒྲིབ་གསུམ་བྱང་ནས། རྒྱུད་སྨིན་པར་བྱེད་པ་དེ་འདྲ་བར་དམིགས་ནས་འབུལ།།

所供天衣，量等虛空；時至輪迴未空供養不斷；能使諸佛身根生起悅意；其體性乃佛之本慧。僅以得見或得觸，即能淨除一切眾生之三障，並令彼等相續成熟。

如是觀想天衣遍佈虛空、天空與大地，一一佛前均以一一天衣作獻供。

（十三）供養珍寶

亦從（自身明觀為本尊的）心間放射光芒，遍覆十方一切剎土，諸光中放射出黃金，白銀、吠琉璃、鑽石、紅寶石、藍寶石、翡翠石，冰珠石、火晶、純淨珍寶等等，特別是如意滿願摩尼寶“頂智慧”等等。

一切虛空界遍佈珍寶雲、天空遍灑珍寶雨、大地遍聚珍寶堆。其所作珍寶供養，量等虛空；時至輪迴未空供養不斷；能使諸聖眾生出喜悅。其體性乃如來本慧。僅以得見，即淨除一切眾生三障，並令其相續成熟。

如此觀想而獻供。

༧སྐྱོབ་པ་འཇིག་རྟེན་མགོན་པོའི་བཀའ་འབུམ་ལེ་ཚན། ༤༨༠ ལས། སྙིང་རྗེ་པདྨ་དཀར་པོ་ལས། ལྷ་ཡི་རྒྱལ་པོ་ཚངས་པ་ན་རེ། མི་མཇེད་ཀྱི་འཇིག་རྟེན་གྱི་ཁམས་འདི་ངའི་ཡིན་ནོ་ཟེར་བས། བཅོམ་ལྡན་འདས་ཀྱིས་གསན་ནས། ཚངས་པ་ལ་པོས་ནས། ཁྱོད་ན་རེ་འདི་སྐད་ཟེར་བ་བདེན་ནམ་གསུངས་པས། བཅོམ་ལྡན་འདས་བདག་གིས་དེ་སྐད་བྱས་ཟེར་བས། འོ་ན་ཁྱོད་ཀྱི་ཡིན་པའི་རྒྱུ་མཚན་ཅི་ཡོད་གསུངས་པས། རྒྱུ་མཚན་ནི་མེད་དེ་དེ་སྐད་བྱས་པ་ཙམ་ཡིན་ནོ་ཟེར་བས། བཅོམ་ལྡན་འདས་ཀྱི་ཞལ་ནས། མི་མཇེད་ཀྱི་འཇིག་རྟེན་གྱི་ཁམས་འདི་ཁྱོད་ཀྱི་མ་ཡིན་ཏེ། ང་བྱང་ཆུབ་སེམས་དཔའི་སྤྱོད་པ་སྤྱོད་པའི་དུས་ན། དཀའ་བ་མང་པོས་དག་པའི་རྟེན་འབྲེལ་བསྒྲིགས་པའི་འབྲས་བུ་ཡིན་ནོ་གསུངས་པས་ན། དེ་ལྟར་ཞིང་ཁམས་འདི་ན་དངོས་པོ་རྣམ་པར་དག་པ་རིན་པོ་ཆེ་ལ་སོགས་པ་ཕུན་སུམ་ཚོགས་པ་ཐམས་ཅད་ཀྱང་། སངས་རྒྱས་དང་བྱང་ཆུབ་སེམས་དཔའི་བྱིན་རླབས་ལས་བྱུང་བ་ཡིན་པས། རིན་པོ་ཆེ་དངོས་པོ་རྣམ་པར་དག་པ་སྟེ། དེའི་ཕྱིར་ན་རྟེན་ཆེན་པོ་མ་གྲུབ་ཀྱང་རྒྱུ་དངོས་པོ་བཟང་བ་གལ་ཆེ།

སློན་རྗེ་རིན་པོ་ཆེ་འབྲི་གུང་དུ་བྱོན་མ་ཐག་གསར་དུས་ན་དཔོན་ཡུང་ལ་བ་པ་བྱ་བ་ཇོ་སྐུ་མཁན་ཞིག་དང་སྐྱིད་ཤོད་དུ་འདྲིས་པས། ཁོང་ཡང་དེ་ན་འདུག་ནས་དེ་ལ་ཆོས་རྗེའི་སྐུ་འབག་དབུ་ཁའི་ནང་དུ་བཞུགས་པ་ཞིག་བཞེངས་པར་ཞུ་དགོས་གསུངས་པས། ཁོང་ན་རེ། བདག་གིས་ཞབས་ཏོག་བྱས་པས་མཆི་ཡིས། སློན་ལ་ཁྱོད་རང་གི་ཆོས་རྗེ་ལ་ཞུས་ཤིག་ཟེར་ནས། སྤྱན་སྔར་ཞུས་པས། རྟེན་བྱ་བ་རྒྱུ་བཟང་བ་དངོས་པོ་དག་པ་ལ་བྱེད་དགོས་པ་ཡིན། དངོས་པོ་དམན་པ་ལ་བྱར་མི་བཏུབ། ད་ལྟ་ཇོ་ལ་བཞེངས་མི་དགོས། ཕྱིས་གསེར་དངུལ་ལས་བྱས་པའི་མཆི་གསུངས་ནས།

覺巴文集第680節，《悲華經》中講到：天神之王梵天說："此娑婆世界乃為我所有。"薄伽梵聽到後，呼喚梵天，問："你真的那樣說過嗎？"梵天說："薄伽梵，我是那樣說過的。"薄伽梵問："那麼你認為娑婆世界為你所有的理由是什麼？"梵天說："理由是沒有的，只是那樣說說而已。"薄伽梵說："此娑婆世界並非為你所有，而是我行持菩薩行時，以種種苦行，結清淨善緣之結果。"因此，此剎土清淨珍寶等豐盛充足，也是佛與菩薩加持產生，故珍寶實物清淨。因此，即使佛像不能建造得很大，也要用優質材料來建造。這很重要。

過去，至尊寶剛來到直貢時，有位名叫雍拉瓦帕的老闆，在吉曲下游結識了一位石匠，他也住在吉曲時，對石匠說需要雕刻一尊可以放在帽子裏（攜帶）的帕摩竹巴上師的石像。石匠說，我只是（用手藝）來服務的，所以您應該先去問一下自己的上師。

（雍老闆）於是就去問上師。上師答覆說，製造所依的話，應該選用清淨、優質的材料，而不應使用劣等材料。現在不需用石頭來雕刻，以後可以用金銀來製作。

དེར་བཀྲོན་དུ་ཕོ་ན་ལས་མ་བྱུང་བ་ལས། སང་ཚོགས་སུ་བཀའ་བཀྲོན་མང་དུ་ཐོན་ཏེ། ཁྱོད་བླ་མའི་སྐུ་ཤིང་ལ་གྱིས། ཁྱི་ལུད་ལ་གྱིས། རྟེན་གྱི་རྒྱུའམ་གསུང་སྙར་གྱི་ཉེར་ལེན་དེས་ཉེས་པར་འདུག་སྙམ་པ་བྱུང་སྟེ། དེ་ཆོས་རྗེའི་ཐུགས་ཀྱིས་མཁྱེན་པར་འདུག་སྟེ། ཕྱིས་གསེར་དངུལ་ལས་བཞེངས་པས་ཚོག་པ་བྱུང་གསུངས།

དེས་ན་རྒྱ་ཆེ་ཐོད་ཐོད་ལ་བཞེངས་སུ་མི་བཏུབ་སྟེ། ཉེས་པ་མང་པོ་འབྱུང་བ་ཡིན་པས། དངོས་པོ་བཟང་པོ་རབ་གསེར་དངུལ་ལ་སོགས་པ་ལ་བྱ་སྟེ། དེའི་ཕྱིར་ན་རྒྱ་གང་ལས་བཞེངས་ཀྱང་། དེའི་གསེབ་ཏུ་རིན་པོ་ཆེ་སྣ་ཚོགས་འདེབས་པའང་རྒྱུ་མཚན་དེ་ལྟར་ཡིན། རྒྱུ་འབྲིང་སྨན་བཟང་པོ་སྣ་ཚོགས་སམ། འབྲུ་དང་མེ་ཏོག་དང་ཙན་དན་ལ་སོགས་ལ་བྱེད་པ་ཡིན་ཏེ། སློབ་དཔོན་ཀླུ་སྒྲུབ་ཀྱིས་ཀླུའི་ཡུལ་དུ་བྱོན་ནས། ཙན་དན་གོར་ཤི་ཥ་བླངས་ཏེ། ཐུགས་དམ་སྒྲོལ་མའི་སྐུ་བཞེངས་པ་ལྟ་བུ་ཡིན། གཞན་ཡང་རྡོ་རྗེ་གདན་གྱི་ཇོ་བོ་བྱང་ཆུབ་ཆེན་པོའང་སྨན་བཟང་པོའི་ལྡེ་གུ་འབའ་ཞིག་ལ་བཞེངས་པ་ཡིན་པར་གདའ། ཐ་མ་རས་སམ་ཤིང་ཤུན་ལ་བྱེད་པ་ཡིན་ཏེ། འཇམ་དཔལ་རྩ་རྒྱུད་ལས། རས་ཀྱི་རྒྱུ་སྲིན་བལ་ལ་ཚོ་ག་བྱེད་པ་ནས་བཟུང་སྟེ། གནས་སྐབས་རེ་རེ་བཞིན་ཚོ་ག་དུ་མ་གསུངས། ཞེས་གསུངས་སོ།།

（雍老闆未詢問上師而自行找石匠雕刻上師的石像）這件事，唯有招來批評。隔天在上大殿共修時，此事遭到上師的很多批評，說，你是用木頭來雕刻上師身，還是用狗糞（建造所依）。

（雍老闆）感到自己在建造所依的選材方面或是上師所說的近取因方面是有過錯的。上師知道雍老闆的心思後，說，以後用金銀來製作就可以了。

所以，不能隨隨便便地找一些材料來製造（所依），否則會有諸多過患產生。

因此，最上等的材料應該用金銀等，因為這個緣故，無論用什麼材料製作，中間都鑲嵌各種珍寶也是這個原因。

中等的材料是用各種優質藥材、穀物、鮮花、旃檀等來製作。就像阿耆黎龍樹到龍宮時，取牛頭旃檀來建造本尊及度母像一樣。其他亦如金剛座的覺沃佛像純粹以良藥之膏漿來建造一樣。

最差的材料是布或樹皮。

《文殊根本續》云：用絲綢（製作佛像），以儀軌來開始。每一階段（的操作），有很多儀軌作出說明。

བཅུ་བཞི་པ། སྨན་གྱི་རིགས་ཀྱི་མཆོད་པ།

ཡང་ཐུགས་ཀ་ནས་འོད་ཟེར་འཕྲོས་སངས་རྒྱས་ཀྱི་ཞིང་ཐམས་ཅད་ཁྱབ། དེ་ཡོངས་སུ་གྱུར་པ་ལས། ཨ་རུ་ར་རྣམ་པར་རྒྱལ་བ་དང་། ཙནྡན་ས་མཆོག གུར་གུམ། ག་བུ་ར། ཛ་ཏི། ཅི་ཁ་ཤ། ལི་ཤི། ག་བུར། ཅོ་ཏ་ག པི་པི་ལིང་། ཛ་ཏི་ལ་སོགས་པ་དང་། ཁྱད་པར་དངུལ་ཆུ་རིལ་བུ་ལ་སོགས་སྨན་གྱི་བྱེ་བྲག་བསམ་གྱིས་མི་ཁྱབ་པ། རྒྱ་ནམ་མཁའ་དང་མཉམ་པ། ཡུན་སྲིད་མཐའི་བར་དུ་རྒྱུན་མི་ཆད་པ། བྱེད་ལས་འཕགས་པ་དགྱེས་པར་བྱེད་པ། ངོ་བོ་སངས་རྒྱས་ཀྱི་ཡེ་ཤེས་ཏེ་མཐོང་བ་ཙམ་གྱིས། སེམས་ཅན་ཐམས་ཅད་ཉོན་མོངས་ཀྱི་ནད་ཞི་ནས། རྒྱུད་སྨིན་པར་བྱེད་པ་དེ་འདྲ་བར་དམིགས་ནས་འབུལ།

བཅོ་ལྔ་པ། འབྲུའི་རིགས་ཀྱི་མཆོད་པ།

ཡང་ཐུགས་ཀ་ནས་འོད་འཕྲོས་སངས་རྒྱས་ཀྱི་ཞིང་ཁམས་ཐམས་ཅད་ཁྱབ། དེ་ཡོངས་སུ་གྱུར་པ་ལས། འབྲས་ས་ལུ་དང་། ནས། གྲོ། སོ་བ། སྲན། ཁྲེ། ཏིལ། ཞིང་འབྲས་སོགས། སྤུན་སོགས་ཀྱི་སྐྱོན་དང་བྲལ་བའི་འབྲས་བུའི་བྱེ་བྲག་བསམ་གྱིས་མི་ཁྱབ་པ། རྒྱ་ནམ་མཁའ་དང་མཉམ་པ། ཡུན་སྲིད་མཐའི་བར་དུ་རྒྱུན་མི་ཆད་པ། བྱེད་ལས་སངས་རྒྱས་ཐམས་ཅད་དགྱེས་པར་བསྐྱེད་པ། ངོ་བོ་ཡེ་ཤེས་ཏེ་མཐོང་བ་ཙམ་གྱིས། སེམས་ཅན་ཐམས་ཅད་དབུལ་ཕོངས་སོགས་སྡུག་བསྔལ་ཀུན་ཞི་ཞིང་། བདེ་བ་དམ་པ་ཐོབ་པ་དང་རྒྱུད་སྨིན་པར་བྱེད་པས། ནམ་མཁའ་བར་སྣང་ས་གཞི་ཀུན་ཁྱབ་པར་བསམ་ནས་འབུལ་ཞིང་།

（十四）供養良藥

亦從（自身明觀為本尊的）心間放射光芒，遍覆十方一切剎土，諸光中出現：尊勝訶子，白旃檀、藏紅花、蜂蜜、麝香、牛黃、龍腦、護心、蓽拔、肉蔻等，特別是水銀丸等各種不可思議的良藥。

所供良藥，量等虛空；時至輪迴未空供養不斷；能令聖者生出悅意；其體性乃佛之本慧。僅以得見，即息止一切眾生之煩惱病，並令彼等相續成熟。

如此觀想而獻供。

（十五）供養穀類

亦從（自身明觀為本尊的）心間放射光芒，遍覆十方一切剎土，諸光中出現：香稻、青稞、小麥、大麥、小豆、小米、芝麻、水果等，各種各樣去皮離殼的果實，種類差別，不可思議。

所供穀物，量等虛空；時至輪迴未空供養不斷；能使一切佛生起悅意；其體性乃佛之本慧。僅以得見，即能息止一切眾生的貧窮痛苦，使彼等獲得正等安樂，並令彼等相續成熟。

觀想虛空、天空、大地遍佈穀類而獻供，並念誦：

རྒྱལ་བའི་སྐུ་ལས་འོད་ཟེར་ཡང་འཕྲོས་པས། །གདུགས་དང་རྒྱལ་མཚན་བ་དན་བླ་བྲེ་སྤྲིན། །རོལ་མོ་ན་བཟའ་རིན་ཆེན་སྨན་དང་འབྲུ། །སྣ་ཚོགས་མཆོད་སྤྲིན་རྒྱ་མཚོ་དག་གིས་མཆོད། །ཅེས་བརྗོད།

དེ་ཡང་༧སྐྱབས་པའི་བཀའ་འབུམ་ལེ་ཚན། ༤༨༠ལས། བླ་མ་ལ་བསམ་གྱིས་མི་ཁྱབ་པའི་དངོས་པོ་གདུགས་རིན་པོ་ཆེ་སྣ་ཚོགས་ལས་གྲུབ་པ་དང་། བླ་རེ་དང་། རྒྱལ་མཚན་ལ་སོགས་པ་དང་། རྒྱལ་སྲིད་རིན་པོ་ཆེ་སྣ་བདུན་ལ་སོགས་པ་ཡིད་ཀྱིས་བཀོད་པ་རྒྱ་མི་ཆུང་བར་བྱས་ནས་མཐར་འགྲུབ་པ་ཡིན། བླ་མ་ཞིང་དག་པས་བརྟབ་སེམས་ཡིད་ཀྱི་རེ་བ་འཛོམས་དུ་མི་འོང་བར། རེ་བ་སྒྲུབ་ཏུ་འོང་བར་འདུག སྔོན་ངས་རིན་པོ་ཆེ་ལ་བསྙེན་བཀུར་འདི་ལྟ་བུ་བྱེད་སྙམ་དུ་ཡིད་སྨོན་རྒྱ་ཆེན་པོ་ཞིག་བྱས་པས། ཕྱིས་དེ་ཕོ་ན་ཉིད་ལྟར་འགྲུབ། དེས་ན་བླ་མ་ལ་ཡིད་ཀྱིས་བསམ་གྱིས་མི་ཁྱབ་པའི་མཆོད་པ་སྤྲུལ་ནས། ཨོཾ་བཛྲ་རཏྣ་པ་ཨཿཧཱུྃ། ཞེས་བརྗོད་ལ་དབུལ་བ་ལྟར་བྱ་སྟེ། བཛྲ་སྟོང་པ། རཏྣ་པ་སྣང་བ་སྣ་ཚོགས་པ། ཨཱ་ཧཱུྃ་སྣང་སྟོང་གཉིས་མེད་པ་སྟེ། དེ་ལྟ་བུས་མཆོད་པར་བྱའོ།།

ཕུལ་བའི་ཡོན་ཏན་ནི། གནས་སྐབས་སུའང་རང་ལ་སློབ་མ་རྣམས་ཀྱིས་དེ་ལྟ་བུས་མཆོད་པར་འགྱུར་བ་ལ་སོགས་པ་འབྱུང་ལ། མཐར་ཐུག་སངས་རྒྱས་ཀྱི་སྐུ་མཚན་དང་དཔེ་བྱད་ཀྱིས་འགྲུབ་པར་འགྱུར་བ་དང་། གཞན་ཡང་ཞིང་ཁམས་དེ་ལྟ་བུའི་མཆོད་པ་དཔག་ཏུ་མེད་པ་འབྱུང་བར་འགྱུར་རོ། །ཡང་ན་གནས་སྐབས་སུའང་འཁོར་དང་ལོངས་སྤྱོད་མང་པོ་འབྱུང་ཞིང་། མཐར་ཐུག་ཞིང་ཁམས་འདོད་ཡོན་སྣ་ཚོགས་ཀྱིས་གང་བར་ནམ་མཁའ་མཛོད་ཀྱི་སངས་རྒྱས་ལྟ་བུར་འཚང་རྒྱའོ། །ཞེས་གསུངས་སོ།།

“從佛身中再次放光芒，寶傘勝幢風幡華蓋雲，音樂華服珍寶藥與穀，各種供養雲海作供養。”

又，覺巴文集第680節中講到：將不可思議的供品──由各種寶石製成的寶傘、華蓋、勝利幢等、以及輪王七政寶等，以觀想廣為佈置排列後，向上師獻供，最終得以成就。上師資糧田清淨故，願望不為貪心所摧毀，而能得以成就。過去，我在心裏發大願對上師作那樣的承侍，後來願望果然如是成就。因此，對上師以意念作不可思議的神變供養，依照供養而念誦“唵班雜如巴啊吽”，“班雜”，即空性；“如巴”，即各種顯現；“啊吽”，即顯空無二。應如此獻供。

供養功德：暫時的功德，眾弟子亦如此供養自己。**究竟功德：**成就佛身相好莊嚴；其他，如自己佛剎中亦會出現此等無量供養。

或者，暫時功德為眷屬受用眾多；究竟功德為剎土中充滿種種妙欲，自己如虛空藏菩薩一般成佛。

བཅུ་དྲུག་པ། རྒྱལ་སྲིད་སྣ་བདུན་གྱི་མཚོད་པ།

༡ ཡང་རང་ཡི་དམ་དུ་གསལ་བའི་ཐུགས་ཀ་ནས་འོད་འཕྲོས། སངས་རྒྱས་ཀྱི་ཞིང་ཐམས་ཅད་ཁྱབ། དེ་ཡོངས་སུ་གྱུར་པ་ལས་རྒྱ་འཛམ་བུའི་ཆུ་གསེར་ལས་གྲུབ་ཅིང་། རྩིབས་སྟོང་ལྟེ་བ་མུ་ཁྱུད་དང་བཅས་པའི་འཁོར་ལོ་དཔག་ཚད་ལྔ་བརྒྱ་པ་འོད་ཟེར་ཉི་མ་ལྟར་འབར་ཞིང་། འཁོར་ལོས་སྒྱུར་རྒྱལ་དཔུང་ཚོགས་བཅས་ཉིན་གཅིག་ལ། དཔག་ཚད་འབུམ་གྱི་སའི་ཕ་རོལ་ཏུ་འདྲེན་ནུས་པའི་ཡོན་ཏན་མངའ་བའི་འཁོར་ལོ་རིན་པོ་ཆེ་དཔག་ཏུ་མེད་པ་དང་།

དེ་ཡང་༧སྐྱོབ་པའི་བཀའ་འབུམ་ལེ་ཚན། ༨༤༥༦ ནང་དུ་རྒྱལ་སྲིད་སྣ་བདུན་གྱི་སྐོར་གསུངས་པ་འདི་ལྟར། དེ་ཡང་འཇིག་རྟེན་དུ་འཁོར་ལོས་བསྒྱུར་བའི་རྒྱལ་པོ་བྱུང་བའི་དུས་སུ་རྒྱལ་པོ་དེ་ཟླ་བ་ཉ་ལ་ཁང་བཟང་གི་སྟེང་དུ་ཁྲུས་བྱས་ནས་གསོ་སྦྱོང་ལ་གནས་པ་དང་། ནམ་མཁའ་ནས་གསེར་གྱི་འཁོར་ལོ་རྩིབས་སྟོང་དང་ལྡན་པ་བྱུང་བ་ལགས་པར་གདའ་བས། རྒྱལ་པོ་དེས་མཐོང་ནས་བརྟག་པའི་ཕྱིར་ལག་པ་གཡོན་དུ་བཞག་སྟེ། གཡས་པས་ཕུལ་ནས། ཀྱེ་འཁོར་ལོ་རིན་པོ་ཆེ་སྔོན་གྱི་འཁོར་ལོས་བསྒྱུར་བའི་ལམ་གང་ཡིན་པ་ནས། རྣམ་པར་རྒྱལ་བར་སྤྱོད་ཅིག་ཅེས་སྨྲས་པ་དང་། ཤར་ཕྱོགས་ཀྱི་ནམ་མཁའ་ལ་སོང་སྟེ། དེའི་རྗེས་བཞིན་དུ་འཁོར་ལོས་བསྒྱུར་བའི་དཔུང་གི་ཚོགས་དང་བཅས་པ་འབྲེང་ངོ་།། སྐྱེ་དགུ་ཐམས་ཅད་ཀྱིས་འཁོར་ལོ་དེ་མཐོང་ནས་རྒྱལ་པོ་བསུ་ཞིང་མངའ་ཐང་འབུལ་ཏེ་དགེ་བ་བཅུའི་ཁྲིམས་ཉན་པར་བྱེད་ལ། ཇི་སྲིད་དུ་སྐྱེ་དགུ་ཐམས་ཅད་ཀྱིས་དགེ་བ་བཅུའི་ཁྲིམས་མ་བླངས་ཀྱི་བར་དུ་འཁོར་ལོ་དེ་གནས་མི་འགྱུལ་བར་སྡོད་ཅིང་།

（十六）供養輪王七政寶

亦從自身所顯之本尊心間放射光芒，遍覆一切佛剎，諸光中出現：

1、金輪寶。以純金製作，具千輻轂輞，五百由旬光明燦爛，如日熾然。其功德為：驅動此輪，一日之間，能引王軍馳至十萬由旬之外。

覺巴文集第684節講到：佛教關於輪王七政寶是這樣敍述的:復又，世間轉輪聖王出現時，其於藏曆十五日在精舍屋頂沐浴完畢，依止布薩，空中出現具有千輻轂輞的金輪。轉輪聖王見後，為觀察故，將其置於左手，而以右手作供，說：“啊，金輪寶，過去的轉輪之道是如何的呢？請示以克敵至勝之道吧！”語畢，金輪寶在空中向東行去，隨後轉輪聖王的軍隊尾隨其後。所有眾生見此金輪，即迎接轉輪聖王並歸順於彼。對於那些毀壞十善戒律的，於所有眾生未接受十善戒之前，金輪寶將駐留不前，直到所有眾生都遵守戒律，金輪寶才於空中繼續前行。

ཐམས་ཅད་ཀྱིས་ཁྲིམས་མཛོས་པ་དང་ནམ་མཁའ་ལ་འགྲོ་བར་བྱེད་པ་ལྟར། འགྲོ་བ་ཐམས་ཅད་མི་དགེ་བ་བཅུའི་ཉེས་པ་ལས་བཟློག་པ་དང་། དཀར་པོ་དགེ་བའི་ཕྱོགས་ཐམས་ཅད་ལའང་འགོད་པར་བྱེད་པ་དང་། བླ་ན་མེད་པའི་བྱང་ཆུབ་ཐོབ་པར་བྱེད་པ་ཡིན།

འདི་ནས་མར་༧སྐྱབ་པའི་བཀའ་འབུམ་ནང་གི་གོ་རིམ་ལྟར། འཁྲུལ་བ་ཕན་ཚུན་སྤྲོར་བར་བྱེད་པ་ལ།

༢ སྐྱེས་བུ་དཔའ་བོ་ལུས་ཚན་པོ་ཆེའི་སྟོབས་དང་ལྡན་ཞིང་། སྙིང་སྟོབས་རྡོ་རྗེ་ལྟར་བརྟན་པ་བརྟུལ་ཡོད་པ། ཡ་ལད་ལ་སོགས་གོ་ཆ་དང་མཚོན་ཆ་ཕུན་སུམ་ཚོགས་པ་མངའ་ཞིང་། དཔུང་ཚོགས་ཡན་ལག་བཞིའི་ཁ་ལོ་བསྒྱུར་ནས། དགྲ་ཕྱོགས་སུ་ཕར་འགྲོ་བ་དང་ཕྲུ་མ་བཏབ་ནས་གནས་པ་དང་། སེམས་ཅན་ལ་གནོད་འཚེ་མེད་པར་ཕྱིར་རྒོལ་དབང་དུ་བསྡུས་ནས། སྐྱེས་དང་བཅས་པ་རང་ཡུལ་དུ་ཚུར་ལྡོག་པ་སྟེ། དྲག་པོ་གཡུལ་གྱི་ལས་གསུམ་ལ་མཁས་པའི་དམག་དཔོན་རིན་པོ་ཆེ་དཔག་ཏུ་མེད་པ་སྟེ། རྒྱལ་སྲིད་རིན་པོ་ཆེ་སྣ་བདུན་རྒྱ་ནམ་མཁའ་དང་མཉམ་ཞིང་། ཡུན་སྲིད་མཐའི་བར་དུ་རྒྱུན་མི་ཆད་པ། བྱེད་ལས་འཕགས་པ་རྣམས་དགྱེས་པར་བསྐྱེད་ཅིང་། ངོ་བོ་སངས་རྒྱས་ཀྱི་ཡེ་ཤེས་ཡིན་པས། མཐོང་བ་ཐམས་ཅད་སྒྲིབ་གཉིས་བྱང་ནས། རྒྱུད་སྨིན་པར་བྱེད་ནུས་པས། གནམ་ས་བར་གསུམ་བཀང་ནས་ཕུལ་བར་བསམ།

གཉིས་པ་ཁྱིམ་བདག་རིན་པོ་ཆེ་འབྱུང་སྟེ། དེ་འཁོར་ལོས་བསྒྱུར་བའི་རྒྱལ་པོས་བརྟག་པའི་ཕྱིར། ཆུ་ཀླུང་ཆེན་པོར་གྲུའི་ནང་དུ་ལྷན་ཅིག་ཏུ་ཞུགས་ནས་འགྲོ་བ་དང་ཆུའི་དབུས་སུ་ཁྱིམ་བདག་ང་ལ་ད་ལྟ་ནོར་འདི་དང་འདི་འདྲ་བ་དགོས་པས།

同樣地，使一切眾生回遮十不善過患，將彼等置於善業中並獲無上菩提。

下面亦按覺巴文集中的次序，交互結合而進行解釋。

2、將軍寶。勇士身強力壯、心力如金剛般穩重堅毅、披胄持鎧、兵器齊備、能統馭四軍、驅入敵方並安營紮寨、不傷害眾生而駕馭調伏彼等，滿載戰利品而班師回朝，精通戰事三術。此等將軍寶無數無量。

所供將軍寶量等虛空；時至輪迴未空供養不斷；能使諸聖眾生起悅意；其體性乃佛之本慧。因此，僅以得見，即能淨除二障，能令眾生心續成熟。觀想將軍寶遍佈虛空、天空及大地而獻供。

第二，施主寶出現，因輪王要作考驗，故（他們）到大河中的一艘船內同坐，船行至河中，輪王乃對施主寶說“我現在需要……如此這般的寶物。”

ཁྲིམ་བདག་དེས་ལག་པ་ཆུར་བཙུག་པས་མཛུབ་མོ་ལ་གཏེར་ཆེན་པོ་འཁྲིལ་ཏེ་བྱུང་བས། ལྷ་འདི་དག་ལ་ཇི་ལྟར་བཞེས་པ་སྨོས་ཤིག ལྷག་མ་ནི་ཆུར་འཇུག་གོ་ཞེས་པ་དང་། རྒྱལ་པོ་དེས་ཁྲིམ་བདག་རིན་པོ་ཆེ་རིགས་ནས་དགོས་པ་ཐམས་ཅད་འགྲུབ་པ་ལྟར། རང་གཞན་ཐམས་ཅད་ཀྱི་འཁོར་བ་དང་མྱ་ངན་ལས་འདས་པའི་བདེ་ལེགས་དང་ཡོན་ཏན། གནས་སྐབས་དང་མཐར་ཐུག་ཐམས་ཅད་ཀྱི་དགོས་འདོད་ཐམས་ཅད་འབྱུང་བ་ཡིན།།

༢ སྤྱི་མདོག་གངས་རིའི་དུམ་བུ་ལྟར་དཀར་ལ། ཡན་ལག་བདུན་མཉམ་པར་བརྟན་པ་མཆེ་བ་དྲུག་ལྡན་ཞིང་། གླང་པོ་ཕལ་པ་སྟོང་གི་སྟོབས་དང་ལྡན་པ། ཉིན་གཅིག་ལ་འཛམ་གླིང་ལན་གསུམ་སྐོར་ནུས་ཤིང་། བཞོན་པ་པོའི་སེམས་ཤེས་པས། གང་བསམ་སྒྲུབ་ཅིང་གོམ་འགྲོས་དལ་བས་ལུས་ལ་གནོད་པ་མི་འབྱུང་བ། གནས་གསུམ་དུ་གཡུལ་འགྱེད་པར་མཁས་པས། ཕྱིར་རྒོལ་ལས་རྒྱལ་བའི་ཡོན་ཏན་དང་ལྡན་པའི་གླང་པོ་རིན་པོ་ཆེ་དཔག་ཏུ་མེད་པ་དང་།

གསུམ་པ་གླང་པོ་རིན་པོ་ཆེ་སྐྱོན་མེད་པ་འདུལ་སྐྱོང་མཁན་པོས་དུལ་བར་བྱས་པ། རྒྱན་ཐམས་ཅད་ཀྱིས་བརྒྱན་པ་རྒྱལ་པོ་ལ་ཕུལ་བ་དང་། དེ་ལ་རྒྱལ་པོ་འཁོར་དང་བཅས་པ་བཞོན་ནས། ཁུར་ཆེན་པོ་ཁྱེར་ཏེ་འགྲོ་བ་ལྟར། འགྲོ་བ་སེམས་ཅན་ཐམས་ཅད་ཀྱི་སྡུག་བསྔལ་གྱི་ཁུར་ཆེན་པོ་འཁུར་བ་དང་། སྐྱོབ་དང་དུབ་པ་མེད་པར་བྱང་ཆུབ་ཀྱི་ས་ལ་འགོད་པར་བྱེད་པ་ཡིན།།

施主寶遂將手伸入水中，手抬出水面時，指間已夾繞著大寶藏，說，“就各取所需吧，剩餘的放回水中。”

輪王瞭解施主寶能成辦一切所需，同樣地，一切自他輪迴與涅槃的安樂、功德，一切暫時與究竟的所需所欲均會出現。

3、白象寶。毛色如雪山般潔白，七支均等沉穩，具六牙，具普通大象千倍之力，一日內能繞南瞻部洲三圈，通曉騎者心意，故隨心所行，步履安適，不傷騎者之身。於水、陸、空三處善戰，具克敵制勝之功德。此等白象寶無數無量。

第三，禦象者將無有缺點之象寶調教順服，以種種飾品裝飾後獻給輪王。輪王與眷屬騎上象寶後，象寶能負重而行，同樣地，其能承載一切眾生之痛苦重負，無有疲厭地將彼等置於佛地。

༨ སྤུ་མདོག་རྨ་བྱའི་མགྲིན་པ་ལྟར་སྔོ་ཤ་རྒྱས་ཤིང་། ལུས་དབྱིབས་ལྟ་ན་སྡུག་པ་བཀྲ་ཤིས་པའི་གཙུག་དང་རི་མོས་བརྒྱན་པ། ཉིན་ཞག་གི་དྲུག་ཆ་གཅིག་ལ་འཛམ་གླིང་གི་ས་ཆེན་བསྐོར་ནུས་པ། གོམ་འགྲོས་སོགས་ཅང་ཤེས་ཀྱི་ཡོན་ཏན་ཕུན་སུམ་ཚོགས་པ་དང་ལྡན་པའི་རྟ་མཆོག་རིན་པོ་ཆེ་དཔག་ཏུ་མེད་པ་དང་།

བཞི་པ་རྟ་མཆོག་རིན་པོ་ཆེ་ཁ་དོག་སྔོན་པོ་རྗོག་མ་དང་ཕྲུམ་ཕྲུམ་དམར་པོ་སྐྱོན་མེད་པ་རྒྱན་གྱིས་བརྒྱན་པ། ཅང་ཤེས་པ་དུལ་བར་བྱས་པ་རྒྱལ་པོར་ཕུལ་བ་དང་། རྒྱལ་པོས་དེ་ལ་བཞོན་པས་དགོས་པའི་ཕྱིར་ནམ་ལངས་ནས་སོང་བས་གླིང་བཞི་མ་ལུས་པར་བསྐོར་ཏེ། རྒྱལ་པོ་རང་གི་ཕོ་བྲང་དུ་ཕྱིན་ནས། ཕེབས་བསུའི་བྱ་བ་བྱེད་པ་ལྟར་སྐྱོན་མྱུར་དུ་དག་པ་དང་། ཡོན་ཏན་མྱུར་དུ་བསྐྱེད་པ་དང་། མྱུར་དུ་བླ་ན་མེད་པའི་བྱང་ཆུབ་ལ་འགོད་པར་བྱེད་པ་ཡིན།།

༥ རྒྱལ་པོས་སླར་མི་དགོས་པ་སྲིད་ཀྱི་བྱ་བ་ཀུན་སྒྲུབ་ཅིང་། ས་འོག་གི་གཏེར་ཐམས་ཅད་ལྷའི་མིག་གིས་མཐོང་ནས། དཔྱའ་ཁྲལ་སོགས་འབབས་ལ་སུན་གཙེར་མེད་པར་བང་མཛོད་ཀུན་འགེངས་ནུས་པ། གཡོ་རྒྱུ་དང་གནོད་འཚེ་མེད་པ། སྐྱེ་དགུར་བྱམས་བརྩེས་སྐྱོང་བའི་བློན་པོ་རིན་པོ་ཆེ་དཔག་ཏུ་མེད་པ་དང་།

ལྔ་པ་བློན་པོ་རིན་པོ་ཆེ་རྒྱལ་པོའི་བྱ་བ་དང་བྱེད་པ་ཐམས་ཅད་ཀྱི་ཐོག་མར་འགྲོ་བ་བསྒྲུབ་པ་ལ་བརྩོན་པ། བློ་གྲོས་ཕུན་སུམ་ཚོགས་པ་བཀའ་བཞིན་དུ་སྒྲུབ་པ་ལྟར། རྫོགས་པའི་སངས་རྒྱས་ཐོབ་པར་བྱེད་པའི་བྱ་བ་བསྒྲུབ་པར་བྱེད་པ་ཡིན།།

4、紺馬寶。毛色如孔雀頸羽般湛藍豐美，身形俊美，以吉祥頂與花紋裝飾，日夜六分之一時長即能繞行南瞻部洲一圈，具步伐矯健等種種神駒的圓滿功德。此等紺馬寶無數無量。

第四，紺馬寶全身湛藍，鬃毛以純淨紅絲線裝飾，由禦馬者調教溫順後獻給輪王。輪王騎上紺馬寶，因需於天明出發而遍繞四大洲，載王回宮後，（能）行歡迎禮節，同樣地，彼能迅速清淨過患，迅速產生功德，迅速臻至無上菩提。

5、大臣寶。無需國王吩咐，即能成辦一切政事，以天眼見地底一切寶藏，不以賦稅等騷擾百姓而使國庫盈滿，無諂無傷，以慈悲護佑眾生。此等大臣寶無數無量。

第五，大臣寶對於國王的一切事業，均首當其衝、精進努力、智慧圓滿、奉令成辦。同樣地，彼亦成辦獲得圓滿佛果之事業。

༤ རིགས་ལྡན་གྱི་བུད་མེད་ཤིན་ཏུ་མཛེས་ཤིང་། ལྷ་ན་སྡུག་པའི་གཟུགས་དང་རེག་བྱ་ཕུན་སུམ་ཚོགས་ཤིང་། ལུས་ལས་ག་བུར་དང་། ཁ་ནས་ཨུཏྤ་ལའི་དྲི་འབྱུང་བ། བུད་མེད་ཀྱི་སྐྱོན་ལྔ་དང་བྲལ་ཞིང་ཡོན་ཏན་བརྒྱད་དང་ལྡན་པ། གླིང་ན་གནས་པའི་མི་ཐམས་ཅད་ཀྱིས་བུད་མེད་དེ་དྲན་པ་ཙམ་གྱིས། ལུས་ཀྱི་བཀྲེས་སྐོམ་དང་ཡིད་ཀྱི་མྱ་ངན་སེལ་ནུས་པའི་བཙུན་མོ་རིན་པོ་ཆེ་དཔག་ཏུ་མེད་པ་དང་།

དྲུག་པ་བཙུན་མོ་རིན་པོ་ཆེ་མདོག་ཧ་ཅང་དཀར་བ་དང་སྔོ་བ་མ་ཡིན། ཧ་ཅང་སྐེམ་པ་དང་སྦྲ་བ་མ་ཡིན་པ། མིའི་བུད་མེད་ལས་འདས་པ། བུད་མེད་ཀྱི་ཡོན་ཏན་ཐམས་ཅད་དང་ལྡན་པ་དེ་རྒྱལ་པོའི་ལུས་ལ་གྲང་བའི་དུས་སུ་རེག་ན་དྲོ་བ། དྲོ་བའི་དུས་སུ་རེག་ན་བསིལ་བས། རྒྱལ་པོའི་ཐུགས་དང་མཐུན་པ་བསྒྲུབ་པར་བྱེད་པ་ལྟར། བདེ་བ་དང་སྐྱིད་པ་ཐམས་ཅད་འབྱུང་བར་བྱེད་དེ། སྡུག་བསྔལ་བ་ལས་སྐྱོབ་དང་དུབ་པ་མེད་པར་བྱེད་ལ། བདེ་བ་སྐྱིད་པའི་དུས་སུ་ཞེན་པ་མེད་པར་བྱེད་པ་ཡིན།

༧ ནོར་བུ་བཻཌཱུརྱ་ཟུར་དགུ་པ། དཔག་ཚད་བརྒྱ་རྩུན་གསལ་བའི་འོད་ཟེར་འཕྲོ་ཞིང་། རིམས་དང་དུས་མིན་གྱི་འཇིགས་པ་སྐྱོབ་པ། ཚ་བའི་དུས་བསིལ་ཞིང་གྲང་བའི་དུས་དྲོ་བའི་བྱ་བར་བརྩོན་ལ། གསོལ་བ་བཏབ་ན་ཡིད་ལ་གང་བསམ་ཟས་གོས་ནོར་གསུམ་གྱི་ཆར་པ་དངོས་སུ་འབེབས་པའི་ཡོན་ཏན་ཅན་གྱི་ནོར་བུ་རིན་པོ་ཆེ་དཔག་ཏུ་མེད་པ་དང་།།

6、玉女寶。其種姓高貴，容貌端莊，觸感圓滿，身出旃檀妙香，口吐蓮花清香，遠離女子五過患，具足八種功德，所居之洲諸眾，僅以憶念玉女寶，即能消除身之饑渴與心之憂愁。此等玉女寶無數無量。

第六，玉女寶的膚色白皙而不泛青，身材苗條而不瘦弱，超越人間女子，具足一切女子功德。國王身體冷時，玉女觸之則轉溫暖；身體熱時，玉女觸之則生清涼，與國王心意相通，同樣地，能產生一切安樂，孜孜不倦地護佑眾生離於痛苦，而對安樂無有貪戀。

7、如意寶。九棱吠琉璃，光明照亮百由旬，護佑（眾生）離於瘟疫及非時怖畏，炎熱時給予清涼，寒冷時給予溫暖，向其祈禱，則心中所想之衣、食、財三者，如雨降下。具此等功德之如意寶無數無量。

བདུན་པ་ནོར་བུ་རིན་པོ་ཆེ་བཻཌཱུརྻའི་རིགས་འབུར་གསུམ་པ། དེ་རྒྱལ་མཚན་གྱི་རྩེ་མོ་ལ་བཏགས་ནས། རྒྱལ་པོ་གང་དུ་འགྲོ་བར་དཔུང་གི་ཚོགས་ཡན་ལག་བཞི་དང་ལྡན་པ་དེ། མཚན་མོ་འགྲོ་བའི་ཚེ་ན་ནི་སྒྲོན་མེའི་བྱ་བ་བྱེད་པས་སྣང་མ་འབྱུང་བ། ཉིན་མོ་འགྲོ་ན་ནི་ལམ་གྱི་སྐྱོན་ཐམས་ཅད་སེལ་ལ་ཡོན་ཏན་ཐམས་ཅད་འབྱུང་བ་ལྟར། རང་གཞན་གྱི་སྐྱོན་ཐམས་ཅད་སེལ་བ་དང་། ཡོན་ཏན་ཐམས་ཅད་འབྱུང་བ་ཡིན་ནོ། །ཞེས་འབྱུང་ངོ་།།
ཞེས་གསུངས་པ་རྣམས་ཀྱི་མཆོད་པས་མཆོད།

བཅུ་བདུན་པ། ཉེ་བའི་རིན་ཆེན་སྣ་བདུན།

ཡང་ཐུགས་ཀ་ནས་འོད་འཕྲོས་སངས་རྒྱས་ཀྱི་ཞིང་ཁྱབ། དེ་ཡོངས་སུ་གྱུར་པ་ལས། འཁོར་ལོས་བསྒྱུར་རྒྱལ་གྱི་རིན་ཆེན་སྣ་བདུན་དང་ཆ་འདྲ་བའི་ཉེ་བའི་རིན་ཆེན།

༡ དགྲ་ཕྱོགས་སུ་གདེངས་པ་ཙམ་གྱིས། སེམས་ཅན་ལ་གནོད་འཚེ་མེད་པར་པས་རྒོལ་དབང་དུ་བསྡུ་བའི་ཡོན་ཏན་དང་ལྡན་པའི་རལ་གྲི་ཉེ་བའི་རིན་ཆེན།

༢ ཆར་ཆུའི་འཇིགས་པས་མི་བརྫི་བའི་ཡོན་ཏན་དང་ལྡན་པའི་ཀླུའི་པགས་པ་ཉེ་བའི་རིན་ཆེན།

༣ ཡིད་ལ་དགའ་བདེ་དཔེ་མེད་བསྐྱེད་པའི་སྐྱེད་ཚལ་ཉེ་བའི་རིན་ཆེན།

༤ ཡངས་ཤིང་འཇམ་པའི་རེག་བྱ་ཕུན་སུམ་ཚོགས་པ་སྟེར་བའི་གོས་ཉེ་བའི་རིན་ཆེན།

第七，如意寶三棱吠琉璃，鑲嵌於勝利幢頂端，輪王及其四軍無論行至何處，夜晚行軍，（如意寶）則如燈炬照亮：白日行軍，（如意寶）則淨除道上一切污穢而顯現一切功德。

同樣地，也淨除自他一切過患，產生一切功德。

以上述輪王七寶作獻供。

（十七）供養輪王七近寶

亦從（自己明觀為本尊的）心間放射光芒，遍照佛刹，諸光中出現與輪王七政寶近似的輪王七近寶。

1、寶劍。只要向敵方高高舉起，便能不傷及任何人而駕馭調伏敵軍。具此功德者乃寶劍近寶。

2、龍皮褥。不懼雨水淋濕侵蝕的龍皮近寶。

3、林苑。令人生出無比喜樂的林苑近寶。

4、錦袍。寬大柔軟，觸感舒適的錦袍近寶。

༥ གྲོན་པ་ན་ཆུ་ལ་མི་བྱེད་ཞིང་། གང་འདོད་དུ་སྐད་ཅིག་ཏུ་བགྲོད་པའི་མཆིལ་ལྷམ་ཉེ་བའི་རིན་ཆེན།
༦ གང་དུ་འདུག་ན་གཟའ་དང་སྐར་མ་སོགས་ཡིད་ལ་འདོད་པ་ལྟར་བལྟ་བར་ནུས་པའི་ཁྱིམ་ཉེ་བའི་རིན་ཆེན།
༧ གང་དུ་ཉལ་ན་ཡིད་ལ་ཉོན་མོངས་ཀྱི་རྟོག་པ་མི་སྐྱེ་བའི་མལ་ཆ་ཉེ་བའི་རིན་ཆེན་ཏེ། ཉེ་བའི་རིན་ཆེན་བདུན་གྱིས་གནམ་ས་བར་གསུམ་གང་ཞིང་། དེ་ཡང་རྒྱ་ཆོས་ཀྱི་དབྱིངས་དང་མཉམ་ཞིང་། ཡུན་སྲིད་མཐའི་བར་རྒྱུན་མི་འཆད་པ། བྱེད་ལས་འཕགས་པ་རྣམས་དགྱེས་པར་བསྐྱེད་པ། ངོ་བོ་སངས་རྒྱས་ཀྱི་ཡེ་ཤེས་ཡིན་ཕྱིར་མཐོང་བ་ཙམ་གྱིས། སེམས་ཅན་དཔག་ཏུ་མེད་པ་སྨིན་པར་ནུས་པའི་མཆོད་པས་མཆོད་པར་བསམ།

བཅོ་བརྒྱད་པ། བཀྲ་ཤིས་རྫས་བརྒྱད།

ཡང་ཐུགས་ཀ་ནས་འོད་ཟེར་འཕྲོས་སངས་རྒྱས་ཀྱི་ཞིང་ཁམས་ཐམས་ཅད་ཁྱབ། དེ་ཡོངས་སུ་གྱུར་པ་ལས།
༡ བཀྲ་ཤིས་ཀྱི་ལྷ་གཏོད་སྤྱིན་ལག་ན་རྡོ་རྗེས་ཡུངས་དཀར་གྱི་གང་བུ་ཐོགས་པས།

སྔོན་ཡང་དག་པར་རྫོགས་པའི་སངས་རྒྱས་ཤཱཀྱ་ཐུབ་པའི་ཕྱག་ཏུ་ཕུལ་ནས་བཀྲ་ཤིས་པའི་རྫས་སུ་བྱིན་གྱིས་བརླབས་པ་དེ་བཞིན་དུ། ཡུངས་དཀར་རྡོ་རྗེའི་རིགས་ཏེ། བགེགས་རིགས་མ་ལུས་རབ་ཏུ་འཇོམས་བྱེད་པ། མཐུ་སྟོབས་ཡོན་ཏན་ཕུན་སུམ་ཚོགས་གྱུར་པའི་ཡུངས་དཀར་གྱི་རྫས་དང་།

5、**靴履**。穿上後入水不沉，能隨心所欲頃刻到達的靴履近寶。

6、**宮室**。任何人居住於其中，都能稱心遂願地見到日月星辰的宮室近寶。

7、**臥具**。任何人睡臥其上，均不生煩惱妄念的臥具近寶。

輪王七近寶遍滿虛空、天空及大地，量等虛空；時至輪迴未空供養不斷；能使諸聖眾生起悅意；其體性乃佛之本慧。僅以得見，即能成熟無量眾生心續。如此觀想而獻供。

（十八）供養八吉祥物

亦從（自己明觀為本尊的）心間放射光芒，遍照一切佛刹，諸光中出現：

1、吉祥天藥叉金剛手菩薩手捧白芥子花苞。

往昔，被獻供於正等圓滿佛釋迦能仁手上而被加持為吉祥物。而且，白芥子屬於金剛部，能摧毀一切魔類，威力及功德圓滿。此為白芥子吉祥物

༢ ཚངས་པ་གདོང་བཞི་པས་ཤིང་ཐོག་བིལ་ཐོགས་པས། སྟོན་ཡང་དག་པར་རྫོགས་པའི་སངས་རྒྱས་ཤཱཀྱ་ཐུབ་པའི་ཕྱག་ཏུ་ཕུལ་ནས་བཀྲ་ཤིས་པའི་རྫས་སུ་བྱིན་གྱིས་བརླབས་པ་དེ་བཞིན་དུ། ཤིང་ཏོག་བིལ་བ་རྒྱུ་རྐྱེན་འབྲས་བུར་བཅས་པའི་ཆོས་ཀུན་རྫོགས་པ། བྱང་ཆུབ་སྙིང་པོ་མཆོག་ཏུ་གྱུར་པ་བིལ་བའི་རྫས།

༣ ལྷ་དབང་བརྒྱ་བྱིན་སྐྱེ་བ་ལྷ་ལྡན་གྱིས་དུང་གཡས་འཁྱིལ་ཐོགས་པས། སྟོན་ཡང་དག་པར་རྫོགས་པའི་སངས་རྒྱས་ཤཱཀྱ་ཐུབ་པའི་ཕྱག་ཏུ་ཕུལ་ནས་བཀྲ་ཤིས་པའི་རྫས་སུ་བྱིན་གྱིས་བརླབས་པ་དེ་བཞིན་དུ། དུང་དཀར་པོ་གཡས་སུ་འཁྱིལ་བར་ཤིས་རབ་ཕུལ་དུ་བྱུང་བས། ཆོས་ཀྱི་སྒྲ་རྣམས་སྒྲོག་པའི་ཚུལ་དུ། ཆོས་རྣམས་མ་འདྲེས་ཡོངས་རྫོགས་སུ་སྟོན་པ་དུང་དཀར་གྱི་རྫས།

༤ ལྷ་མོ་འོད་འཆང་མས་གཟུགས་ཀྱི་བྱེ་བྲག་ཀུན་གསལ་བའི་མེ་ལོང་ཐོགས་པས། སྟོན་ཡང་དག་པར་རྫོགས་པའི་སངས་རྒྱས་ཤཱཀྱ་ཐུབ་པའི་ཕྱག་ཏུ་ཕུལ་ནས་བཀྲ་ཤིས་པའི་རྫས་སུ་བྱིན་གྱིས་བརླབས་པ་དེ་བཞིན་དུ། ཇི་ལྟ་ཇི་སྙེད་མཁྱེན་པའི་ཡེ་ཤེས་ཀྱི་མེ་ལོང་གིས། རྣམ་པར་དག་པའི་ཆོས་ལ་ཐོགས་མེད་དུ་ལོངས་སྤྱོད་པ་མེ་ལོང་གི་རྫས།

༥ གླང་ཆེན་ནོར་སྐྱོང་སྣ་ཞགས་ཀྱིས་སྨན་གྱི་ཞང་ཐོགས་པས། སྟོན་ཡང་དག་པར་རྫོགས་པའི་སངས་རྒྱས་ཤཱཀྱ་ཐུབ་པའི་ཕྱག་ཏུ་ཕུལ་ནས་བཀྲ་ཤིས་པའི་རྫས་སུ་བྱིན་གྱིས་བརླབས་པ་དེ་བཞིན་དུ། དུག་གསུམ་འཇོམས་པ་ནད་ཀྱི་སྨན་མཆོག་གྱི་ཝཾ། ཉོན་མོངས་ཟུག་རྔུ་མེད་པ་ཆོས་ཉིད་རབ་ཏུ་རྟོགས་གྱུར་པ་གྱི་ཝཾ་གི་རྫས།

༦ ཞིང་པའི་བུ་མོ་ལེགས་སྐྱེས་མས་བ་སྟོང་གི་འོ་མ་བསྡུས་པའི་ཞོ་ཐོགས་པས།།

2、四面梵天手捧木瓜

往昔，被獻供於正等圓滿佛釋迦能仁之手而被加持為吉祥物，而且，木瓜具備因、緣、果，代表萬法圓滿，為殊勝菩提精華。此為木瓜吉祥物。

3、帝釋天手捧右旋海螺。

往昔，被獻供於正等圓滿佛釋迦能仁之手而被加持為吉祥物，而且，右旋白色海螺智慧超群，能以種種法音無雜圓滿地宣演諸法。此為白海螺吉祥物。

4、威光天女手捧能明現不同形色的寶鏡。

往昔，被獻供於正等圓滿佛釋迦能仁之手而被加持為吉祥物，而且，以如所有智與盡所有智寶鏡，無礙受用清淨之法。此為寶鏡吉祥物。

5、護財大象托舉著牛黃。

往昔，被獻供於正等圓滿佛釋迦能仁之手而被加持為吉祥物，而且，能摧毀三毒、乃治病之良藥，無有煩惱痛楚而圓證法性。此為牛黃瑞物。

6、農女善生手捧採集千牛之奶製成的醍醐。

སྔོན་ཡང་དག་པར་རྫོགས་པའི་སངས་རྒྱས་ཤཱཀྱ་ཐུབ་པའི་ཕྱག་ཏུ་ཕུལ་ནས་བཀྲ་ཤིས་པའི་རྫས་སུ་བྱིན་གྱིས་བརླབས་པ་དེ་བཞིན་དུ། སྙིང་པོར་གྱུར་པ་ཞོས། སྙིང་པོ་རྣམ་དག་ཡེ་ཤེས་ཀྱི་མཆོག་རྟོགས་ནས་ཡོན་ཏན་ཀུན་གྱི་དབྱིངས་སུ་གྱུར་པ་ཞོ་ཡི་རྫས།

༧ བྲམ་ཟེ་སྐར་རྒྱལ་གྱིས་ལི་ཁྲིས་གང་བའི་ཡོལ་གོ་ཐོགས་པས། སྔོན་ཡང་དག་རྫོགས་པའི་སངས་རྒྱས་ཤཱཀྱ་ཐུབ་པའི་ཕྱག་ཏུ་ཕུལ་ནས་བཀྲ་ཤིས་པའི་རྫས་སུ་བྱིན་གྱིས་བརླབས་པ་དེ་བཞིན་དུ། ལི་ཁྲི་དམར་པོ་དབང་གི་རང་བཞིན་གྱིས། ཆོས་རྣམས་མ་ལུས་དབང་དུ་བསྡུས་ནས་ཆོས་ཀྱི་རྒྱལ་སྲིད་ལ་དབང་བསྒྱུར་བ་ལི་ཁྲིའི་རྫས།

༨ རྩྭ་འཚོང་བཀྲ་ཤིས་ཀྱིས་རྩྭ་དཱུར་བ་སྔོ་ལྗང་འཛམ་ལ་མཉེན་པ་ཐོགས་པས། སྔོན་ཡང་དག་པར་རྫོགས་པའི་སངས་རྒྱས་ཤཱཀྱ་ཐུབ་པའི་ཕྱག་ཏུ་ཕུལ་ནས་བཀྲ་ཤིས་པའི་རྫས་སུ་བྱིན་གྱིས་བརླབས་པ་དེ་བཞིན་དུ། ཚེ་ནི་འཕེལ་བར་བྱེད་པ་ཙ་དཱུར། རྡོ་རྗེ་སེམས་དཔའི་ཚེ་ནི་རབ་བསྒྲུབས་ནས། སྡུག་བསྔལ་སྐྱེ་ཤི་རྒྱུན་ཆད་གྱུར་པ་ཙ་དཱུར་བའི་རྫས་རྣམས། རེ་རེའང་དཔག་ཏུ་མེད་པ་དང་།

往昔，被獻供於正等圓滿佛釋迦能仁之手而被加持為吉祥物，而且，作為精華的乳酪，代表證悟清淨本慧精華後，轉化為所有功德界。此為乳酪吉祥物。

7、鬼宿婆羅門手捧盛滿黃丹的器皿

往昔，被獻供於正等圓滿佛釋迦能仁之手而被加持為吉祥物，而且，以紅色黃丹的懷愛特質，能懷攝萬法，主宰王政。此為黃丹吉祥物。

8、賣草者吉祥手捧碧綠柔軟的吉祥草。

往昔，被獻供於正等圓滿佛釋迦能仁之手而被加持為吉祥物，而且，吉祥草代表增壽，成就金剛薩埵之壽，切斷生死痛苦。此為吉祥草吉祥物。以上八瑞物，每種均無數無量。

བཀྲ་ཤིས་རྟགས་བརྒྱད།

༡ གཞན་ཡང་རིགས་ཀྱི་ལྷ་མོ་པདྨ་ཅན་དཀར་མོས་བཀྲ་ཤིས་ཀྱི་རྟགས་དཔལ་བེའུ་ཐོགས་པ།

༢ རིགས་ཀྱི་ལྷ་མོ་འཇིགས་བྱེད་མ་དཀར་མོས་བཀྲ་ཤིས་ཀྱི་རྟགས་འཁོར་ལོ་རྩིབས་བརྒྱད་ཐོགས་པ།

༣ རིགས་ཀྱི་ལྷ་མོ་འོད་ཅན་མ་སེར་མོས་བཀྲ་ཤིས་ཀྱི་རྟགས་པདྨ་འདབ་བརྒྱད་ཐོགས་པ།

༤ རིགས་ཀྱི་ལྷ་མོ་རྣམ་རྒྱལ་མ་སྔོན་མོས་བཀྲ་ཤིས་ཀྱི་རྟགས་རྒྱལ་མཚན་ཐོགས་པ།

༥ རིགས་ཀྱི་ལྷ་མོ་མདངས་ལྡན་མ་དམར་སྐྱས་བཀྲ་ཤིས་ཀྱི་རྟགས་གདུགས་དཀར་པོ་ཐོགས་པ།

༦ རིགས་ཀྱི་ལྷ་མོ་དཀར་ཤམ་མ་དམར་སྐྱས་བཀྲ་ཤིས་ཀྱི་རྟགས་བདུད་རྩིས་གང་བའི་བུམ་པ་ཐོགས་པ།

༧ རིགས་ཀྱི་ལྷ་མོ་དྲི་མེད་མ་ལྗང་གུས་བཀྲ་ཤིས་ཀྱི་རྟགས་དུང་གཡས་འཁྱིལ་བསྣམས་པ།

༨ རིགས་ཀྱི་ལྷ་མོ་ཡིད་གཞུང་མ་ལྗང་གུས་བཀྲ་ཤིས་ཀྱི་རྟགས་གསེར་གྱི་ཉ་གཟུགས་འཛིན་པ། ཐམས་ཅད་ཀྱང་མཚན་དཔེའི་ལང་ཚོ་འབར་ཞིང་། ཡིད་འཛིན་ལྷ་ན་སྡུག་པ་དར་དང་རིན་པོ་ཆེའི་རྒྱན་ལྡན་དཔག་ཏུ་མེད་པས་གནམ་ས་བར་གསུམ་གང་ཞིང་།

八吉祥瑞：

1、白色蓮花善天女，手持吉祥標幟吉祥結。

2、白色怖畏善天女，手執吉祥標幟八輻金輪。

3、黃色具光善天女，手持吉祥標幟八瓣蓮花。

4、藍色勝利善天女，手持吉祥標幟勝利幢。

5、粉紅色鸚鵡善天女，手持吉祥標幟白色寶傘。

6、粉紅色白裙善天女，手持吉祥標幟盛滿甘露的寶瓶。

7、綠色無垢善天女，手持吉祥標幟右旋海螺。

8、綠色鸚鵡善天女，手持吉祥標幟金魚。

所有（持八吉祥標幟的）天女皆韶華相好，美麗動人，以綾羅綢緞與珍珠寶貝裝飾，如此無數無量，遍佈虛空、天空與大地。

རྒྱ་ཆོས་ཀྱི་དབྱིངས་དང་མཉམ་པ། ཡུན་འཁོར་བ་མ་སྟོངས་ཀྱི་བར་དུ་རྒྱུན་མི་འཆད་པ། བྱེད་ལས་འཕགས་པ་རྣམས་མཉེས་པར་བྱེད་པ། ངོ་བོ་སངས་རྒྱས་ཀྱི་ཡེ་ཤེས་ཏེ་མཐོང་བ་ཙམ་གྱིས་སེམས་ཅན་ཐམས་ཅད་སྒྲིབ་གསུམ་དག་ནས་རྒྱུད་སྨིན་པར་བྱེད་པས་མཆོད་པ་ཕུལ་བར་བསམ།།

དེ་ཡང་མི་ཕམ་རིན་པོ་ཆེའི་གསུང་ལས། དབུ་ལ་གདུགས། སྤྱན་ལ་གསེར་ཉ། ཆེམས་ལ་དུང་། ལྗགས་ལ་པདྨ། མགུལ་ལ་བུམ་པ། ཐུགས་ཀར་དཔལ་བེའུ། སྐུ་ལ་རྒྱལ་མཚན། ཞབས་ལ་འཁོར་ལོ་རྣམས་འབུལ་བ་ནི། རྣམ་པར་ཤེས་པ་ཚོགས་བརྒྱད་ཀྱི་བག་ཆགས་སྦྱོང་ཞིང་། ལྷུན་གྲུབ་ཡེ་ཤེས་ལྔའི་ཡོན་ཏན་མངོན་དུ་གྱུར་པའི་དགོས་པ་ཡོད་པ་ཡིན་ནོ།།

༡ དེ་ཡང་དཔལ་བེའུ་ལྷ་མོས་ཅི་བསམ་འགྲུབ་པ་དང་། བློ་གྲོས་འཕེལ་བ་སོགས་ཀྱི་བཀྲ་ཤིས་པར་བྱེད།

༢ འཁོར་ལོའི་ལྷ་མོས་ཕྱོགས་ཐམས་ཅད་དབང་དུ་བསྡུར་བ་དང་། ཕྱག་ཞབས་འཁོར་ལོས་བརྒྱན་པ་དང་། ཕས་ཀྱི་རྒོལ་བ་ཟིལ་གྱིས་གནོན་པ་སོགས་བཀྲ་ཤིས་པར་བྱེད།

༣ པདྨའི་ལྷ་མོས་ངག་ལ་དབང་བསྒྱུར་བའི་ལྗགས་ཐོབ་པ་དང་། གཟུགས་ཡིད་དུ་འོང་བ་དང་ཉེས་སྐྱོན་དང་བྲལ་ཞིང་བཀྲ་ཤིས་པར་བྱེད།

༤ རྒྱལ་མཚན་གྱི་ལྷ་མོས་ལུས་གཟི་བརྗིད་ཆེ་བ་དང་།
ཕྱོགས་ལས་རྣམ་པར་རྒྱལ་ཞིང་དབུ་འཕང་མཐོ་བ་སོགས་ཀྱི་བཀྲ་ཤིས་པར་བྱེད།

༥ བཀྲ་ཤིས་གདུགས་ཀྱི་ལྷ་མོས་ཡུལ་གྱི་རྒུད་པ་ཞི་ཞིང་བཀྲ་ཤིས་པར་བྱེད།

༦ བུམ་པའི་ལྷ་མོས་ལོངས་སྤྱོད་མི་ཟད་པ་དང་མགུལ་པར་ཆོས་ཀྱི་སྒྲ་དབྱངས་མི་ཟད་པ་སྒྲོག་པ་སོགས་ཀྱིས་བཀྲ་ཤིས་པར་བྱེད།

彼等所供，量等虛空；時至輪迴未空供養不斷；能使諸聖眾生起悅意；其體性乃佛之本慧。僅以得見，即能淨除一切眾生之三障，並令彼等心續成熟。如此觀想而獻供。

又，米龐仁波切語：“於頭供以寶傘，於眼供以金魚，於齒供以海螺、於舌供以蓮花，於頸供以寶瓶，於心供以吉祥結，於身供以勝利幢，於足供以寶輪，此乃清淨八識習氣，現證五任運成就本慧功德之需要。”

1、吉祥結天女，主司心想事成及智慧增長之吉祥事；

2、金輪天女，手足以金輪裝飾，主司統治十方、制服敵方之吉祥事。

3、蓮花天女，主司獲得語灌頂之舌、相貌悅目、遠離過患之吉祥事。

4、勝利幢天女，主司身相威嚴、戰勝十方、獲得威望等吉祥事。

5、寶傘天女，主司止息地方衰敗之吉祥事。

6、寶瓶天女，主司受用無盡、喉間宣演無盡法音等吉祥事。

༧ ངང་གི་ལྷ་མོས་ཚེམས་བཟང་བ་དང་། སྙན་གྲགས་ཆེ་ཞིང་རིམས་ནད་
ཀྱིས་མི་ཚུགས་པའི་བཀྲ་ཤིས་པར་བྱེད།
༨ གསེར་ཉའི་ལྷ་མོས་མིག་གསལ་ཞིང་བློ་དང་ལྡན་ལ་ལུས་ཁམས་བདེ་ཞིང་
བཀྲ་ཤིས་པར་བྱེད་པའི་ཡོན་ཏན་མང་དུ་ཡོད་པར་གསུངས་སོ།།

བཅུ་དགུ་པ། རྡོ་རྗེ་ཐེག་པའི་ཐུན་མོང་དངོས་གྲུབ་ཀྱི་རྫས་བརྒྱད།

ཡང་ཐུགས་ཀ་ནས་འོད་ཟེར་འཕྲོས་སངས་རྒྱས་ཀྱི་ཞིང་ཁམས་ཐམས་ཅད་
གང་། དེ་ཡོངས་སུ་གྱུར་པ་ལས།
༡ རིག་སྔགས་སྒྲུབ་པའི་བུམ་པ་ལས་ལོངས་སྤྱོད་ཅི་འདོད་འབྱུང་བ། གཏེར་
གྱི་བུམ་པ་བཟང་པོའི་དངོས་གྲུབ་ཀྱི་རྫས།
༢ རིག་སྔགས་སྒྲུབ་པའི་མཆིལ་ལྷམ་གྱོན་པས། སྐད་ཅིག་ལ་ཐག་རིང་པོར་
བགྲོད་ནུས་པའི་རྐང་མགྱོགས་ཀྱི་དངོས་གྲུབ་ཀྱི་རྫས།
༣ རིག་སྔགས་སྒྲུབ་པའི་རྫས་མིག་ལ་བྱུག་པས། ས་འོག་གི་གཏེར་མཐོང་བའི་
མིག་སྨན་དངོས་གྲུབ་ཀྱི་རྫས།
༤ རིག་སྔགས་སྒྲུབ་པའི་རིལ་བུ་ཁར་བཅུག་པས། གཞན་གྱིས་མི་མཐོང་བ་
མི་སྣང་བའི་དངོས་གྲུབ་ཀྱི་རྫས།
༥ རིག་སྔགས་སྒྲུབ་པའི་རལ་གྲི་ནམ་མཁར་གཡུག་པས། མཁའ་སྤྱོད་དུ་འགྲོ་
ནུས་པ་རལ་གྲིའི་དངོས་གྲུབ་ཀྱི་རྫས།
༦ རིག་སྔགས་སྒྲུབ་པའི་སྨན་གྱི་རིལ་བུ་ཟོས་པས། ཚེ་ལོ་གྲངས་མེད་ཐུབ་
ཅིང་རྒན་པོ་གཞོན་ནུར་བསྒྱུར་བ་བཅུད་ལེན་དངོས་གྲུབ་ཀྱི་རྫས།

7、海螺天女，主司牙齒美觀、聲音悅耳、瘟疫不聚之吉祥事。

8、金魚天女，主司心明眼亮、身體安樂之吉祥事。

以上為諸多功德之說法。

（十九）供養金剛乘八種共通成就物

亦從（自己明觀為本尊的）心間放射光芒， 遍照佛剎，諸光中出現：

1、明咒修成的寶瓶，可從中產生所欲受用，此乃善妙寶瓶成就物。

2、明咒修成的靴子，穿上後能瞬間抵達遠方，此乃神行成就物。

3、明咒修成的眼藥，塗於眼上能見地底的寶藏，此乃眼藥成就物。

4、明咒修成的妙丹，放入口中能隱身不見。此乃隱身成就物。

5、明咒修成的寶劍，指向空中就能在空中行走。此乃寶劍成就物。

6、明咒修成的藥丸，服用後壽元無量，能返老還童。此乃避穀成就物。

༧ རིག་སྔགས་སྒྲུབ་པའི་དངུལ་ཆུ་ལྕགས་ལ་བསྒྱུར་པས། ལྕགས་གསེར་དུ་འགྱུར་བ་དངོས་གྲུབ་ཀྱི་རྫས།

༨ རིག་སྔགས་ཀྱི་མཐུས། དབང་ཆེན་གསེར་གྱི་ས་གཞི་ལ་ཐུག་གི་བར་སྐད་ཅིག་གིས་བགྲོད་ནུས་པ་ས་འོག་གི་དངོས་གྲུབ་ཀྱི་རྫས་ཏེ།

དངོས་གྲུབ་ཀྱི་རྫས་ཀྱིས་གནམ་ས་བར་གསུམ་གང་ཞིང་། རྒྱ་ནམ་མཁའི་ཁམས་དང་མཉམ་ཞིང་། ཡུན་འཁོར་བ་མ་སྟོངས་ཀྱི་བར་དུ་རྒྱུན་མི་འཆད་པ། བྱེད་ལས་སངས་རྒྱས་ཐམས་ཅད་དགྱེས་པར་བསྐྱེད་པ། ངོ་བོ་ཡེ་ཤེས་ཀྱི་རང་བཞིན་མཐོང་བ་ཙམ་གྱིས། སེམས་ཅན་ཐམས་ཅད་རྒྱུད་སྨིན་གྲོལ་དུ་བྱེད་པ་དེ་འདྲ་བས་མཆོད་པ་ཕུལ་བར་བསམ་ཞིང་།

འཁོར་ལོ་ལ་སོགས་རིན་ཆེན་སྣ་བདུན་དང་།།
གནས་ཁང་ལ་སོགས་ཉེ་བའི་རིན་ཆེན་བདུན།།
བཀྲ་ཤིས་རྫས་དང་དངོས་གྲུབ་རྫས་ལ་སོགས།།
ཚོགས་གཉིས་ལས་བྱུང་འདི་དག་བཞེས་སུ་གསོལ།།

ཞེས་བརྗོད།

7、明咒修成的水銀，塗在鐵上面，鐵能變成黃金。此乃點鐵成金成就物。

8、以明咒力，瞬間進入大勢金色大地中間。此乃土行成就物。

（以上八種）成就物遍佈虛空、天空及大地，彼等所作供養，量等虛空；時至輪迴未空之際無有間斷；能使一切佛生起悅意；其體性乃本慧之自性。僅以得見，即成熟解脫一切眾生。如此觀想而獻供，並念誦：

“法輪等等輪王七政寶，
宮室等等輪王七近寶，
吉祥物與成就物等等，
祈請受用二資所生物。”

ཉེ་ཤུ་པ། བདག་པོས་ཡོངས་སུ་བཟུང་དང་མ་བཟུང་བའི་མཆོད་པ།

གཞན་ཡང་རབ་འབྱམས་རྒྱལ་བའི་ཞིང་ཞེས་ཕྱོགས་བཅུའི་འཇིག་རྟེན་གྱི་ཁམས་ན་རིན་པོ་ཆེའི་ཁང་བཟང་། དཔག་བསམ་གྱི་ཤིང་། ཁྲུས་ཀྱི་རྫིང་བུ། སྐྱིད་མོའི་ཚལ། ལྷ་མི་རྣམས་ཀྱི་ལོངས་སྤྱོད་དཔལ་འབྱོར་ཇི་སྙེད་པ་སྟེ། བདག་པོས་ཡོངས་སུ་བཟུང་བ་ཐམས་ཅད་དང་། གཞན་ཡང་ཕྱོགས་བཅུའི་འཇིག་རྟེན་གྱི་ཁམས་ན་མཆྭ་ར་བ་དང་། པདྨ་དང་། ཀུ་མུ་ད་དང་། ཨུཏྤལ་ལ་སོགས་ཏེ་མེ་ཏོག་ཡིད་དུ་ཇི་སྙེད་ཅིག་ཡོད་པ་ཐམས་ཅད་དང་། བིལྦ་དང་། ཨ་རུ་ར་དང་། ཨ་མྲ་དང་། འཛམ་བུའི་འབྲས་བུ་དང་། ཀོ་ལའི་འབྲས་བུ་ལ་སོགས་པ་རོ་བཅུད་ཕུན་སུམ་ཚོགས་པའི་ལྗོན་པའི་འབྲས་བུ་ཇི་སྙེད་ཅིག་ཡོད་པ་ཐམས་ཅད་དང་། ཙནྡན་ཏུ་ཀ་སོགས་ལྗོན་ཤིང་བཟང་པོ་མེ་ཏོག་སྣ་ཚོགས་པའི་རྒྱན་གྱིས་སྤྲས་ཤིང་ལོ་འདབ་རྒྱས་ལ་འབྲས་བུ་གཡུར་དུ་ཟ་བའི་ཤིང་ཇི་སྙེད་ཅིག་ཡོད་པ་ཐམས་ཅད་དང་། ཡིད་དུ་འོང་བའི་བཀོད་མའི་ཆུ་མིག་གཙང་མ་དྭངས་ཤིང་བསིལ་བ་ཇི་སྙེད་ཅིག་ཡོད་པ་ཐམས་ཅད་དང་། གསེར་དང་དངུལ་ལ་སོགས་པ་རིན་པོ་ཆེའི་རི་བོ་ཇི་སྙེད་ཅིག་ཡོད་པ་ཐམས་ཅད་དང་། གྲོང་པའི་སྐྱེ་བོ་དང་མི་རྐོད་གཙན་གཟན་ལ་སོགས་པས་དབེན་ཞིང་། ནགས་ཚལ་ཕུན་སུམ་ཚོགས་པས་བརྒྱན་པའི་བསྟི་གནས། ཉམས་དགའ་བ་ཇི་སྙེད་ཅིག་ཡོད་པ་ཐམས་ཅད་དང་། ཙནྡན་གྱི་སྡོང་པོ། ཨ་རུ་རའི་སྡོང་པོ། ག་བུར། གུར་གུམ། ཛཱ་ཏི། སུག་སྨེལ། རྡོ་དྲེ་ལ་སོགས་པ་དུག་གསུམ་གྱི་ནད་རིགས་སེལ་བའི་སྨན་མཆོག་ནུས་ལྡན་ཇི་སྙེད་ཅིག་ཡོད་པ་དང་།

（二十）供養有主物與無主物

所謂“復又廣大如來淨土中……”，十方世間界中，珍寶良宅、如意樹、浴池、園林、盡所有人天之豐盛受用、一切有主物；此外，其他一切世間的曼達羅、蓮花、睡蓮、青蓮花等一切心中所想之鮮花；木瓜、藏青果、芒果、閻浮果、雪山果等等所有一切味道可口、營養豐富的水果；胡桃樹等良木，各種鮮花盛開的、枝繁葉茂的、水果熟透的所有一切樹木;所有一切潔淨、清涼的悅意噴泉；所有一切金銀珍寶山；村民、野人、野獸等居住的寂靜地、森林茂盛的居住地、一切令人心情舒暢的地方；旃檀枝、訶黎勒枝、龍腦、藏紅花、麝香、小豆蔻、肉蔻等等所有一切能消除三毒的良藥。

མཛོན་ཀ་དང་། མཛོན་ཀ་ཆེན་པོ་དང་། ཨིནྡྲ་ནཱི་ལ་དང་། བཀོད་མཛེས་དང་། བཻཌཱུཪྻ་དང་། གསེར་དང་། པདྨ་རཱ་ག་དང་། རྡོ་རྗེ་ལ་སོགས་རིན་པོ་ཆེའི་རིགས་དཀོན་ཞིང་རིན་ཐང་ཆེ་བ་ཇི་སྙེད་ཅིག་ཡོད་པ་ཐམས་ཅད་དང་། དཔལ་གྱི་དྲུམ་བུ་དང་། ཨར་ནག་ལ་སོགས་པའི་སྤོས་ཀྱི་རིགས་ཇི་སྙེད་ཡོད་པ་ཐམས་ཅད་དང་། གོས་དང་། རྒྱན་དང་། ཟས་དང་། བཏུང་བའི་བདོག་པ་དཔག་ཅིང་ཡིད་ལ་གང་བསམ་སྟེར་བའི་དཔག་བསམ་གྱི་ཤིང་ཇི་སྙེད་ཡོད་པ་དང་། རྩ་བ་གསེར། སྡོང་པོ་དངུལ་ཡལ་ག་བཻཌཱུཪྻ། ལོ་མ་ཤེལ། འདབ་མ་སྤུག མེ་ཏོག་མུ་ཏིག་དམར་པོ། འབྲས་བུ་རྡོའི་སྙིང་པོ་སྟེ། རིན་ཆེན་སྣ་བདུན་ལས་གྲུབ་པའི་ཤིང་ཇི་སྙེད་ཅིག་ཡོད་པ་དང་། ཆུ་གཙང་དྲི་མ་མེད་པས་གང་བའི་མཚོ་དང་རྫིང་བུ་པདྨས་བརྒྱན་ཞིང་། ངང་པ་སྐད་སྙན་སྒྲོགས་པས་གང་བ་ཇི་སྙེད་ཅིག་ཡོད་པ་དང་། སྐྱེས་བུའི་རྩོལ་བས་མ་རྨོས་ཤིང་ས་བོན་མ་བཏབ་པར། རང་བྱུང་དུ་སྐྱེས་པའི་ས་ལུའི་ལོ་ཏོག་ཇི་སྙེད་ཅིག་ཡོད་པ་ཐམས་ཅད་དང་། ལྷ་ཀླུའི་རྒྱན་སྤྲ་དང་། ཨ་མོ་ལི་ཀའི་རྡོ་ལེབ་དང་དབྱིབས་མཚུངས་པའི་རྡོ་ལེབ་གཙང་མའི་རིགས་སོགས་བདག་པོས་མ་བཟུང་བའི་མཆོད་པ་དང་། གཞན་ཡང་མཆོད་པར་འོས་པ་ཇི་སྙེད་པ་ཐམས་ཅད་བདག་གི་བློས་ལེངས་ཀྱིས་བླངས་ཏེ། སྐྱེ་དགུ་ཡོངས་ཀྱི་སྐྱབས་མགོན་བླ་མ་སངས་རྒྱས་རིན་པོ་ཆེ་ལ་མཆོད་པ་འབུལ་བར་བགྱིའོ་སྙམ་པ་དང་བཅས། གཞན་ཡང་རབ་འབྱམས་རྒྱལ་བའི་ཞིང་ཁམས་སུ།།

བདག་པོས་བཟུང་དང་ཡོངས་སུ་མ་བཟུང་བའི།།

མཆོད་པ་རྣམས་དང་མཆོད་པར་འོས་པ་རྣམས།།

ཐམས་ཅད་བློ་ཡིས་བླངས་ནས་མགོན་པོ་མཆོད།།

ཅེས་བརྗོད།

藍寶石、大藍寶石、帝釋青、美莊嚴、吠琉璃、黃金、紅寶石、金剛石等所有一切稀有昂貴的寶石；白旃檀、黑沉香等等所有一切香料；所有一切供給衣服、首飾、食物、飲品等任何隨心所欲物品的如意樹；所有一切由金樹根、銀樹幹、吠琉璃樹枝、水晶樹葉、冰珠花瓣、紅珍珠花朵、瑪瑙果實等七寶組成的寶樹；水質清澈潔淨、內有蓮花盛開、雁聲悠揚嘹亮的所有一切大海湖泊；無需人力勤作，無需播種卻能自然長出的香稻等所有一切莊稼；山澗溪流聲；形狀類同黑片石的乾淨石板，凡此種種無主之物都作供養。

其他所有一切適宜作供的物品，都以自心取受，供養給眾生究竟的怙主上師佛寶。如是觀想而獻供，並念誦：

“復又廣大如來淨土中，
我所有與非我所有之，
供養以及應當供養物，
一切以心化現作供養。”

བདག་པོས་བཟུང་དང་ཡོངས་སུ་མ་བཟུང་བའི། །ཞེས་པའི་དོན་འདི་སྤྱན་རས་གཟིགས་རབ་འབྱུང་གནས་ཀྱི་སེམས་བསྐྱེད་ཆོ་ག་ལས། འདིར་རྒྱལ་འབྱོར་གྱི་རྒྱུད་ཡོ་གའི་རྗེས་སུ་འབྲངས་ནས། གང་ཡང་འཇིག་རྟེན་གྱི་ཁམས་འདིའམ་གང་ཡང་ཕྱོགས་བཅུའི་འཇིག་རྟེན་གྱི་ཁམས་རབ་འབྱམས་ཆོས་ཀྱི་དབྱིངས་ཀྱི་ཀླས་པར་ཐམས་ཅད་ན་ལྷ་དང་མི་ཐམས་ཅད་ཀྱི་དགའ་བ་དང་དགོད་པ་དང་། རྩེད་འཛོའི་བདེ་བའི་བྱེ་བྲག་ཇི་སྙེད་ཅིག་ཡོད་པ་ཐམས་ཅད་ཀྱང་བདག་ཏུ་བཟུང་ལ་དབུལ། གཞན་ཡང་གཟུགས་སྒྲ་གྲུ་སྒྲ་སྣན་པ། དྲི་ཞིམ་པ། རོ་མངར་བ། རེག་བྱ་འཇམ་པ། མདོར་ན་མཆོད་པར་འོས་པ་མཆོད་པའི་བཀོད་པ་ཇི་སྙེད་ཅིག་ཡོད་པ་ཐམས་ཅད་རང་ཉིད་ཀྱིས་བདག་ཏུ་བཟུང་ལ་སེམས་བསྐྱེད་པའི་ཡོན་དུ་དབུལ། དེ་ལ་ཡོངས་སུ་བཟུང་བ་མེད་པ་འདི་ལ། ཁ་ཅིག་ཤིང་བྱས་བཟུང་། ཆུ་ཉས་བཟུང་བ་ལ་སོགས་པ་བརྟག་དཔྱད་བྱེད་དེ། དེ་ལྟར་བྱས་ན་དབུལ་རྒྱུའི་དངོས་པོ་མི་རྙེད་པས། སངས་རྒྱས་དང་བྱང་ཆུབ་སེམས་དཔའ་ཐམས་ཅད་ཀྱིས་ཡོངས་སུ་བཟུང་བ་མེད་པས་ཐམས་ཅད་དབུལ་དུ་བཏུབ་པ་ཡིན། གཞན་ཡང་མཆོད་ཁང་གོང་འོག་འདི་དག་ཐམས་ཅད་ན་ཇི་ལྟར་བཤམས་པའི་མཆོད་པ་ཁ་ཆེ་གུར་གུམ་གྱི་ཡོན་ཆབ་དང་མེ་ཏོག་བདུག་པ། མར་མེ་དྲི་དང་ཞལ་ཟས་གདུགས་རྒྱལ་མཚན་བ་དན་བླ་རེ་ལ་སོགས་པ་མཆོད་པའི་བཀོད་པ་ཐམས་ཅད་དང་། སྐུ་གསུང་ཐུགས་ཀྱི་རྟེན་ཇི་སྙེད་ཅིག་བཞུགས་པ་ཐམས་ཅད་ང་འབུས་ཕྱིད་ལ་བྱིན་པ་ཡིན་པས། དེ་ཐམས་ཅད་བདག་ཏུ་གཟུང་ལ་བྱང་ཆུབ་མཆོག་ཏུ་སེམས་བསྐྱེད་པའི་ཡོན་དུ་ཕུལ་གསོལ་ཅིག གཏོར་མ་འདི་ཡང་ཆོས་སྐྱོང་བའི་སྲུང་མ་ཆེན་པོ་རྣམས་ལ་དབུལ།

所謂“我所有與非我所有之”，近侍謝惹迴內所撰《大發心儀軌》中講到：“此處，按照瑜伽續儀軌，任何此世界或十方世界廣闊無垠法界中，一切人天所喜、所樂、及所戲，種種均可視為己有而獻供。其他如美色、雅聲、芳香、甜味、柔觸，總之，一切應當供養之莊嚴供品，盡皆視為己有，而作發菩提心的酬資獻供。

至於無主之物，有人認為，樹木乃飛鳥所有，流水乃遊魚所有。若作此等分析，則無物可供。（然而）因諸佛菩薩並不執為己有，故一切皆可作供。

此外，此處佛堂上下一切所陳供品，藏紅花的功德水、鮮花、薰香、油燈、香水、神饈、寶傘、勝利幢、飛幡、華蓋等等一切莊嚴供品，以及所有一切身語意所依，凡我所陳供品，盡皆施予你們，彼等皆可執為己有，作為發菩提心酬資獻供。此食子亦供給諸大護法神。

གཞན་ཡང་ཁྱེད་རང་ཐམས་ཅད་ཀྱིས་ཐོག་མཐའ་བར་གསུམ་དུ་བླ་མ་དམ་པ་རྣམས་དང་། བླ་ན་མེད་པའི་དཀོན་མཆོག་རིན་པོ་ཆེ་རྣམ་པ་གསུམ་གྱི་ཕྱོགས་སུ་ཞབས་འབྲིང་དང་ཞབས་ཏོག་བསྙེན་བཀུར་བ་ཇི་ལྟར་བྱས་པ་ཐམས་ཅད་དྲན་པར་མཛོད་ལ་སོ་སོར་ཕུལ་གསོལ་ཅིག གཞན་ཡང་ང་འབྱུ་འབྲི་གུང་འདིར་ཕྱིན་ནས་དེ་སྔོན་ཕན་ཆད་འབུལ་བ་དང་ཞབས་འབྲིང་དང་ཞབས་ཏོག་ཇི་སྙེད་ཅིག་ཕུལ་བ་དང་། ཕྱིན་ཆད་ཇི་སྙེད་ཅིག་དབུལ་བ་དང་། ད་ལྟར་ཁྱེད་རང་གིས་ཇི་ལྟར་འབུལ་བ་ཐམས་ཅད་བློས་ཕྱོགས་གཅིག་ཏུ་བསྡུས་ལ་ཕུལ་གསོལ་ཅིག །དེ་རྫས་རིམ་པར་བཤམས་པའི་མཆོད་པ་ལགས། ཞེས་གསུངས་སོ།།

此外，諸位應於前中後三階段，於正等上師眾及無上三寶跟前，甘作僕從，親近承侍，對所作一切一一憶念，以作獻供並請納受。

此外，我到直貢此地之後，先前所作供養、作僕從、作承侍，所有一切皆作獻供，今後所作一切亦盡作獻供，連同你們當下所作一切供養，全部以心攝集，一起獻供並請納受。

以上為物品次第陳設供養。

ཉེར་གཅིག་པ། རྒྱལ་བའི་ཞིང་ཁམས་འབྱུལ་བ།

སྐུ་གསུམ་དཀྱིལ་འཁོར་ཤིན་ཏུ་ཞེས་རྒྱལ་བ་སྐུ་གསུམ་གྱི་བདག་ཉིད་ཅན་གྱི་སངས་རྒྱས་ཀྱི་ཞིང་ཁམས་རྣམས་འབྱུལ་བ་སྟེ། དེ་ཡང་ཆོས་ཀྱི་དབྱིངས་རང་བཞིན་གྱི་རྣམ་པར་དག་པ། ཡོད་མེད་རྟག་ཆད། སྐྱེ་འགག་འགྲོ་འགྱུར་ལ་སོགས་པ་སྤྱོས་པའི་མཚན་མ་ཀུན་དང་བྲལ་བ། ཀུན་ཁྱབ་མཉམ་པ་ཆེན་པོ་ཆོས་ཀྱི་སྐུའི་ཞིང་ཁམས་ཐམས་ཅད་དང་། ཐུབ་པ་གངས་ཆེན་མཚོའི་བ་སྤྱིའི་བུ་ག་རེ་ལའང་། སངས་རྒྱས་ཀྱི་ཞིང་ཁམས་ཆེས་མང་པོ་མ་འདྲེས་གསལ་རྫོགས་སུ་གནས་པ་དང་། སྐུ་གཅིག་གི་ཁྱོན་གྱིས་ཞིང་ཁམས་རྒྱ་མཚོ་ཁྱབ་པ། གནས་ངེས་པ་འོག་མིན་ཆེན་པོ་སྟུག་པོ་བཀོད་པ་ཞེས། ཐུབ་པ་ལོངས་སྤྱོད་རྫོགས་སྐུའི་ཞིང་ཁམས་ཐམས་ཅད་དང་། གླིང་བཞི་བྱེ་བ་ཕྲག་བརྒྱར་སྤྲུལ་སྐུ་བྱེ་བ་ཕྲག་བརྒྱས་འདུལ་བ་སྤྲུལ་སྐུའི་ཞིང་ཁམས་ཐམས་ཅད་སོགས། མདོར་ན་ནམ་མཁའི་མཐས་གཏུགས་པའི་སངས་རྒྱས་སྐུ་གསུམ་གྱི་ཞིང་ཁམས་སམ། དཀྱིལ་འཁོར་རྣམ་པར་དག་པ་གསེར་གྱི་ས་གཞི་ལ་བཻཌཱུ་རྱའི་མིག་མང་རིས་སུ་བྲིས་པ། མནན་ན་ནེམ་ཞིང་བཏེགས་ན་འཕར་བ་རིན་པོ་ཆེ་སྣ་བདུན་གྱི་ལྗོན་ཤིང་གསེར་གྱི་དྲྭ་བས་ཁེབས་པས་ཕྱོགས་ཀུན་བསྐོར་བ། སྤོས་ཀྱི་ངད་ལྡང་བའི་རླུང་བསིལ་བུར་གཡོ་ཞིང་མེ་ཏོག་གི་ཆར་འབེབས་པ། སྤོས་ཆུའི་ཆུ་ཀླུང་ཆོས་ཀྱི་སྒྲ་སྒྲོག་པ་འབབ་ཅིང་། ཆུ་དེ་དག་ལ་ལྷའི་མེ་ཏོག་སྣ་ཚོགས་ཀྱིས་ཁེབས་པ། རིན་པོ་ཆེ་སྣ་བདུན་ལས་གྲུབ་པའི་པད་སྡོང་ལོ་འདབ་རྒྱས་པ་ལས་མི་རྣམས་རྫུས་ཏེ་སྐྱེ་ཞིང་བུང་བ་རྣམས་ཆོས་ཀྱི་སྒྲ་སྒྲོག་ཅིང་དར་དིར་རོལ་པ། མི་རྣམས་རིན་པོ་ཆེ་སྣ་བདུན་གྱི་གཞལ་མེད་ཁང་དུ་གསེར་གྱི་ཁྲི་ལ་འདུག་ཅིང་། ལྷའི་བུ་མོ་བརྒྱ་ཕྲག་དུ་མས་གླུ་གར་རོལ་མོའི་སྒྲས་ཆེམ་པར་བྱེད་པ།

（二十一）供養淨土

“三身壇城之中極清淨……”所謂供養具有佛三身自性之諸淨土，是指：法界自性清淨，遠離一切有、無、常、斷、生、滅、流轉等戲論，一切遍覆大平等性之法身淨土；以及，任一能仁身上一一毛孔，亦無雜、清晰、完整顯現極多淨土，一身之中遍滿如海淨土，所謂“處決定色究竟大密嚴剎土”，即一切圓滿受用報身淨土；以及，於百俱胝四大洲中，有百俱胝化身作調伏事業的，一切化身淨土等，總之，是指盡虛空際之佛三身淨土。

或是，清淨壇城之金色大地上，有諸多吠琉璃珠作紋飾，地面柔軟，隨足起伏；以七寶之樹、黃金帷帳圍繞十方而作屏障；清風習習，熏香搖曳，花雨紛紛，香水河流中法音朗朗，彼等河流均以繽紛天花覆蓋；在七寶所成的蓮花莖上蓮花盛開，諸眾從蓮花花瓣中化生，蜜蜂宣演法音而嗡嗡戲樂，眾人安坐於無量宮之金榻上，數百天女以歌舞音樂使彼等饜足。

བཟའ་བཏུང་གོས་སོགས་ཡིད་ལ་གང་འདོད་དཔག་བསམ་གྱི་ཤིང་ལས་འབྱུང་ཞིང་། མི་འདོད་ཚེ་མི་སྣང་བར་འགྱུར་བ་སོགས་སྤྲུག་བསྔལ་གྱི་མིང་མི་གྲགས་ཤིང་། བདེ་སྐྱིད་ཀྱི་ཡོན་ཏན་བསམ་གྱིས་མི་ཁྱབ་པའི་སངས་རྒྱས་ཀྱི་ཞིང་ཁམས་ཐམས་ཅད་ཡིད་ལ་ཅིག་ཅར་དུ་བཀྲ་ལམ་མེར་དམིགས་ནས། སྐྱོན་མེད་ཕུན་སུམ་ཚོགས་པའི་སངས་རྒྱས་ཀྱི་ཞིང་ཁམས་འདི་ཐམས་ཅད། སྐྱབས་གནས་དམ་པ་ཐུགས་རྗེ་ཅན་ཁྱེད་རྣམས་ལ། མ་སེམས་ཅན་ཐམས་ཅད་ཚོགས་གཉིས་རླབས་པོ་རྫོགས་པའི་ཕྱིར་དུ་འབུལ་ལགས་ན། ཐུགས་བརྩེ་བ་ཆེན་པོས་བཞེས་སུ་གསོལ་སྙམ་པ་དང་བཅས། སྐུ་གསུམ་དཀྱིལ་འཁོར་ཤིན་ཏུ་རྣམ་དག་པ། །སྐྱོན་མེད་ཕུན་སུམ་ཚོགས་པས་རབ་གང་བ། །དུས་གསུམ་རྒྱལ་བའི་ཞིང་ཀུན་མཆོད་པ་འབུལ། །བརྩེ་བའི་བདག་ཉིད་ཁྱེད་ཀྱིས་བཞེས་སུ་གསོལ། །ཞེས་བརྗོད། སྐུ་གསུམ་དཀྱིལ་འཁོར་ཤིན་ཏུ་རྣམ་དག་པ། །ཞེས་པ། ངོ་བོ་སྟོང་པ་བླ་མ་ཀུན་ཁྱབ་ཆོས་ཀྱི་སྐུ་དང་། རང་བཞིན་གསལ་བའི་ཆ་བླ་མ་བདེ་ཆེན་ལོངས་སྤྱོད་རྫོགས་པའི་སྐུ། ཐུགས་རྗེ་འགག་མེད་བླ་མ་ཐུགས་རྗེ་སྤྲུལ་པའི་སྐུ་སྟེ། དེ་གསུམ་དབྱེར་མེད་པ་རང་སེམས་རིག་པ་དྲི་མ་མེད་པ་ནི་སྐུ་གསུམ་གྱི་དཀྱིལ་འཁོར་ཡིན་ཏེ། དེ་ཡང་འབྲི་གུང་༧སྐྱོབ་པས། བླ་མ་ཆོས་སྐུར་མ་གོ་ན། རང་ཆོས་སྐུར་རྟོགས་པ་ཁ་ཏ་ཡིན། བླ་མ་ལོངས་སྐུར་མ་གོ་ན། རང་ཡི་དམ་དུ་གསལ་ཡང་ཁ་པོས་འཕྱེར། བླ་མ་ཐ་མལ་དུ་སྐྱེ་ལགས་ན། །རང་རྟོགས་པ་མཐོ་ཡང་ཉམས་ལ་ཤོར། །ཞེས་གསུངས་པ་ལྟར་དེ་དོན་རྟོགས་ན་སྐུ་གསུམ་རྣམ་པར་དག་པའི་དཀྱིལ་ཡིན་ལ།

食物、飲品、衣服等任何物品，心想之際即能從如意樹上冒出，不想則不現。（此剎土中）痛苦之名不曾聽聞，而安樂功德不可思議。於心中觀想彼等一切淨土華麗莊嚴地顯現。為圓滿如母眾生二資事業，而將一切無垢圓滿淨土，獻供於具悲心者正等皈依處您尊前。請您以大悲納受！如是思惟並念誦：

“三身壇城之中極清淨，無垢圓滿供養所遍滿，供養三世如來之淨土，敬請慈悲之主您納受。”

所謂 “三身壇城之中極清淨” ，是指：本質空分乃上師遍覆法身；自性明分乃上師大樂圓滿受用報身； 無礙悲心乃上師慈悲化身；其三身無別之自心無垢明覺，即三身壇城。

復又，覺巴仁波切語：“若不理解上師即法身，則自己證悟為法身只是空口白話；若不理解上師即圓滿報身，則自己顯現為本尊只是誇誇其談；若只視上師為凡夫身，則自己證量高只是流於覺受。”若證悟彼義，即為極清淨三身壇城。

དེ་ལ་འདིར་ཤིན་ཏུ་རྣམ་པར་དག་པ་གསུངས་པའི་དོན་ནི། ༧རྒྱལ་བའི་བཀའ་དཀོན་མཆོག་བརྩེགས་པ། ཆ༽ ལྡེབ། ༩༩༥.༢༣ དེ་བཞིན་གཤེགས་པའི་སྙིང་པོའི་ཆོས་ཀྱི་སྐུ་ཉོན་མོངས་པའི་སྦུབས་ནས་ངེས་པར་གྲོལ་བ་ཞེས་བགྱིའོ། །བཅོམ་ལྡན་འདས། དེ་བཞིན་གཤེགས་པའི་སྙིང་པོ་ཞེས་པ་ནི་དེ་བཞིན་གཤེགས་པ་རྣམས་ཀྱི་སྟོང་པ་ཉིད་ཀྱི་ཡེ་ཤེས་ལགས་ཏེ། དེ་བཞིན་གཤེགས་པའི་སྙིང་པོ་ནི། ཉན་ཐོས་དང་། རང་སངས་རྒྱས་ཐམས་ཅད་ཀྱིས་ཐོན་མ་མཐོང་། མ་རྟོགས་པ་ལགས་སོ།།

ལྡེབ། ༩༩༧.༡༠ བཅོམ་ལྡན་འདས། དེ་བཞིན་གཤེགས་པའི་ཆོས་ཀྱི་སྐུ་ནི། རྟག་པའི་ཕ་རོལ་ཏུ་ཕྱིན་པ་དང་། བདེ་བའི་ཕ་རོལ་ཏུ་ཕྱིན་པ་དང་། བདག་གི་ཕ་རོལ་ཏུ་ཕྱིན་པ་དང་། གཙང་བའི་ཕ་རོལ་ཏུ་ཕྱིན་པ་ལགས་པའི་སླད་དུའོ། །བཅོམ་ལྡན་འདས། སེམས་ཅན་གང་དག་དེ་བཞིན་གཤེགས་པའི་ཆོས་ཀྱི་སྐུ་ལ་དེ་ལྟར་མཐོང་བ་དེ་དག་ནི། ཡང་དག་པར་མཐོང་བ་ལགས་སོ། །ཞེས་གསུངས་སོ། །དེ་ལྟར་རྒྱལ་བའི་སྐུ་གསུང་ཐུགས་ཀྱི་ཡོན་ཏན་མཚན་དཔེ་དང་། གསུང་དབྱངས་དྲུག་ཅུ་རྩ་བཞི། སྟོབས་བཅུ་དང་། མི་འཇིགས་པ་བཞི། མ་འདྲེས་པའི་ཆོས་བཅོ་བརྒྱད་ལ་སོགས་ཟད་མི་ཤེས་པ་སྣ་ཚོགས་སུ་སྣང་ཡང་། དོན་དམ་པའི་སངས་རྒྱས་ཀྱི་སྐུ་གསུང་ཐུགས་ཀྱི་ཡོན་ཏན་ནི། སྤྲོས་པའི་མཐའ་ཐམས་ཅད་དང་བྲལ་བ། ཡེ་རྫོགས་རང་ཆས་སུ་གནས། རྟག་པའི་ཕ་རོལ་ཏུ་ཕྱིན་པ་དང་། བདེ་བའི་ཕ་རོལ་ཏུ་ཕྱིན་པ་དང་། བདག་དམ་པའི་ཕ་རོལ་ཏུ་ཕྱིན་པ་དང་། གཙང་བའི་ཕ་རོལ་ཏུ་ཕྱིན་པ་ཤིན་ཏུ་རྣམ་པར་དག་པ་ལགས་སོ། །གོང་གི་མཆོད་པ་འདི་ནི་འཇིག་རྟེན་ལས་འདས་པའི་མཆོད་པ་ཡང་ཡིན་ནོ།།

此處所說的“極清淨”之意，《寶積經》第6卷第445頁第23行說：“如來藏法身，徹底離於煩惱之外殼 ， 世尊，所謂如來藏，乃諸如來之空性本慧；如來藏，乃聲聞圓覺所未曾見，未曾證。”第447頁第10行講到：“如來法身，是為了抵達‘常’之彼岸，抵達‘樂’之彼岸，抵達‘我’之彼岸，抵達‘淨’之彼岸。世尊，任何眾生若如此見如來法身，即正等見。”

如此，雖然佛之身語意功德無盡顯現為相好莊嚴、六十四語韻、十力、四無畏、十八不共法等各種樣貌，然而在勝義諦上，佛之身、語、意功德，乃遠離戲論、本來圓滿、住於本處。抵達‘常’之彼岸，抵達‘樂’之彼岸，抵達‘我’之彼岸，抵達‘淨’之彼岸，都極其清淨。

上述之供養，亦是超越世間之供養。

ཉེར་གཉིས་པ། ལུས་ཡི་དམ་དུ་འབུལ་བ།

མགོན་པོ་ཁྱོད་ལ་བདག་གི་ཞེས་རང་གི་ལུས་ཡི་དམ་གྱི་ལྷར་བྱས་པ་དཔག་ཏུ་མེད་པ་སྤྲུལ་ཏེ། བདག་གི་ལུས་སྐད་ཅིག་མ་འདི་ཤིན་ཏུ་དོན་ཡོད་པར་བྱ་བའི་ཕྱིར། བླ་མ་སངས་རྒྱས་རིན་པོ་ཆེ་ལ་བཀའ་ཡི་འབངས་བྲན་གྱི་ཚུལ་དུ་འབུལ་ལགས་ན། ཐུགས་བརྩེ་བས་བཞེས་སུ་གསོལ་སྙམ་པ་དང་། ལུས་ལ་ཉེ་བར་མཁོ་བའི་རྫས་དང་ཡོ་བྱད། ཚེ་དང་བསོད་ནམས། ཁ་རྗེ་དང་དབང་ཐང་། མཐུ་དང་ནུས་པ་ཐམས་ཅད་ཀུང་འབུལ་ལོ་བཞེས་སུ་གསོལ་སྙམ་པ་དང་། བདག་གིས་དུས་གསུམ་དུ་བསགས་པའི་བསོད་ནམས་དང་། ཡེ་ཤེས་ཀྱིས་བསྡུས་པའི་དགེ་རྩ་རང་གིས་བགྱིས་པ་དང་། གཞན་ལ་བགྱིད་དུ་སྩལ་བ་དང་། བགྱིས་པ་ལ་རྗེས་སུ་ཡི་རང་བ་བཅས། ཇི་སྙེད་པ་རྣམས་ཀུང་རང་འཕྲིས་ཀྱི་ལྷོས་པ་མེད་པར་མ་སེམས་ཅན་ཐམས་ཅད་སངས་རྒྱས་ཀྱི་གོ་འཕང་ཐོབ་པའི་ཕྱིར་དུ་འབུལ་ལགས་ན། ཐུགས་བརྩེ་བ་ཆེན་པོས་བཞེས་སུ་གསོལ་སྙམ་པ་དང་བཅས། མགོན་པོ་ཁྱོད་ལ་བདག་གི་ལུས་ངག་ཡིད།། མཁའ་མཉམ་ལོངས་སྤྱོད་མ་ལུས་ཐམས་ཅད་དང་། །དུས་གསུམ་བསགས་པའི་དགེ་བ་དག་གིས་མཆོད། །ཐུགས་རྗེས་འགྲོ་བའི་དོན་དུ་བཞེས་སུ་གསོལ། །ཞེས་བརྗོད་པར་བྱའོ། །མགོན་པོ་ཁྱོད་ལ་བདག་གི་ལུས་ངག་ཡིད། །ཞེས་པ་འདིའི་དོན་སྤྱན་སྔ་ཤེས་རབ་འབྱུང་གནས་ཀྱི་བཀའ་འབུམ་ལས། གཞན་ཡང་རང་གི་ལུས་འབུལ་བ་འདི་གལ་ཆེ་སྟེ། ལུས་མ་ཕུལ་ཀྱང་སྐྱུར་དུ་འཇིག་པ་ཡིན་པས་ཕུལ་ན་བསོད་ནམས་དཔག་ཏུ་མེད་པ་འབྱུང་ལ། དེ་ཡང་བྲན་གཡོག་ཏུ་ཕུལ་ན་རྗེ་དཔོན་ལ་སོགས་ཐོབ་པར་འགྱུར། ཞེས་གསུངས་པ་དང་། སངས་རྒྱས་དང་བྱང་ཆུབ་སེམས་དཔའ་རྣམས་ནི་རང་གི་ལུས་ཕུལ་ན་མཉེས། ཞེས་གསུངས་པས། རང་གི་ལུས་པོ་འདི་བླ་མ་དམ་པ་དང་བླ་ན་མེད་པའི་དཀོན་མཆོག་གི་བྲན་དང་གཡོག་ཏུ་འབུལ། ཞེས་འབྱུང་ངོ་།།

（二十二）身幻化為本尊作供養

“於您怙主我以身語意……”，自身幻化為無量本尊身，為了讓自己的身體能於剎那無常中極具意義，因此按照教言中“身為僕從”的方式來獻供，請以大悲納受，作如是思惟。

身體必需之物品、用具、壽命、受用、產業、權勢、力量、能力一切都作獻供，敬請納受，作如是思惟。

自己三時所積福報、本慧所攝善根、或自作、或令他作、或隨喜所作，皆無有貪戀地為一切如母有情獲得佛果而作獻供，請以大悲納受！如是思惟。並念誦：

“於您怙主我以身語意，量等虛空一切之受用，三世所積之善作供養，為利眾生請慈悲納受。”

“於您怙主我以身語意……”所述此義，近侍謝惹.迴內文集中講到：“另外，獻供自身非常重要。此身若不做獻供，亦很快壞滅；若作獻供，則出現無量福報。即所謂：“身若獻供作僕役，未來之際成人主。”又謂：諸佛菩薩皆喜歡以自身作獻供。

如是說故，應將自身獻供給正等上師及無上三寶作僕役。

གཉིས་པ།
ནང་གི་མཆོད་པ།

ནང་གི་མཆོད་པ་ལ་གཉིས་ཏེ། སྤྱི་ཙམ་ལ་དམིགས་ནས་འབུལ་བ་དང་། བྱེ་བྲག་སོ་སོར་དམིགས་ནས་འབུལ་བའོ།།

དང་པོ། སྤྱི་ཙམ་ལ་དམིགས་ནས་འབུལ་བ།

གཟུགས་སྒྲ་དྲི་རོ་སོགས་ཚིག་རྐང་བཞིས་བསྟན་ཏེ། དེ་ཡང་གཟུགས་སུ་མཐོང་བ་ཐམས་ཅད་གཟུགས་རྡོ་རྗེ་མ་དཀར་མོ། སྒྲ་རུ་ཐོས་པ་ཐམས་ཅད་སྒྲ་རྡོ་རྗེ་མ་སྔོན་མོ། དྲི་རུ་མནམ་པ་ཐམས་ཅད་དྲི་རྡོ་རྗེ་མ་སེར་མོ། རོ་མྱོང་བ་ཐམས་ཅད་རོ་རྡོ་རྗེ་མ་དམར་མོ། རེག་བྱ་ཚོར་བ་ཐམས་ཅད་རེག་བྱ་རྡོ་རྗེ་མ་ལྗང་མོ། ཆོས་དྲན་པ་ཐམས་ཅད་ཆོས་དབྱིངས་རྡོ་རྗེ་མ་སྔོན་མོ་རྣམས་སུ་གྱུར་པ། བྱེད་ལས་སངས་རྒྱས་ཐམས་ཅད་དབང་པོ་དྲུག་གི་སྤྱོད་ཡུལ་དུ་ཟག་མེད་ཀྱི་བདེ་བར་བསྐྱེད་པ། སེམས་ཅན་ཐམས་ཅད་ལས་ཉོན་ཤེས་སྒྲིབ་དག་པར་བྱེད་པ། དེ་འདྲ་བའི་འདོད་ཡོན་གྱི་ལྷ་མོས་གནམ་ས་བར་གསུམ་བཀང་ནས་མཆོད་པ་ཕུལ་བར་བསམ་པ་དང་། སྒྲིབ་གསུམ་གྱི་དྲི་མ་མེད་ཅིང་། ཉོན་མོངས་ཀྱི་དགྲ་ལས་རྒྱལ་བའི་རྒྱལ་བ་རྣམས་ཀྱི་ཐུགས་བརྩེ་བ་ཆེན་པོས། འགྲོ་བའི་དོན་དུ་བཞེས་སུ་གསོལ་སྙམ་པ་དང་བཅས།

གཟུགས་སྒྲ་དྲི་རོ་རེག་བྱ་རྡོ་རྗེ་མ།།
མཐོང་ཐོས་མནམ་དང་མྱོང་རེག་དྲན་པ་ལས།།
སྒྲིབ་གསུམ་དག་བྱེད་འདོད་ཡོན་ལྷ་མོས་མཆོད།།
དྲི་མེད་རྒྱལ་བའི་དབང་པོ་བཞེས་སུ་གསོལ།།

二、內供

分二：總觀待而作總供；分別一一觀待而作分別供

（一）總供

“色聲香味觸等金剛女……”等，以四句偈頌宣說。

復又，一切見為色者，化作白色金剛色天女；一切聽為聲者，化作藍色金剛聲天女；一切聞為香者，化作黃色金剛香天女；一切嘗為味者，化作紅色金剛味天女；一切感為觸者，化作綠色金剛觸天女；一切憶為法者，化作藍色金剛法界天女。

（彼等）能使一切佛的六根行境生起無漏安樂，並淨除一切眾生之煩惱障、業障與所知障。

觀想此等妙欲天女遍滿虛空、空中及大地而獻供，敬請無有三障垢染、戰勝煩惱敵之諸佛，為利益眾生而慈悲納受！如是思惟並念誦：

“色聲香味觸等金剛女，
經由見聽聞嘗感及憶，
供養三障淨除妙欲女，
無垢如來自在請受用。”

ཞེས་བརྗོད།

གཟུགས་སྒྲ་དྲི་རོ་རེག་བྱ་རྡོ་རྗེ་མ། །ཞེས་པ་འདི་ནས་མར་ཐུན་མོང་མ་ཡིན་པའི་ཐུགས་ཀྱི་ཡན་ལག་བདུན་པ་གསེར་ཁང་མའི་དོན་སྟོན་ཏེ། དཔལ་ནཱ་རོ་པའི་ཀྱེའི་རྡོ་རྗེའི་བཀའ་འགྲེལ་རྡོ་རྗེ་ཚིག་གི་སྙིང་པོ་བསྡུས་པ་ལས། རྡོ་རྗེ་རྡོ་རྗེ་ཞེས་གསུངས་པ། །ཞེས་འདི་རྡོ་རྗེར་བརྗོད་ཅེ་ན། །སྲ་ཞིང་སྙིང་པོ་ཁོང་སྟོང་མེད། །བཅད་མེད་དབྱེར་མེད་མཚན་ཉིད་མེད། །མི་འཚིག་འཇིག་པ་མ་ཡིན་པ། །སྟོང་ཉིད་རྡོ་རྗེར་བརྗོད་པར་བྱ། །ཞེས་གསུངས་པ་ལྟར། རྡོ་རྗེ་མ་ཞེས་པ་སྤྲུལ་པའི་ལྷ་མོ་དེ་ཡང་། སྟོང་པ་ཉིད་ཀྱི་རང་བཞིན་དུ་སོང་། སྟོང་པ་དེ་ཡང་བཅོས་མའི་སྟོང་པ་མ་ཡིན་པར། དེ་ནི་ཆོས་ཐམས་ཅད་ཡེ་གདོད་མའི་རང་བཞིན་ཏེ། གཟུགས་ཀྱི་རང་བཞིན་སྟོང་པ་ལ། སྟོང་པ་དེ་ཉིད་ཀྱང་གཟུགས་ཡིན་ཞིང་། དེ་བཞིན་དུ་སྒྲ་དང་། དྲི། རོ། རེག་བྱ་དེ་དག་གི་རང་བཞིན་སྟོང་པ་ལ། སྟོང་པ་དེ་དག་ཀྱང་སྒྲ་དང་། དྲི། རོ། རེག་བྱ་དག་ཡིན་པས།ཤེས་རབ་སྙིང་པོ་ལས།གཟུགས་སྟོང་པའོ། །སྟོང་པ་ཉིད་གཟུགས་སོ། །གཟུགས་ལས་ཀྱང་སྟོང་པ་ཉིད་གཞན་མ་ཡིན། སྟོང་པ་ཉིད་ལས་ཀྱང་གཟུགས་གཞན་མ་ཡིན་ནོ། །ཞེས་གསུངས་པ་ལྟར། སྣང་སྟོང་དབྱེར་མེད་རོ་གཅིག་པའི་ངང་ནས་མཆོད་པ་འབུལ་བའོ། །དེ་ཡང་༧སྐྱབས་པའི་བཀའ་འབུམ་ལེ་ཚན། ༤༨༠༡ ལས། བླ་མ་རིན་པོ་ཆེའི་ཞལ་ནས། སྤྱིར་ཐེག་པ་ཆེན་པོ་གསང་སྔགས་ལ་ཀུན་བརྟགས་བྱ་བའི་སྒྲ་གདགས་སུ་མི་བཏུབ་པ་ཡིན།

所謂"色聲香味觸等金剛女……"，以下宣說不共密乘七支供色康瑪之內容。

那若巴關於《喜金剛注釋金剛句精要攝義》中說："所謂金剛為金剛，若問云何為金剛，堅固大地無孔隙，無斷無分無行相，不能焚燒不能毀，空性說為彼金剛。"

如其所說，稱為金剛女的化現天女，彼亦為空性之自性。彼空性，亦非造作之空性，而是萬法從本清淨之自性。色之自性即是空，該空即是色。如是，聲、香、味、觸彼等自性皆空，彼等空亦即是聲、香、味、觸等。《心經》云："色即是空，空即是色。色之外無空性，空性之外無色。"如其所說，於顯空無二、一味境中作獻供。

又，覺巴文集第680節，上師親口說：" 一般大乘密咒乘中，不能安立遍計所執聲。

དེ་ལྟར་ཡང་། མདོར་ན་ཕྱུང་པོ་ལྔ་རྣམས་ནི། །སངས་རྒྱས་ལྔར་ནི་རབ་ཏུ་གྲགས།། ས་ཆུ་སྤྱན་དང་མྰ་མ་ཀི། །མེ་རླུང་སྒྲོལ་མ་གོས་དཀར་མོ། །རྡོ་རྗེ་སྐྱེ་མཆེད་ཉིད་ཀྱང་ནི། །བྱང་ཆུབ་སེམས་དཔའི་དཀྱིལ་འཁོར་མཆོག །ས་ནི་སྤྱན་ཞེས་བྱ་བ་ཡིན།། ཆུ་ཡི་ཁམས་ནི་མྰ་མ་ཀི། །དཀར་དང་སྒྲོལ་མ་ཞེས་བྱ་བ། །མེ་དང་རླུང་དུ་རབ་ཏུ་གྲགས། །བྱ་བའི་ལུང་དེ་གསུངས་ནས་ཕྱུང་པོ་རྣམ་པ་ལྔ་རྒྱལ་བ་རིགས་རྣམ་པ་ལྔ་དང་། འབྱུང་བ་བཞི་ཡུམ་རྣམ་པ་བཞི་ལ་སོགས་པ་གདོད་མ་ནས་ཡོངས་སུ་གྲུབ་པར་གནས། དེ་ལྟར་གནས་པ་དེ་མངོན་དུ་འགྱུར་བར་བྱེད་པ་ལ། བྱང་ཆུབ་པ་རྣམ་པ་ལྔའམ། སྐད་ཅིག་དྲན་རྫོགས་ལ་སོགས་པ་འགྲུབ་ལུགས་སམ་ཡིན་ལུགས་ལྟར་བསྒོམས་པས། རྫོགས་པ་མངོན་དུ་འགྱུར་བ་ཡིན། ཞེས་གསུངས་སོ།།

གཉིས་པ་བྱེ་བྲག

སོ་སོར་ཕྱེ་ནས་འབུལ་བ་ནི། གཟུགས་ཀྱི་རང་བཞིན་སྐུ་ཡི་སོགས་ཚིག་རྐང་ཉི་ཤུ་རྩ་བཞིས་དམིགས་པའི་རྣམ་གྲངས་དྲུག་བསྟན་པ་ལས།

དང་པོ། གཟུགས་རྡོ་རྗེ་མ།

རང་ཡི་དམ་དུ་གསལ་བའི་ཐུགས་ཀ་ནས་འོད་ཟེར་འཕྲོས་པས། འཇིག་རྟེན་ཁམས་ཐམས་ཅད་ཀྱི་གཟུགས་ཐམས་ཅད་ལ་ཕོག་པས། དེ་རྣམས་སྐད་ཅིག་གིས་གཟུགས་རྡོ་རྗེ་མ་དཀར་མོ། མཚན་དཔེའི་ལང་ཚོས་ཡིད་ཀྱི་བརྟན་པ་ཀུན་ནས་འཕྲོག་ཅིང་། བལྟ་བས་མི་ངོམས་པ་དར་དང་རིན་པོ་ཆེའི་རྒྱན་ལྡན། ལ་ལའི་ཕྱག་ན་སྲིད་གསུམ་གསལ་བའི་མེ་ལོང་། ལ་ལས་གདུགས་དང་རྒྱལ་མཚན་སོགས་སྣ་ཚོགས་པ་བསྣམས་པ།

又說，“　總而言之諸五蘊，普遍稱為五方佛：地水佛眼瑪瑪基，火風度母白衣母，金剛入或金剛處，乃為菩薩勝壇城。所謂地大即佛眼，水大即是瑪瑪基　白衣佛母及度母，普稱火大及風大。”由上述教言可知，五蘊即是五方佛，以及四大即是四佛母等等，（彼等）自始就圓成存在。為了使其本住現前，觀修（生起次第的）五現證，或是剎那圓念等等成就之理或本即之理，而使證悟現前。

（二）分別供

“色之自性身之金剛女……”等，以二十四句偈頌宣說六類所緣。

1、白色金剛色天女。

從自身明觀為本尊心間放射光芒，照耀所有世間一切色，彼等瞬間化為白色金剛色天女：彼等青春貌美，動人心弦，觀之不厭，以綾羅綢緞及珠寶裝飾，有的手持明現三有之明鏡，有的手擎各種寶傘勝幢。

ངོ་བོ་གཏི་མུག་རྣམ་པར་དག་པ་བཅོམ་ལྡན་འདས་རྣམ་པར་སྣང་མཛད་ཀྱི་རང་བཞིན། མཐོང་བ་ཙམ་གྱིས་སངས་རྒྱས་ཐམས་ཅད་སྤྱན་གྱི་དབང་པོ་དགྱེས་པར་བསྐྱེད་ཅིང་། སེམས་ཅན་ཐམས་ཅད་ཀྱི་སྒྲིབ་གསུམ་ཟད་པར་བྱེད་པ། དེ་འདྲ་བའི་གཟུགས་ཀྱི་ལྷ་མོ་བསམ་གྱིས་མི་ཁྱབ་པས། ནམ་མཁའ་ས་གཞི་བར་སྣང་ཀུན་གང་བར་བསམ་ཞིང་། དེ་ཐམས་ཅད་བླ་མ་སངས་རྒྱས་རིན་པོ་ཆེའི་སྤྱན་ལ་བསྟིམ་ཏེ་ཕུལ་བས། ཕྱག་གཟུང་འཛིན་གཉིས་མེད་ཀྱི་བདེ་བ་ཆེན་པོའི་ཀློང་འབྱམས་སུ་གྱུར་པར་བསམ་ཞིང་།

གཟུགས་ཀྱི་རང་བཞིན་སྐུ་ཡི་རྡོ་རྗེ་མ།།
གཏི་མུག་རྣམ་པར་དག་པའི་ལྷ་མོ་མཆོག།
ཆོས་རྗེ་བླ་མའི་སྤྱན་ལ་བསྟིམ་པར་བགྱི།།
གཉིས་མེད་བདེ་བ་ཆེན་པོར་བཞེས་སུ་གསོལ།།

ཞེས་བརྗོད།

གཉིས་པ། སྒྲ་རྡོ་རྗེ་མ།

ཡང་ཐུགས་ཀ་ནས་འོད་ཟེར་འཕྲོས་འཇིག་རྟེན་ཁམས་ཀྱི་སྒྲ་ཐམས་ཅད་ལ་ཕོག་པས། དེ་རྣམས་སྐད་ཅིག་གིས་སྒྲ་རྡོ་རྗེ་མ་སྐུ་མདོག་སྔོན་མོ་ཕྱག་ན་པི་ཝཾ། ཕེབ་རྡོབ། གླིང་བུ། ཟ་བོ་ཆེ། རྫ་རྔ། ཏིང་ཤག་སོགས་སིལ་སྙན་རྣམ་པ་སྣ་ཚོགས་བསྣམས་ཤིང་། གླུ་དབྱངས་ཤིན་ཏུ་སྙན་པ་དང་བཅས། རོལ་མོའི་སྒྲ་སྙན་པོ་འཁྲོལ་བ། ངོ་བོ་ཞེ་སྡང་རྣམ་པར་དག་པ་བཅོམ་ལྡན་འདས་མི་བསྐྱོད་པའི་རང་བཞིན། ཐོས་པ་ཙམ་གྱིས་སངས་རྒྱས་རྣམས་སྙན་དབང་དགྱེས་པར་བསྐྱེད་ཅིང་། སེམས་ཅན་ཐམས་ཅད་ཀྱི་སྒྲིབ་གསུམ་ཟད་པར་བྱེད་པ།

彼體性為愚癡得以清淨之大日如來自性，僅以得見其色，即能使一切佛之眼根生起悅意，令一切眾生之三障窮盡。觀想彼等色之天女不可思議地遍佈虛空、天空及大地，融入上師佛寶眼中而作供，上師心意化作無有能所二執的大樂無邊法界。如是觀想並念誦：

“色之自性身之金剛女，
淨除愚癡殊勝之天女，
融入法主上師之眼中，
敬請受用無二之大樂。”

2、藍色金剛聲天女

亦從（自身明觀為本尊）心間放射光芒，照耀世間一切聲，彼等瞬間化為藍色金剛聲天女，手中或琵琶、或小鈸、或笛或簫、或大鼓、或腰鼓、或碰鈴等，執持的各種樂器發出動聽旋律，且伴有悠揚歌聲。

彼體性為嗔恨得以清淨之不動如來自性。僅以得聽其聲，即能使諸佛耳根生起悅意，並淨除一切眾生之三障。

དེ་འདྲ་བ་སྒྲའི་ལྷ་མོ་བསམ་གྱིས་མི་ཁྱབ་པས། ནམ་མཁའ་ས་གཞི་བར་སྣང་ཐམས་ཅད་གང་བར་བསམ་ཞིང་། དེ་རྣམས་བླ་མ་སངས་རྒྱས་རིན་པོ་ཆེའི་སྤྱན་ལ་བསྟིམ་ཞིང་ཕུལ་བས། གཉིས་སུ་མེད་པའི་བདེ་བ་ཆེན་པོར་གྱུར་པར་བསམ་ཞིང་། སྒྲ་ཡི་རང་བཞིན་ཐུགས་ཀྱི་རྡོ་རྗེ་མ། །ཞི་སྡང་རྣམ་པར་དག་པའི་ལྷ་མོ་མཆོག །ཆོས་རྗེ་བླ་མའི་སྤྱན་ལ་བསྟིམ་པར་བགྱི། གཉིས་མེད་བདེ་བ་ཆེན་པོར་བཞེས་སུ་གསོལ། །ཞེས་བརྗོད།

གསུམ་པ། དྲི་རྡོ་རྗེ་མ།

ཡང་ཐུགས་ཀ་ནས་འོད་ཟེར་འཕྲོས་འཛིག་རྟེན་གྱི་ཁམས་ཀྱི་དྲི་ཐམས་ཅད་ལ་ཕོག་པས། དེ་རྣམས་སྐད་ཅིག་གིས་དྲི་རྡོ་རྗེ་མ་སེར་མོ་ཕྱག་ན་བསྣུང་ཞིམ་བླ་ན་མེད་པའི་དྲི་ཆབ་ཀྱི་སྣོད་དང་། སྤྲོས་ཕོར་ཐོགས་པ། ང་རོ་ང་རྒྱལ་རྣམ་པར་དག་པ། བཅོམ་ལྡན་འདས་རིན་ཆེན་འབྱུང་ལྡན་གྱི་རང་བཞིན། དྲི་མནམ་པ་ཙམ་གྱིས་སངས་རྒྱས་རྣམས་ཤངས་ཀྱི་དབང་པོ་དགྱེས་པར་བསྐྱེད་ཅིང་། སེམས་ཅན་ཐམས་ཅད་ཀྱི་སྒྲིབ་གསུམ་ཟད་པར་བྱེད་པ། དེ་འདྲ་བའི་དྲིའི་ལྷ་མོ་བསམ་གྱིས་མི་ཁྱབ་པས་ནམ་མཁའ་ས་གཞི་བར་སྣང་ཀུན་གང་བར་བསམ་ཞིང་། དེ་རྣམས་བླ་མ་སངས་རྒྱས་རིན་པོ་ཆེའི་ཤངས་ལ་བསྟིམ་ཏེ་ཕུལ་བས། གཉིས་སུ་མེད་པའི་བདེ་བ་ཆེན་པོར་གྱུར་པར་བསམ་ཞིང་། དྲི་ཡི་རང་བཞིན་ཡོན་ཏན་རྡོ་རྗེ་མ། ང་རྒྱལ་རྣམ་པར་དག་པའི་ལྷ་མོ་མཆོག །ཆོས་རྗེ་བླ་མའི་ཤངས་ལ་བསྟིམ་པར་བགྱི། །གཉིས་མེད་བདེ་བ་ཆེན་པོར་བཞེས་སུ་གསོལ། །ཞེས་བརྗོད།

觀想彼等聲之天女不可思議地遍滿虛空、天空以及大地，融入佛寶上師耳中而作供，並化作無二大樂。如是思惟並念誦：

“聲之自性意之金剛女，淨除嗔恨殊勝之天女，
融入法主上師之耳中，敬請受用無二之大樂”

3、黃色金剛香天女

復從（自身明觀為本尊）心間放射光芒，照耀世間一切味，彼等瞬間化作黃色金剛香天女，手捧氣味芬芳馥鬱的香水瓶及香爐。

彼體性為我慢得以淨除之寶生如來自性，僅以得聞其香，即能使諸佛鼻根生起悅意，並淨除一切眾生之三障。

觀想此等香之天女不可思議地遍佈虛空、天空以及大地，融入佛寶上師鼻中而作供，並化作無二大樂。如是思惟並念誦：

“香之自性功德金剛女， 淨除我慢殊勝之天女，
融入法主上師之鼻中， 敬請受用無二之大樂”

བཞི་པ། རོ་རྡོ་རྗེ་མ།

ཡང་ཐུགས་ཀ་ནས་འོད་འཕྲོས་འཇིག་རྟེན་ཁམས་ཀྱི་མངར་སྐྱུར་ལ་སོགས་པའི་རོ་རྣམས་ལ་ཕོག་པས། དེ་རྣམས་སྐད་ཅིག་གིས་རོ་རྡོ་རྗེ་མ་དམར་མོ་ཕྱག་ན་རོ་ཐམས་ཅད་ཀ་པཱ་ལའི་ནང་དུ་ཤ་ལྔ་བདུད་རྩི་ལྔར་བསྒྱུས་པ་བསྣམས་པ་དང་། ལྷའི་ཞལ་ཟས་ཐོགས་པ། ངོ་བོ་འདོད་ཆགས་རྣམ་པར་དག་པ་བཅོམ་ལྡན་འདས་འོད་དཔག་མེད་ཀྱི་རང་བཞིན། རོ་མྱོང་བ་ཙམ་གྱིས་སངས་རྒྱས་རྣམས་ལྗགས་ཀྱི་དབང་པོ་དགྱེས་པར་བསྐྱེད་ཅིང་། སེམས་ཅན་ཐམས་ཅད་ཀྱི་སྒྲིབ་གསུམ་ཟད་པར་བྱེད་པ། དེ་འདྲ་བ་རོའི་ལྷ་མོ་བསམ་གྱིས་མི་ཁྱབ་པས། ནམ་མཁའ་ས་གཞི་བར་སྣང་ཀུན་གང་ཞིང་། དེ་རྣམས་བླ་མ་སངས་རྒྱས་རིན་པོ་ཆེའི་ལྗགས་ལ་བསྟིམ་སྟེ་ཕུལ་བས། གཉིས་སུ་མེད་པའི་བདེ་བ་ཆེན་པོར་གྱུར་པར་བསམ་ཞིང་། རོ་ཡི་རང་བཞིན་གསུང་གི་རྡོ་རྗེ་མ། འདོད་ཆགས་རྣམ་པར་དག་པའི་ལྷ་མོ་མཆོག །ཆོས་རྗེ་བླ་མའི་ལྗགས་ལ་བསྟིམ་པར་བགྱི། །གཉིས་མེད་བདེ་བ་ཆེན་པོར་བཞེས་སུ་གསོལ། །ཞེས་བརྗོད།

ལྔ་པ། རེག་བྱ་རྡོ་རྗེ་མ།

ཡང་ཐུགས་ཀ་ནས་འོད་འཕྲོས་འཇིག་རྟེན་ཁམས་ཀྱི་འཇམ་རྩུབ་ལྡེ་ཡང་སོགས་རེག་བྱ་ཐམས་ཅད་ལ་ཕོག་པས། དེ་རྣམས་སྐད་ཅིག་གིས་རེག་བྱ་རྡོ་རྗེ་མ་ལྗང་གུ། ཕྱག་ན་ལྷ་མིའི་དར་གོས་ཀྱི་ན་བཟའ་དཔག་ཏུ་མེད་པ་བསྣམས་པ། ངོ་བོ་ཕྲག་དོག་རྣམ་པར་དག་པ་བཅོམ་ལྡན་འདས་དོན་ཡོད་གྲུབ་པའི་རང་བཞིན། སྐུ་ལ་རེག་པ་ཙམ་གྱིས་སངས་རྒྱས་རྣམས་སྐུའི་དབང་པོ་དགྱེས་པར་བསྐྱེད་ཅིང་། སེམས་ཅན་ཐམས་ཅད་ཀྱི་སྒྲིབ་གསུམ་ཟད་པར་བྱེད་པ།

4、紅色金剛味天女

復又從（自身明觀為本尊）心間放射光芒，照耀世間酸甜等諸味，彼等瞬間化作紅色金剛味天女，手托顱器，顱器內盛著集攝一切味道之五肉、五甘露，以及神饈；彼體性為貪欲得以清淨之無量光如來自性，僅以品嘗其味，即能使諸佛舌根生起悅意，並淨除一切眾生之三障。

觀想彼等味之天女不可思議地遍佈虛空、天空及大地，彼等融入佛寶上師舌中而作供，並化作無二大樂。如是思惟並念誦：

"味之自性語之金剛女，淨除貪欲殊勝之天女，
融入法主上師之舌中，敬請受用無二之大樂。"

5、綠色金剛觸天女

復又，從（自身明觀為本尊）心間放射光芒，照耀世間柔軟、粗糙、沉重、輕盈等一切觸感，彼等瞬間化作綠色金剛觸天女，手捧無量絲綢所縫製的人天華服，彼體性為嫉妒得以清淨之不空成就如來自性，僅以身感其觸，即能使諸佛身根生起悅意，並淨除一切眾生之三障。

དེ་འདྲ་བའི་རིག་བྱའི་ལྷ་མོ་བསམ་གྱིས་མི་ཁྱབ་པས། ནམ་མཁའ་ས་གཞི་བར་སྣང་ཀུན་གང་ཞིང་། དེ་རྣམས་བླ་མ་སངས་རྒྱས་རིན་པོ་ཆེའི་སྐུའི་དབང་པོ་ལ་བསྟིམ་སྟེ་ཕུལ་བས། གཉིས་སུ་མེད་པའི་བདེ་བ་ཆེན་པོར་གྱུར་པར་བསམ་ཞིང་། རིག་བྱའི་རང་བཞིན་འཕྲིན་ལས་རྡོ་རྗེ་མ། །ཕྲག་དོག་རྣམ་པར་དག་པའི་ལྷ་མོ་མཆོག །ཆོས་རྗེ་བླ་མའི་སྐུ་ལ་བསྟིམ་པར་བགྱི། །གཉིས་མེད་བདེ་བ་ཆེན་པོར་བཞེས་སུ་གསོལ། །ཞེས་བརྗོད།

དྲུག་པ། ཆོས་དབྱིངས་རྡོ་རྗེ་མ།

ཡང་ཐུགས་ཀ་ནས་འོད་ཟེར་འཕྲོས་མཚན་ཉིད་འཛིན་པའི་ཆོས་ཐམས་ཅད་ལ་ཕོག་པས། ཆོས་རྣམས་སྐད་ཅིག་གིས་ཆོས་དབྱིངས་རྡོ་རྗེ་མ་མཐིང་ག་ཕྱག་ན་ཆོས་འབྱུང་བསྣམས་པ། ངོ་བོ་སེམས་ཉིད་གཟུང་འཛིན་རྣམ་པར་དག་པ་བཅོམ་ལྡན་འདས་དྲུག་པ་རྡོ་རྗེ་འཆང་གི་རང་བཞིན། དྲན་པ་ཙམ་གྱིས་སངས་རྒྱས་རྣམས་ཐུགས་དགྱེས་པར་བསྐྱེད་ཅིང་། སེམས་ཅན་ཐམས་ཅད་ཀྱི་སྒྲིབ་གསུམ་ཟད་པར་བྱེད་པ། དེ་འདྲ་བའི་ཆོས་ཀྱི་ལྷ་མོ་བསམ་གྱིས་མི་ཁྱབ་པས། ནམ་མཁའ་ས་གཞི་བར་སྣང་ཀུན་གང་ཞིང་། དེ་རྣམས་བླ་མ་སངས་རྒྱས་རིན་པོ་ཆེའི་ཐུགས་ལ་བསྟིམ་སྟེ་ཕུལ་བས། ཐུགས་གཉིས་སུ་མེད་པའི་བདེ་བ་ཆེན་པོར་གྱུར་པར་བསམ་ཞིང་། ཆོས་ཀུན་གདོད་ནས་སྟོང་ཉིད་རྡོ་རྗེ་མ། །སེམས་ཉིད་རྣམ་པར་དག་པའི་ལྷ་མོ་མཆོག །ཆོས་རྗེ་བླ་མའི་ཐུགས་ལ་བསྟིམ་པར་བགྱི། །གཉིས་མེད་བདེ་བ་ཆེན་པོར་བཞེས་སུ་གསོལ། །ཞེས་བརྗོད།

觀想彼等觸之天女不可思議地遍滿虛空、天空及大地，彼等融入佛寶上師身中而作供，並化作無二大樂。如是思惟並念誦：

“觸之自性事業金剛女，淨除嫉妒殊勝之天女，
融入法主上師之身中，敬請受用無二之大樂。”

6、青色金剛法界天女

復又從（自身明觀為本尊）心間放射光芒，照耀一切執相之法，諸法瞬間化作青色金剛法界天女，手持法源，彼體性為能所二取得以清淨之第六部主金剛總持自性，僅以憶念，即能使諸佛生起悅意，並淨除一切眾生之三障。

觀想此等法界天女不可思議地遍滿虛空、天空及大地，彼等融入佛寶上師心意中而作供。如是思惟並念誦：

“萬法本始空性金剛女，淨除心性殊勝金剛女，
融入法主上師之意中，敬請受用無二之大樂。”

ཆོས་ཀུན་གདོད་ནས་སྟོང་ཉིད་རྡོ་རྗེ་མ། ཞེས་པའི་དོན་ལ་འབྲི་གུང་༄སྐྱོབ་པའི་ཐུགས་ཀྱི་ཡན་ལག་བདུན་པའི་དོན་འགྲེལ་ལས་ཀྱང་། ས་སྐྱ་པ་ཤྲཱུཧཱཿབརྗོད་པས་སྟོང་པའི་ངང་ལས་གང་རུང་ཞིག་གི་བསྐྱེད་ཚོག་གིས་བསྐྱེད་པའི་ཧེ་རུ་ཀ་དེ་ལ། དང་པོར་ཕྱག་དང་མཆོད་པ་རང་ལས་སྤྲུལ་པའི་ལྷ་མོ་དཔལ་ཧེ་རུ་ཀ་དེའི་ང་རྒྱལ་བཟུང་། དེ་བཞིན་དུ་ཕྱི་ནང་གསང་བའི་མཆོད་པ་ཡང་ལྷ་མོས་བྱེད་དེ། གསང་བ་འདུས་པ་ལས། དེ་བཞིན་གཤེགས་པའི་སྤྱན་ཐ་རུ། །རྡོ་རྗེ་མ་ལ་སོགས་པ་ནི། །ཕྱུང་བས་མཆོད་པ་བྱེད་པ་ཡིན།། གསུངས། འཇིག་རྟེན་དང་འཇིག་རྟེན་ལས་འདས་པའི་དགའ་བ་དང་དགོད་པ་དང་། རྩེད་འཇོའི་བྱེ་བྲག་ཐམས་ཅད་ཀྱང་འབུལ་བ་ཡིན་གསུངས། ཞེས་གསུངས་པ་ལྟར། འདི་ནས་མར་ཕྱི་ནང་གསང་གསུམ་གྱི་མཆོད་པ་ཚང་མ་རང་ཡི་དམ་དུ་གསལ་བའི་སྙིང་ག་ནས་སྤྲུལ་བའི་ལྷ་མོས་མཆོད་པར་གསུང་ཞིང་། ནང་གི་མཆོད་པ་འདི་ལ་༄སྐྱོབ་པའི་བཀའ་འབུམ་ལེ་ཚན། ༤༨༠༦ ལས། རྟེན་དམིགས་པ་གོང་གི་བླ་མ་དེ་ལ་ཏིང་ངེ་འཛིན་ནང་གི་མཆོད་པ་བྱ་བ་ནི། གོང་དུ་གསང་ཐུགས་ཀྱི་སྐབས་ལྟར་འབྱུང་བཞིའི་དྭངས་མ་ལས་བྱུང་བ་ལྟར། འདིར་ཡུལ་དྲུག་གི་ལྷ་མོ་གཟུགས་རྡོ་རྗེ་མ་ལ་སོགས་པས་མཆོད་པ་ཡིན་ལ། གཞན་ཡང་གདུགས་རྒྱལ་མཚན་བ་དན་ལ་སོགས་པས་མཆོད་པ་ཡིན་ཏེ།

所謂“萬法本始空性金剛女……”之義，《直貢覺巴密咒七支供注釋》中講到：“梭巴瓦修達”念畢，從空性境界中，用任一合適的生起次第儀軌，生起黑汝嘎。首先頂禮，從自身化現吉祥天女作供養，並堅固自己為黑汝嘎的佛慢，　如此，外內密之供養也由天女獻供。關於這點，《密集續》中講到：“如來之跟前，金剛女等等，顯現而作供。”如其所言，世出世間之喜樂、歡笑、所有種種娛樂遊戲也作為供養。

以下，外內密三種供養一律以自己明觀為本尊之心間所幻化的天女作供養。

關於此處的內供，《覺巴文集》第680節講到：對上面所說的所緣上師作三摩地供養，如同上面密咒時從四大精華中產生（供養物）那般，此處以六境的金剛色天女等等作供，此外，亦以寶傘、勝幢、飛幡等等作供。

དེའང་ཏིང་ངེ་འཛིན་གྱི་མཆོད་པ་འདིས་ཅི་བྱེད་ན། བླ་མས་ལོངས་སྤྱོད་དུ་མི་བཏུབ་སྙམ་ན། འདི་ཤིན་ཏུ་གལ་ཆེ་སྟེ། དཔེར་ན་ལས་དང་པོ་པས་ལྷ་བསྒོམ་པ་རྣམས། དང་པོ་ལུས་ཐ་མལ་པ་འདི་ལྟར་མི་གསལ། ནན་ཏན་གྱིས་རྒྱུན་ཆ་ལུགས་དང་བཅས་པ་ཤིན་ཏུ་གསལ་བར་བསྒོམས་པས། གོམས་པར་གྱུར་ན་ལྷ་ཉིད་དུ་བརྟན་པ་ཐོབ་པར་ལྟར་རམ། ཡང་དང་པོར་སྨོན་པའི་སེམས་བསྐྱེད་པས། ཕྱིས་འགྲོ་དོན་དཔག་མེད་ནུས་པར་འགྱུར་བ་བཞིན་དུ། འདིའང་དང་པོར་ཡིད་ཀྱིས་ཕུལ་བས། དམིགས་པ་གོམས་པར་གྱུར་བའི་དུས་སུ། ཞབས་ཏོག་ཆེ་ལ་དངོས་སུ་ལོངས་སྤྱོད་དབང་མེད་པ་ཞིག་འབྱུང་སྟེ། ཕྱོགས་གཅིག་ཙམ་ལ་མཆོན་ན། རྒྱལ་འབྱོར་པ་དེ་ཕྱོགས་གཞན་དུ་ཕྱིན་པ་དང་། གདུགས་འབུལ་བ་ལ་སོགས་པ་རོལ་མོའི་བསུ་བ་མང་པོ་འབྱུང་བ་ཡིན་ཏེ། དེ་རྣམས་མཆོད་པ་ཙམ་ལས་ལྟོས་མེད་དུ་འབུལ་བ་མ་ཡིན། འོ་ན་དེ་ལྟ་བུ་བྱུང་ན་དེས་ཐར་གྱི་ཏིང་འཛིན་གྱི་ནུས་པ་འཛད་དམ་མི་འཛད་ཅེ་ན། སུ་གཉིས་སུ་འགྱུར་ཏེ། བླ་མའི་བྱིན་རླབས་སུ་མ་ཤེས་ཤིང་། རང་སྒོའམ་ཁ་རྗེ་ལྟ་བུ་བྱས་ན་འཛད་པ་ཡིན་ཏེ། དེ་ལྟ་བུ་འབྱུང་བ་ཐམས་ཅད་བླ་མའི་བྱིན་རླབས་སུ་ཤེས་ཤིང་། དེ་ཉིད་ཀྱང་ནམ་མཁའ་དང་མཉམ་པར་སྤྲུལ་ནས། སེམས་ཅན་ཐམས་ཅད་ཀྱིས་སངས་རྒྱས་ཐོབ་པར་བྱ་བའི་ཆེད་དུ་ཕུལ་ན། སྐར་བསམ་གྱིས་མི་ཁྱབ་པར་འཕེལ་བ་ཡིན་ཏེ། དེའི་འབྲས་བུ་ལ་དེ་རྣམས་དངོས་སུ་ཕུལ་ན། ལག་ཐོག་ལ་སྤྱད་དབང་ཡོད་པ་ཞིག་འབྱུང་བ་ཡིན་ནོ།།

“三摩地供養無論怎麼做，上師都不能受用到”，如果有這樣的想法的話，這就很關鍵了。舉例來說，初業行者觀修本尊者，一開始，該凡夫身觀修為本尊還不清晰，能夠仔仔細細地將身上的裝束都非常清楚地觀修出來後，並使串習變得熟練的話，本尊觀修不就變得穩固了嗎？又，如同首先發起願菩提心，而後能作無量利他行一般，這裏也是首先用意念獻供，對所緣的串習變得熟練時，就會自然而然出現善妙承侍等真實受用。若從某種角度來說，瑜伽士一到其他地方，就會有供養寶傘、奏樂歡迎等諸多情景出現，這些都是從（瑜伽士在以前）作獻供產生的（結果），而不是無因無由的結果。那麼，如果受用那樣出現的話，則之前的禪定之力會不會耗盡呢？這要一分為二地說：如果不瞭解這是上師的加持，而認為是自己的能力與運氣所致，則（之前的禪定力）會耗盡；如果不但瞭解所有出現的（情景）都是上師的加持，而且能將其幻化為量等虛空，並為一切有情得證佛果而獻供話，則（之前的禪定力）會不可思議地增長。

關於其果報，如果能獻供真實供品的話，手頭就會出現實際可以自由支配使用的物資。

གསུམ་པ།
གསང་བའི་མཆོད་པ་ནི།

ཐབས་དང་ཤེས་རབ་དབྱེར་མེད་སོགས་ཚིག་རྐང་བཅུ་གཉིས་ཀྱིས་སྟོན་ཏེ། དེ་ལ་དམིགས་པའི་རྣམ་གྲངས་གསུམ་ཡོད་པ་ལས།

དང་པོ། གཤེགས་པ་དང་གཤེགས་མ་ལ་བརྟེན་ནས་བདེ་སྟོང་གི་ཉིང་ངེ་འཛིན་བསྐྱེད་པ་ནི།

ཐབས་དང་ཤེས་རབ་དབྱེར་མེད་ཅེས་རང་ཡི་དམ་དུ་གསལ་བའི་ཐུགས་ཀའི་ས་བོན་ལས་བཅོམ་ལྡན་འདས་མི་བསྐྱོད་པ། རིན་འབྱུང་། སྣང་མཐའ། དོན་གྲུབ། རྣམ་སྣང་། ཡུམ་མ་མ་ཀི། སྤྱན་མ། གོས་དཀར་མོ། སྒྲོལ་མ། དབྱིངས་ཕྱུག་མ་རྣམས་སྙོམས་འཇུག་ཟག་མེད་ཀྱི་བདེ་བས་བརྒྱན་པ། སྐུ་ལ་དུས་གསུམ་གྱི་སངས་རྒྱས་དང་། དཔའ་བོ་ཧེ་རུ་ཀ་བརྒྱན་པ་བསམ་གྱིས་མི་ཁྱབ་པ་སྤྲོས་ཏེ་ཕུལ་བས། དེ་ཐམས་ཅད་འོད་དུ་ཞུ་ཞིང་སྐུ་ལ་ཐིམ་པས་ཡུལ་སྟོང་པ་ཉིད་དང་། ཡུལ་ཅན་བདེ་བ་ཆེན་པོ་གཉིས་མེད་ཟུང་འཇུག་གི་ཏིང་ངེ་འཛིན་ལ་ཆམ་གྱིས་སོང་བར་བསམ་ཞིང་།

> ཐབས་དང་ཤེས་རབ་དབྱེར་མེད་རྒྱལ་བ་མཆོག།
> རིགས་ལྔ་ཡབ་ཡུམ་དཔའ་བོ་མཁའ་འགྲོའི་ཚོགས།།
> དཔག་མེད་ནམ་མཁའ་གང་བའི་སངས་རྒྱས་རྣམས།།
> མཆོད་པར་འབུལ་ལོ་བདེ་ཆེན་འདི་བཞེས་ཤིག།

ཅེས་བརྗོད།

三、密供

“方便智慧無別……”等，以十二句偈頌宣說。其中，分三類所緣：

（一）依靠佛父佛母生起樂空禪定

“方便智慧無別……”，從自身明觀為本尊之心間種子字中現起：不動如來與佛眼佛母；寶生如來與瑪瑪基佛母；無量光如來與白衣佛母；不空成就如來與誓句度母，大日如來與虛空法界自在佛母。彼等以無漏禪定之大樂為莊嚴。

觀想從彼等身中放射出不可思議的三世諸佛及勇士、空行而獻供，之後彼等全部化光融入（五部佛父佛母）之身，而後在“境”—空性與“有境”—大樂，二者無別雙運之禪定中緩緩消融，如是思惟並念誦：

“方便智慧無別殊勝佛，
五部雙運勇士空行眾，
遍滿虛空無量諸佛眾，
恭敬供養請受此大樂。”

གཉིས་པ། སེམས་དཔའ་སེམས་མ་ལ་བརྟེན་ནས་བདེ་སྟོང་གི་ཡེ་ཤེས་བསྐྱེད་པ་ནི།

ཆོས་ཀུན་མཉམ་ཉིད་ཏིང་འཛིན་ཞེས་རང་ཡི་དམ་དུ་གསལ་བའི་ཐུགས་ཀའི་ས་བོན་ལས། བྱམས་པ། ས་སྙིང་། ཕྱག་རྡོར། ནམ་སྙིང་། འཇིག་རྟེན་དབང་ཕྱུག འཇམ་དཔལ། སྒྲིབ་སེལ། ཀུན་བཟང་། རིག་སྔགས་ཀྱི་ལྷ་མོ་རྣམས་བཅས་ཡབ་ཡུམ་གྱི་རྣམ་པར་ཅན། བ་སྤྲུའི་ཁུང་དུ་སངས་རྒྱས་དཔག་ཏུ་མེད་པས་བརྒྱན་པ་ནམ་མཁའ་གང་བར་སྤྲོས་ཏེ་ཕུལ་བས། སྐུ་ལ་ཐིམ་པས་བདེ་སྟོང་ཟུང་འཇུག་གི་མཆོད་པས་ཐུགས་རྒྱུད་ཚིམ་པར་བསམ་ཞིང་།

ཆོས་ཀུན་མཉམ་ཉིད་ཏིང་འཛིན་རྒྱ་མཚོ་ལས།།
ཨི་གཡོ་རྣམ་འཕྲུལ་རྒྱ་མཚོས་འགྲོ་བ་འདྲེན།།
སངས་རྒྱས་ཞིང་ཁམས་ཀུན་ལ་མངའ་མཛད་པའི།།
རྒྱལ་སྲས་སེམས་དཔའི་ཚོགས་རྣམས་བཞེས་སུ་གསོལ།།

ཞེས་བརྗོད།

（二）依靠男女菩薩生起樂空本慧

所謂“萬法平等法性禪定海……”，是從自身明觀為本尊之心間種子字中現起：彌勒菩薩、地藏王菩薩、金剛手菩薩、虛空藏菩薩、觀音菩薩、文殊菩薩、除蓋障菩薩、普賢菩薩，連同明咒天女諸男女菩薩。

觀想（從彼等）汗毛孔中放射出無量佛，莊嚴而遍滿虛空，獻供後，融入（上述菩薩）自身後，以樂空雙運作供養而（令諸佛菩薩）心滿意足，如是思惟並念誦：

“萬法平等法性禪定海，
以此不動神變海度眾，
一切佛土中得自在者，
佛子菩薩諸眾請受用。”

གསུམ་པ། ཁྲོ་བོ་ཁྲོ་མོ་ལ་བརྟེན་ནས་བདེ་སྟོང་གི་ཏིང་ངེ་འཛིན་བསྐྱེད་པ་ནི།

ཚད་མེད་ཐུགས་རྗེས་ཁྲོས་པའི་ཞེས་རང་གི་ཐུགས་ཀའི་ས་བོན་ལས་ཁྲོ་བོ་ཆེན་པོ་གཤིན་རྗེ་གཤེད། ཤེས་རབ་མཐར་བྱེད། རྟ་མགྲིན། བགེགས་མཐར་བྱེད། མི་གཡོ་བ། འདོད་རྒྱལ། དབྱུག་སྔོན་ཅན། སྟོབས་པོ་ཆེ། གཙུག་ཏོར་འཁོར་ལོས་བསྒྱུར་བ། གནོད་མཛེས་རྒྱལ་པོ་རྣམས་ཡུམ་བཅས་མེ་དཔུང་གི་དབུས་སུ་བཞུགས་པ་སོགས། སྐུ་འཇིགས་པའི་ཆ་ལུགས། གསུང་ཧཱུྃ་ཕཊ་ཀྱི་སྒྲས་བདུད་དཔུང་གཅོད་པ་ནམ་མཁའ་གང་བར་སྤྲོས་པ་རྣམས་སྐུ་ལ་ཐིམ་པས། དཔེས་མི་མཚོན་པ་བདེ་སྟོང་ལྷན་ཅིག་སྐྱེས་པའི་ཏིང་ངེ་འཛིན་གྱི་ངང་དུ་ཆམ་མེར་གྱུར་ཅིང་། བདག་གཞན་སེམས་ཅན་ཐམས་ཅད་ཚོགས་དཔག་ཏུ་མེད་པ་རྫོགས་པར་བསམ་ཞིང་། ཚད་མེད་ཐུགས་རྗེས་ཁྲོས་པའི་གཏུམ་ཆེན་རྣམས། །འགྱིང་བའི་སྐུ་ལ་མ་ཆེ་གཙིགས་ཟམ་པའི་ཞལ། །ཧཱུྃ་ཕཊ་ང་རོས་བདུད་དཔུང་འཛོམས་མཛད་པའི། །ཡེ་ཤེས་ཁྲོ་རྒྱལ་འདི་དག་བཞེས་སུ་གསོལ། །ཅེས་བརྗོད། འདིར་གསང་སྔགས་རྡོ་རྗེ་ཐེག་པའི་ཚོ་ག་ནས། གདན་གསུམ་ཚང་བའི་དཀྱིལ་འཁོར་ཞེས། རྒྱལ་བ་རིགས་ལྔ་ཡབ་ཡུམ་གྱི་དཔལ་དང་། བྱང་ཆུབ་སེམས་དཔའ་དང་སེམས་མའི་དཔལ། ཁྲོ་བོ་དང་ཁྲོ་མོའི་དཔལ་གྱི་གདན་བཅས། དཔལ་སོ་སོའི་ལྷ་ཡབ་ཡུམ་གྱི་བདེ་སྟོང་གི་གསང་མཆོད་འབུལ་བ་སྟེ། དེ་ཡང་༧སྐྱབས་པའི་བཀའ་འབུམ་ལེ་ཚན། ༤༢༠ ལས། གསང་བའི་མཆོད་པ་ནི་གསུམ་ལས། དང་པོ་གསང་བའི་མཆོད་པ་དེ་རང་གང་ཡིན་སྙམ་ན། སྤྱིར་གསང་སྔགས་ནས་ཏ་ཛ་ལ་བཤད་ཀྱང་། ཆོས་རྗེས་བདེ་གསལ་མི་རྟོག་པར་འདོད། དེ་ལ་གཉིས་ལས། དང་པོ། ཉམས་ཀྱི་བདེ་གསལ་མི་རྟོག་པ་གསུམ། རྟོགས་པའི་བདེ་གསལ་མི་རྟོག་པ་གསུམ་གྱིས་མཆོད་པ་ཡིན་ལ།

（三）依靠忿尊怒母生起樂空禪定

所謂“無量悲心顯為大忿怒……”，是從自身明觀為本尊之心間種子字中放射出：大威德金剛、智慧無能勝明王、馬頭明王、金剛除障明王、不動明王、欲帝明王、藍杖明王、大力明王、頂髻轉輪明王、妙損明王。彼等忿怒尊連同其忿怒母，坐於烈火之中。觀想彼等身著怖畏裝束，以“吽呸”之聲消滅魔軍，遍佈虛空而後融入自身，在無以喻表之樂空俱生禪定境界中，消融空盡，自他無量眾生具得圓滿，如是思惟並念誦：

“無量悲心顯為大忿怒，傲慢之身獠牙猙獰面，
吽呸吼聲摧滅魔軍者，本慧忿怒本尊請受用”。

此處，密咒金剛乘儀軌中，所謂三位俱全之壇城，是指五部佛父佛母壇城、男女菩薩壇城，以及忿尊怒母壇城等，各壇城之男女本尊獻供樂空密供。

復又，覺巴文集第680節：密供分三，首先，如果心想密供到底是供什麼呢，密乘一般是講供“哈雜”，法尊主張為獻供樂、明、無念。分為兩類：首先是覺受的樂、明、無念三者，（其次是）證悟的樂、明、無念三者。以此兩類作獻供。

སྐབས་འདི་བླ་མའི་གསང་རྒྱ་ཟབ་ཆོས་ལྟ་བུ་འདི་མི་ལ་མ་བཤད་ཅིག་ཅེས་བཀའ་རྒྱས་བཏབ་པ་དེ་ཐུབ་པར་བྱེད་པ་ཉིད་ཡིན་ལ། དེ་ལྟར་གསང་ཐུབ་ན་རང་གི་བླ་མ་དེས་ཀྱང་ཤིན་ཏུ་ཐེབས་ཏེ། ཟབ་ཆོས་ལ་སོགས་པའི་གསང་སྒོ་ཐམས་ཅད་ཀྱང་མི་སྲིད་པར་སྟོན་པ་འབྱུང་བ་ཡིན། དེ་བཞིན་གཤེགས་པ་ཐམས་ཅད་ཀྱིས་ཀྱང་གསང་བ་མ་སྲིད་པར་སྟོན་པ་འབྱུང་བ་ཡིན་ནོ།།

བཞི་པ།
དེ་ཁོ་ན་ཉིད་ཀྱི་མཆོད་པ།

ཕྱི་ནང་གསང་བའི་མཆོད་སྤྲིན་ཞེས་མཆོད་བྱ་ཚོགས་ཞིང་བླ་མའི་དཀྱིལ་འཁོར་དང་། མཆོད་བྱེད་རང་ཉིད། མཆོད་པ་ཕྱི་ནང་གསང་གསུམ་དེ་ལྟར་འཁོར་གསུམ་དུ་སྣང་བ་དེ་ཐམས་ཅད། དོན་དམ་པར་རང་སེམས་སྤྲོས་བྲལ་ཆོས་སྐུ་གཉིས་མེད་ཡེ་ཤེས་རྡོ་རྗེའི་བདག་ཉིད་དོ་སྙམ་དུ་ངེས་ཤེས་བསྐྱེད་ཅིང་། ཚོགས་ཞིང་རྣམས་ཀྱང་དེ་ཁོ་ན་ཉིད་ཀྱི་དོན་ལ་གནས་པར་བསམ་པས་ཇི་ཙམ་ནུས་ཀྱི་བར་མཉམ་པར་འཛོག་ཅིང་།

ཕྱི་ནང་གསང་བའི་མཆོད་སྤྲིན་སྣ་ཚོགས་ཀུན།།
ཀུན་བཟང་སེམས་ཀྱི་དཀྱིལ་འཁོར་ཡངས་པ་འདིར།།
གཉིས་མེད་འགྱུར་བ་མེད་པའི་ངང་ཚུལ་ཅན།།
དེ་བཞིན་ཉིད་མཆོད་བླ་ན་མེད་པས་མཆོད།།

ཅེས་བརྗོད་པར་བྱ་སྟེ། དེ་དག་ནི་མཆོད་པ་འབུལ་བའི་ཡན་ལག་གོ།

此時，像這樣的上師機密深法“不要對他人宣說”，對這個封印我們要能夠保密。如果能那樣保守秘密，則自己的上師就會很放心，而將密法等一切密門不作遮掩地向自己宣說，一切佛也會將秘密不作遮掩地向自己宣說。

四、真如供

所謂“外內秘密種種之供雲……”，是指：所供，乃資糧田上師壇城； 能供，乃自身； 供養物，乃外、內、密三者。如此，顯現為三輪的一切，在勝義諦中，即自心離戲法身無二本慧金剛自性，如是思惟並對此生起定解，諸資糧田亦住於真如之義中，如是思惟並在力所能及的時間安住等持，並念誦：

”外內密種種之供雲，
普賢寬廣心之壇城中，
具足無二不動之境界，
供養真如供養無上供。“

此等即為供養支分。

༧སྐྱོབ་པ་འཇིག་རྟེན་མགོན་པོའི་བཀའ་འབུམ་ལེ་ཚན། ༤༨༠ ལས། དེ་ཁོ་ན་ཉིད་ཀྱི་མཆོད་པ་ནི། མཆོད་པ་དེ་ཐམས་ཅད་ཀུང་ཕྱག་རྒྱ་ཆེན་པོའི་རང་བཞིན་དུ་རྟོགས་པར་བྱེད་པ་ཡིན་ཏེ། དེ་ལ་གསུམ་ལས།

དང་པོ་དེ་ཁོ་ན་ཉིད་ཀྱི་མཆོད་པ་རང་གང་ཡིན་སྙམ་ན། སྣང་སྟོང་ཟུང་འཇུག་གོ།

གཉིས་པ་ནི། ཟུང་འཇུག་དེ་འབྱུལ་ཤེས་པ།

གསུམ་པ་འབྲས་བུ་ནི་ངོ་བོ་ཉིད་ཀྱི་སྐུའོ།།

འདི་རྣམས་སྒོམ་རོ་གཅིག་ཡན་ཆད་ལ་འབྱུང་། དེ་མན་ཆད་སྤྱང་དགོས་གསུང་སྐྱེ་བཅུ་ཆོས་དང་མཐུན་ནོ།།

དེ་ལྟར་ཕྱི་ནང་གསང་བ་དེ་ཁོ་ན་ཉིད་བཞི་པོས་འདོད་པའི་ཡོན་ཏན་གྱིས་མཆོད་པའོ།། ཞེས་དང་། ཡང་༧སྐྱོབ་པའི་ཡན་ལག་བདུན་པའི་ཚིགས་བཅད་ལས།

དངོས་དང་དངོས་མེད་འཁོར་འདས་ཀུན།།
སེམས་ཉིད་གཅིག་ཏུ་འདྲེས་པ་ཡིས།།
ཀུན་ཏུ་བཟང་པོར་གྱུར་པ་ཡི།།
བླ་མེད་མཆོད་པས་མཆོད་པར་བགྱི།།

ཞེས་གསུངས་སོ།

覺巴文集第680節中講到：

所謂真如供，即一切供養都能證悟為大手印的自性，其中分三：

第一，若思惟，真如供獻供的是什麼？乃獻供明空雙運。

第二，了知如何供養雙運。

第三，供養真如的果乃獲得自性身。

此等供養出現在一味瑜伽以上，一味瑜伽以下的需要修習。這種說法與十法相一致。如此，外、內、密、真如四種供養，以妙欲功德作獻供。

又，覺巴七支供偈頌講到：

“實與無實遍輪涅，
心性融合成為一，
化作普賢菩薩之，
無上供養作獻供。”

བཞི་པ།
སྡིག་པ་བཤགས་པའི་ཡན་ལག།

ཆོས་ཀུན་གདོད་ནས་སོགས་ཚིག་རྐང་བཞིས་བསྟན་ཏེ། འདི་ལྟར་ང་དང་བདག་སོགས་སུ་སྣང་བའི་ཆོས་ཐམས་ཅད། དངོས་པོ་ངོ་བོ་ཉིད་ཀྱིས་མ་གྲུབ་པར་གདོད་མ་ནས་སེམས་ཉིད་གཟུང་འཛིན་གྱིས་རྣམ་པར་དག་པ་ཕོ་ནར་ངེས་པ་ལ། དེ་ལྟར་མ་རྟོགས་པར་ང་དང་ང་ཡིར་འཛིན་པ་ལ་བརྟེན། བདག་དང་གཞན་གཉིས་སུ་སྣང་ཞིང་དེ་ལ་བཟང་ངན་གྱི་རྟོག་པ་ཐ་དད་དུ་བཟུང་། རང་ཕྱོགས་ལ་ཆགས་ཤིང་གཞན་ཕྱོགས་ལ་སྡང་སེམས་སོགས། སེམས་འཁྲུལ་པའི་དབང་དུ་གྱུར་ནས་ལས་ངན་དུ་མ་བསགས་ཐལ་བ་ང་རེ་སྡུག་ཨ་རེ་འགྱོད་སྙམ་པའི་འགྱོད་སེམས་དང་། འདི་ལྟར་བདག་གིས་སྡིག་པ་མི་དགེ་བའི་ལས་བགྱིས་པ་ཅི་མཆིས་པ་ཐམས་ཅད་མི་འཆབ་པར། དེ་རིང་སྐྱབས་གནས་དམ་པ་ཁྱེད་རྣམས་ཀྱི་སྤྱན་སྔར་སོ་སོར་བཤགས་ཤིང་། སླན་ཆད་ཀྱང་མི་བགྱིད་པར་སྡོམ་ལགས་ན་བྱང་ཞིང་དག་པར་གྱུར་ཅིག་སྙམ་པས།

ཆོས་ཀུན་གདོད་ནས་སེམས་ཉིད་རྣམ་དག་ལ།།
བདག་གཞན་གཉིས་སྣང་བཟང་ངན་ཐ་དད་དུ།།
ཆགས་སྡང་འཁྲུལ་བར་གྱུར་པ་ཅི་མཆིས་པ།།
སོ་སོར་བཤགས་སོ་རང་སར་དག་གྱུར་ཅིག།

ཅེས་བརྗོད། དེ་ཡང་༧སྐྱབས་པའི་བཀའ་འབུམ་ལེ་ཚན། ༤༨༠༡ ལས། ད་ནི་སྡིག་པ་བཤགས་པ་དང་འབྲེལ་ཏེ། བཤགས་པ་ནི། སྤྱིར་བཟང་པོ་སྤྱོད་པའི་མདོ་ལས། འདོད་ཆགས་ཞེ་སྡང་གཏི་མུག་དབང་གིས་ནི། །ཞེས་པ་ལ་སོགས་པའམ། སྤྱིར་བཤགས་ལ་སོགས་པ་གཅིག་ཏུ་བརྗོད་པ་འདི་རྣམས་ཀྱང་ཡིན་ལ།

第四章
懺悔罪業支分

“萬法本始清淨之心性……”等，以四句偈頌宣說。

如此，顯現為“我”及“自己”等等的一切法，性相無實，能取二執心性自始就絕對清淨。（但因）未能如是證悟，藉由執著為“我”及“我所”，顯現出自他二者，並執持好壞不同分別念，貪戀自方而嗔恨他方，心被迷亂所轉，從而積聚諸多惡業。想起這些，心裏實在痛苦而悔恨。如此，對自己所作的任何不善罪業，無有覆藏，今日於正等依怙您等跟前，一一懺悔，自今以後不再違犯，願戒律善妙清淨。如是思惟並念誦：

“萬法本始清淨之心性，
自他二顯好壞分別中，
所具一切貪愛與迷亂，
一一懺悔自處中清淨。”

又，覺巴文集680節中講到：與懺悔相關的內容是，所謂懺悔，一般是指《普賢行願品》中“由於貪嗔癡之力……”等偈頌，或者，《總懺悔文》等歸納在一起念誦的部分。

སྐབས་འདིའི་ལུགས་ལ་ནི། ཉེས་སྐྱོན་གསང་ཡང་། བླ་མ་ཐམས་ཅད་མཁྱེན་པ་ཡིན་ཙ་ན། ཁོང་གིས་མཁྱེན་ཏེ་ཐུགས་ཁྲེལ་བར་འགྱུར་བས། དེ་བས་བླ་མ་ཉིད་ལ་སྙིང་གཏད་དེ། བདག་ལ་བསླབ་པ་གསུམ་པོ་འདི་དང་འདིའི་སྐྱོན་བྱུང་ཞེས་པའམ། གཉིས་ཀྱི་སྐྱོན་འདི་ལྟ་བུ་ཡོད་པ་ལ་སོགས་པ། བླ་མའི་སྤྱན་སྔར་བཤགས་པ་ཉིད་ཀྱིས་འདག་པར་འགྱུར་བ་ཡིན། ཕྱིན་ཆད་སྡོམ་པ་ལ་སོགས་པ་བྱས་པས། བཤགས་པའི་མཆོག་འདི་ཉིད་ཡིན་ནོ། །ཞེས་དང་། ཡང་༧སྐྱབས་པའི་ཡན་ལག་བདུན་པའི་ཚིགས་བཅད་ལས།

> རང་གཞན་ཐམས་ཅད་རྫོགས་སངས་རྒྱས།།
> སྐུ་གསུམ་ལྷུན་གྱིས་གྲུབ་པ་ལ།།
> ཐ་མལ་ལུས་ངག་ཡིད་གསུམ་དུ།།
> འཁྲུལ་པར་གྱུར་པ་མཐོལ་ལོ་བཤགས།།

ཞེས་གསུངས་པ་ལྟར་རོ།།

此處的方式是，雖然自己的罪惡是秘密的，但因為上師瞭解一切，上師瞭解而使我們心生羞愧，因信任上師而對自己三學方面的種種過患以及性格所具的缺點，在上師跟前懺悔並得以清淨，從此以後依照戒律而行，這即是最殊勝的懺悔。

又，覺巴文集七支供偈頌云：

“自他一切圓滿佛，
三身任運而成就，
執為凡夫身語意，
如是迷亂髮露懺。”

ལྔ་པ།
དགེ་བ་ལ་རྗེས་སུ་ཡི་རང་བའི་ཡན་ལག།

དུས་གསུམ་རྒྱལ་བ་ཀུན་དང་སོགས་ཚིག་རྐང་བཞིས་བསྟན་ཏེ། ཕྱོགས་བཅུའི་ཞིང་ཁམས་སུ་དུས་གསུམ་དུ་གཤེགས་བཞུགས་འབྱོན་འགྱུར་གྱི་རྒྱལ་བ་སངས་རྒྱས་འཕགས་པའི་ཚོགས་ཀུན་གྱིས་དང་པོར་སེམས་ཅན་གྱི་དོན་དུ་བྱང་ཆུབ་མཆོག་ཏུ་ཐུགས་བསྐྱེད། བར་དུ་བསྐལ་ཆེན་གྲངས་མེད་གསུམ་དུ་ཚོགས་བསགས། མཐར་སངས་རྒྱས་ནས་སྲིད་མཐའི་བར་དུ་འགྲོ་དོན་མཛད་པ་དང་། བྱང་སེམས་འཕགས་པ་རྣམས་ཀྱིས་བྱང་ཆུབ་ཏུ་སེམས་བསྐྱེད་ནས། རྒྱལ་སྲས་ཀྱི་སྤྱོད་པ་ལ་སློབ་པ་དང་། རང་རྒྱལ་འཕགས་པ་རྣམས་ཀྱིས་རང་བྱང་ཆུབ་ཏུ་སེམས་བསྐྱེད་ནས། བསྐལ་པ་བརྒྱར་ལམ་བསྒྲུབས་ནས་འབྲས་བུ་ཐོབ་པ་དང་། ཉན་ཐོས་འཕགས་པ་རྣམས་ཀྱིས་ཉན་ཐོས་ཀྱི་བྱང་ཆུབ་ཏུ་སེམས་བསྐྱེད་ནས། སྐུ་ཚེ་གསུམ་ལ་ལམ་བསྒྲུབས། མཐར་མི་སློབ་དགྲ་བཅོམ་གྱི་འབྲས་བུ་བརྙེས་པ་བཅས། འཕགས་པ་རྣམས་ཀྱི་བསོད་ནམས་དང་ཡེ་ཤེས་ཀྱི་ཚོགས་གཉིས་རྒྱུན་མི་ཆད་པའི་འཁོར་ལོ་བསྐོར་བ་དང་། རིགས་དྲུག་གི་འགྲོ་བའི་བསོད་ནམས་ཆ་མཐུན་གྱི་དགེ་བ་མ་ལུས་པ་ཐམས་ཅད་ལ་བདག་དགའ་བའི་སེམས་ཀྱིས་རྗེས་སུ་ཡི་རང་ངོ་སྙམ་པས།

དུས་གསུམ་རྒྱལ་བ་ཀུན་དང་འཕགས་པའི་ཚོགས།།
ཚོགས་གཉིས་རྒྱུན་ཆད་མེད་པའི་འཁོར་ལོ་དང་།།
འགྲོ་བའི་དགེ་བ་མ་ལུས་ཐམས་ཅད་ལ།།
དགའ་བའི་སེམས་ཀྱིས་རྗེས་སུ་ཡི་རང་ངོ་།།

ཞེས་བརྗོད།

第五章
隨喜善業支分

“三世諸佛……”等，以四句偈頌宣說。

十方三世過去、未來、現在諸佛聖眾，先為利益眾生而發起菩提心，次於三大阿僧祇劫積累資糧，最後，成佛後於輪迴未空際，利益眾生。諸菩薩聖眾發菩提心後，再修學佛子行；　諸緣覺聖眾，發緣覺菩提心後，經過百劫修道而後證果；諸聲聞聖眾，發起聲聞菩提心後，經過三世修道，最終獲得無學阿羅漢果。對於諸聖眾福慧二資無盡轉輪，以及六道眾生同分福報的一切善行，我以歡喜心來隨喜。如是思惟並念誦：

“三世諸佛以及聖者眾，
二資無盡不斷之轉輪，
一切眾生所具一切善；
具足歡喜心而隨喜之。”

དེ་ཡང་༧སྐྱབས་པའི་བཀའ་འབུམ་ལེ་ཚན། ༥༢༠༦ ལས། རྗེས་སུ་ཡི་རང་བ་དང་འབྲེལ་ཏེ། གཞན་ལྟར་ན། དེ་དག་ཀུན་གྱི་རྗེས་སུ་བདག་ཡི་རང་། དེ་དག་ཀྱང་ཡིན་མོད་ཀྱི། སྐབས་འདིར་བླ་མ་དེ་སྐུ་གསུང་ཐུགས་ཀྱི་རྣམ་པར་ཐར་པའི་མཛད་པ་ཐམས་ཅད་ལ་ལོག་པར་མ་བལྟ་ཞིང་། སྙིང་ཐག་པ་ནས་རྗེས་སུ་ཡི་རང་བ་ཉིད། རྗེས་སུ་ཡི་རང་བའི་མཆོག་ཡིན་ནོ། །སྔོན་སྐམ་པོ་ན་བཞུགས་པའི་དུས་སུ། སློབ་མ་ཁ་ཅིག་གིས་ཁ་རྟགས་པ་ལ་བལྟས་འཚང་ར་བསྟན་ནས་མཚྭལ་ཕུལ་བའི་ལོ་རྒྱུས་གསུངས། བླ་མ་ཞལ་མི་བཞུགས་ན་ཕྱོགས་ལ་ངེས་པ་མེད་དོ། །ཞེས་དང་། ཡང་༧སྐྱབས་པའི་ཡན་ལག་བདུན་པའི་ཚིགས་བཅད་ལས།

རང་གཞན་གདོད་ནས་སངས་རྒྱས་ཤིང་།།
བླ་མེད་དཀོན་མཆོག་གསུམ་པོ་དང་།།
འགྲོ་བ་ཀུན་གྱི་དགེ་བ་ལ།།
སྙིང་ནས་དགའ་ཞིང་ཡི་རང་ངོ་།།

ཞེས་གསུངས་པ་ལྟར་རོ།།

又，覺巴文集第680節講到：與隨喜相關的內容是，同其他一樣（在《普賢行願品》中），“所有功德皆隨喜”等偈頌。

然而，此處，對上師身語意的一切行誼， 不抱邪見而發自內心隨喜，這即是最殊勝的隨喜。

從前，在岡波山這個地方居住時，說過有個弟子面朝牆壁而袒露脊背獻供曼達羅的事，若是上師已圓寂的話，就沒有一定的獻供方向。

又，覺巴七支供養偈頌云：

“自他本來即為佛，
無上佛法僧三寶，
與諸眾生之善行，
由衷歡喜而隨喜。”

དྲུག་པ།
ཆོས་འཁོར་བསྐོར་བར་བསྐུལ་བའི་ཡན་ལག

མགོན་པོ་ཁྱོད་ཀྱིས་ཕྱོགས་བཅུ་ཞེས་རང་ལུས་ཡི་དམ་གྱི་ལྷར་གསལ་བ་དེ་ཉིད་སྐད་ཅིག་གིས་ཚངས་པ་མི་མཛེད་ཀྱི་བདག་པོ་སྐུ་མདོག་སེར་པོ་ཞལ་བཞི་དང་ལྡན་ཞིང་དར་དང་རིན་པོ་ཆེས་བརྒྱན་པ་ཞིག་ཏུ་ལམ་གྱིས་གྱུར། དེ་ལྟར་བླ་མ་སངས་རྒྱས་རིན་པོ་ཆེ་སོགས་སངས་རྒྱས་རེ་རེའི་སྤྱན་སྔར་རང་ལུས་ཚངས་པ་རེར་སྤྲུལ། དེས་སེམས་ཅན་ཐམས་ཅད་དང་ལྷན་ཅིག་ཏུ་ཕྱག་དང་བསྐོར་བ་སྔོན་དུ་འགྲོ་བས་ཕྱུས་མོའི་ལྷ་ང་སར་བཙུགས། ལག་པས་འཁོར་ལོ་རྩིབས་སྟོང་དང་ལྡན་པ་ཐོགས་པ་དེ་ཕུལ་ཏེ། མགོན་པོ་ཁྱེད་ཀྱིས་ཕྱོགས་བཅུའི་འཇིག་རྟེན་གྱི་ཁམས་སུ་གནས་པའི་འགྲོ་བ་རྣམས་ལ། རང་རང་གི་སྐད་དུ་གོ་བའི་གསུང་དབྱངས་ཀྱི་ཡན་ལག་ལྡུགས་ཀྱི་རྒྱ་མཚོའི་སྒྲས་དྲི་མ་མེད་པའི་ཆོས་ཀྱི་འཁོར་ལོ་རང་རང་གི་དབང་པོ་དང་འཚམས་པར་རབ་ཏུ་བསྐོར་ནས་འགྲོ་བ་རྣམས་ཀྱི་རྒྱུད་སྨིན་པར་མཛད་དུ་གསོལ། ཞེས་གསོལ་བ་བཏབ་པས་ཞལ་གྱི་བཞེས་པར་བསམ་པ་དང་བཅས།

> མགོན་པོ་ཁྱོད་ཀྱིས་ཕྱོགས་བཅུའི་འཇིག་རྟེན་དུ།།
> གསུང་དབྱངས་ཡན་ལག་རྒྱ་མཚོའི་སྒྲ་སྐད་ཀྱིས།།
> དྲི་མེད་ཆོས་ཀྱི་འཁོར་ལོ་རབ་བསྐོར་ནས།།
> འགྲོ་རྣམས་མ་ལུས་སྨིན་པར་མཛད་དུ་གསོལ།།

ཞེས་བརྗོད། དེ་ཡང་༧སྐྱོབ་པའི་བཀའ་འབུམ་ལེ་ཚན། ༤༨༠༦ ལས། ཆོས་ཀྱི་འཁོར་ལོ་བསྐོར་བར་བསྐུལ་བ་དང་འབྲེལ་ཏེ། དེའང་ཐོན་བྱུང་བ་འོ་སྐོལ་གྱི་སྟོན་པ་འདི། སངས་རྒྱས་ནས་ཆོས་ཀྱི་འཁོར་ལོ་བསྐོར་བར་བཞེད་པ་ལ། ཉན་པ་མ་བྱུང་བས།

第六章
請轉法輪支分

所謂“怙主您於十方世界中……”，　是指自身明觀為本尊，剎那圓成顯為娑婆世界主，即梵天：其身金色、具四面，以綾羅珠寶裝飾。如此，在上師佛寶等一一上師跟前，自身一一化為梵天，在前面帶領所有眾生一起頂禮、繞行（諸佛）後，膝蓋跪地，手托千輻輪獻供並（勸請）：“怙主，請您對住於十方世間界的諸眾生，以彼等能理解的之各自語言妙音支分—舌之海會音，為彼等轉動適合各自根基的無垢法輪，以令諸眾生的心相續得以成熟。”祈請後觀想（諸佛）允諾，並念誦：

“怙主您於十方世界中，
請以妙音支分海會音，
遍轉無垢殊勝法輪已，
以令一切眾生得成熟。”

又，覺巴文集第680節講到：與請轉法輪相關的內容是：在過去，我們的教主成佛後，欲轉動法輪，卻沒出現聞法者，

ཟབ་ཞི་སྤྲོས་བྲལ་འོད་གསལ་འདུས་མ་བྱས། །ཞེས་པ་ནས། མི་སླ་ནགས་ཀྱི་ནང་དུ་གནས་པར་བྱ། །ཞེས་གསུངས་ནས་བཞུགས་པ་ལ། ཚངས་པ་གདོང་བཞི་པས། གསེར་གྱི་འཁོར་ལོ་རྩིབས་སྟོང་དང་ལྡན་པ་མཁན་བཟོས་མ་བྱས་པ་ཞིག་ཕུལ་ནས། མ་ག་ཧྭ་འདིར་སྤོན་ཆད་ཆོས་འབྱུང་བ། །དག་པ་མ་ལགས་དྲི་མར་བཅས་པ་ལགས། །བདུད་རྩི་ཆོས་ཀྱི་སྒོ་ནི་དབྱེ་མཛད་དེ། །དྲི་མ་མེད་པའི་ཆོས་རྣམས་བཤད་དུ་གསོལ། །ཞེས་བསྐུལ་བ་ཡིན་ལ། འདིའི་ལུང་གསེར་འོད་དམ་པ་ནས། བཅོམ་ལྡན་འདས་ཀྱི་ཞལ་ནས། དེ་ལྟར་ཚངས་པ་གདོང་བཞི་པས། ང་ལ་གསེར་གྱི་འཁོར་ལོ་རྩིབས་སྟོང་དང་ལྡན་པ་ཕུལ་ནས། ཆོས་ཀྱི་འཁོར་ལོ་བསྐོར་བར་བསྐུལ་མ་འདེབས་པ་ཉིད་ནི། སྔོན་ངས་ཚད་མེད་པ་བཞི་དང་ལྡན་པས། འདས་པའི་སངས་རྒྱས་རྣམས་ལ། ཆོས་ཀྱི་འཁོར་ལོ་བསྐོར་བར་བསྐུལ་མ་བཏབ་པ་ལས། ད་ལྟར་འདི་བཞིན་དུ་འོང་བ་ཡིན་ཏེ། ཚངས་པ་འདི་ནི་ཚད་མེད་པ་བཞི་ལས་གྲུབ་པའོ། །ཞེས་གསུངས་སོ།།

རྗེས་འཇུག་ལ་རང་གི་བླ་མ་ལ་ཆོས་ཞུ་བ་རྣམས་ཀྱིས་ཀྱང་། དོན་འདི་ལྟར་ཡིན་ཏེ། འགའ་ཞིག་གདམས་ངག་ཞུ་ཟེར་བ་ལ་མི་མཉེས་པ་དང་། ཇོག་ཇོགས་མཛད་དེ། ཟབ་པ་དང་རྒྱ་ཆེ་བའི་ཆོས་གསུང་བར་ཞུ་ཞེས་ཞུ་བ་འབུལ་དགོས་པ་ཡིན་གསུངས་སོ། །ཞེས་དང་། ཡང་༄སྤྱོད་པའི་ཡན་ལག་བདུན་པའི་ཚིགས་བཅད་ལས། རྒྱལ་སྲས་སྨྲར་དུ་སངས་རྒྱས་ཤིང་། །རྫོགས་པའི་བྱང་ཆུབ་ཐོབ་པ་རྣམས། །ཆོས་ཀྱི་འཁོར་ལོ་བསྐོར་གྱུར་ནས། །འགྲོ་ཀུན་བྱང་ཆུབ་ཐོབ་མཛད་གསོལ། །ཞེས་གསུངས་པ་ལྟར་རོ།།

於是說了“深寂離戲光明無為法，……，故當默然安坐於林間”這些話後，（默然）安坐。 四面梵天（知道這個情況後），供養了一個巧奪天工的千輻輪後，說：“瑪卡達這個地方，過去也有法出現，但不是清淨法，而是有垢法。（現在就）請（世尊）打開甘露法門，（為我等）演說無垢正法吧！”

所謂請轉法輪就是這樣。這個典故出自《金光明經》，世尊親口說，四面梵天如此向我獻供千輻輪，並勸請我轉動法輪，（這是是因為）在過去，我以四無量心，向過去諸佛請轉法輪，所以現在出現（同樣的狀況）。梵天是從四無量心修成的。以後，你們對自己的上師請轉法輪，道理也是這樣的。

（上師）不喜歡某些人說“求口訣”，（因此）寫了（祈請）詞，“祈請(上師給我們)演說甚深且廣大之法”。應該這樣獻上祈請詞。

又，覺巴七支供偈頌云：

“佛子迅速成佛道，
證得圓滿大菩提，
祈請轉動法輪已，
願令眾生證菩提。”

བདུན་པ།
སྐུ་ངན་ལས་མི་འདའ་བར་གསོལ་བ་འདེབས་པའི་ཡན་ལག།

ཞིང་ཁམས་ཀུན་ཏུ་སོགས་ཚིག་རྐང་བཞིས་བསྟན་ཏེ། རང་ཡི་དམ་དུ་གསལ་བའི་ཐུགས་ཀ་ནས་མགོན་པོ་ཚེ་དཔག་མེད་འཆི་མེད་ཀྱི་བདུད་རྩིར་འཛིན་པ་བསམ་གྱིས་མི་ཁྱབ་པར་སྤྲོས་ཏེ། བླ་མ་སོགས་ཚོགས་ཞིང་སྤྲུལ་པའི་སྐུ་རྣམས་ཀྱི་སྐུ་ལ་བསྟིམས་པས་སྐུ་ཚེ་མི་འགྱུར་གཡུང་དྲུང་གི་རང་བཞིན་དུ་གྱུར་པར་བསམ་ཞིང་། དེ་དག་ལ་རྡོ་རྗེའི་རྒྱ་གྲམ་དང་རྒྱ་བྱས་བརྟེགས་པའི་ཁྲི་རེ་རེ་ཕུལ་བ་ལ་བཞུགས་སུ་གསོལ། རང་ལུས་འཆི་མེད་བདུད་རྩིར་བསྒྱུར་ཏེ་ཕྱག་ཏུ་ཕུལ་ནས། ཕུས་བཙུགས་ཐལ་སྦྱར་དང་བཅས། ནམ་མཁའི་མཐས་གཏུག་པའི་ཞིང་ཁམས་ཀུན་ན་བཞུགས་པའི་ཁམས་གསུམ་གྱི་མགོན་པོ་སངས་རྒྱས་སྤྲུལ་པའི་སྐུ་སྲས་དང་བཅས་པ་ཁྱེད་རྣམས་ཇི་སྲིད་ནམ་མཁའ་འདི་གཟུགས་སུ་མ་གྱུར་གྱི་བར་དེ་སྲིད་དུ། སྐུ་མྱ་ངན་ལས་མི་འདའ་བར་རྟག་ཏུ་བཞུགས་སུ་གསོལ། བཞུགས་ནས་ཀྱང་སྟོན་ཐུགས་བསྐྱེད་པའི་ཚེ་འཁོར་བ་མ་སྟོངས་ཀྱི་བར་དུ་སེམས་ཅན་གྱི་དོན་མཛད་པར་ཐུགས་ཀྱི་དམ་བཅའ་ཇི་ལྟར་བཞེས་པ་རྣམས་ཡོངས་སུ་རྫོགས་ཤིང་མཐར་ཕྱིན་པར་མཛད་དུ་གསོལ། ཞེས་གསོལ་བ་སྙིང་ཁུང་ནས་འདེབས་པའི་མོས་པ་དང་བཅས། ཞིང་ཁམས་ཀུན་ཏུ་བཞུགས་པའི་མགོན་པོ་རྣམས།། ཇི་སྲིད་མཁའ་དབྱིངས་ཟད་པར་མ་གྱུར་ཚེ། །མྱ་ངན་མི་མདའ་རྟག་པར་བཞུགས་ནས་ཀྱང་། །ཐུགས་ཀྱི་དམ་བཅའ་རྫོགས་པར་མཛད་དུ་གསོལ། ། ཞེས་བརྗོད་དོ།།

第七章
勸請住世支分

“常住淨土之中怙主眾……”等，以四句偈頌宣說。

從自身明觀為本尊的心間，放射出不可思議的、手捧無死甘露的怙主——無量壽，觀想彼等融入上師眾等資糧田化身之後，身壽不動而成為“ㄓ”自性。向彼等一一獻供十字金剛杵以及孔雀所抬的寶座並請彼等安坐。自身幻化出無死甘露後，獻供於彼等手中，然後合掌跪地，發自肺腑地恭敬祈請：“住於所有虛空邊際一切如來剎土的三界怙主，佛之化身菩薩，請您等在虛空未變為色法之前，不入涅槃，恒常住世，您等於往昔發菩提心時，發願在輪迴未空之前，行眾生之義利，請您等圓滿所立誓言。”

“常住淨土之中怙主眾，
請於虛空法界未盡前，
不入涅槃恒常住世間，
圓滿往昔所立心誓願。”

དེ་ཡང་༧སྐྱབས་པའི་བཀའ་འབུམ་ལེ་ཚན། ༥༢༠༦ ལས། མྱ་ངན་ལས་མི་འདའ་བར་གསོལ་བ་འདེབས་པ་དང་འབྲེལ་ཏེ། དེའང་བཟང་པོ་སྤྱོད་པའི་མདོ་ལས། མྱ་ངན་འདའ་སྟོན་གང་བཞེད་དེ་དག་ལ། །ཞེས་པ་ནས། བདག་གིས་ཐལ་མོ་རབ་སྦྱར་གསོལ་བར་བགྱི། །ཞེས་པའི་བར་ལ་སོགས་པ་བརྗོད་ཅིང་། འཆི་བ་མེད་པའི་ཞལ་ཟས་ཀྱི་བདུད་རྩི་འབུལ་བར་སེམས་པ་དེ་ཡིན་མོད་ཀྱི། སྐབས་འདིར་བླ་མ་དེ་སེམས་ཅན་གྱི་དོན་དུ་ནམ་མཁའ་གནས་ཀྱི་བར་དུ་འཕྲིན་ལས་བསམ་གྱིས་མི་ཁྱབ་པ་དང་ལྡན་པར་བཞུགས་པར་གསོལ་བ་འདེབས་པ་དང་། འཆི་བ་མེད་པའི་བདུད་རྩིའང་། སྐུ་ཁམས་དང་འཕྲོད་པའི་གསོལ་ཟས་དང་། སྨན་ལ་སོགས་པ་འབུལ་ཞིང་། སྐུ་དེ་ཡུན་རིང་དུ་བཞུགས་པའི་ཐབས་དང་། སྐུ་དེ་འོ་མི་བརྒྱལ་བའི་ཞབས་ཏོག་དང་། གཤེགས་བཞུགས་མཛད་པའི་དུས་སུའང་ལམ་སྣ་འདྲེན་ཞིང་ལམ་གྱི་བར་ཆད་སེལ་བ་དང་། ཆིབས་ཁ་འཁྲིད་པ་ལ་སོགས་པ་དང་། ཞབས་ཏོག་ཏུ་གང་འགྱུར་བྱེད་པ་ཡིན། བླ་མ་རིན་པོ་ཆེའི་ཞལ་ནས། ངས་ཚོགས་ན་སྡོད་པའི་དགེ་འདུན་འགའ་ཡར་སྐུའི་རིམ་གྲོལ་བསྐོས་ཏེ། ཐུགས་དམ་མཛད་དུ་བཅུག་པ་ཡིན་ཏེ། དེའང་སེམས་ཅན་གྱི་དོན་དུ་མྱ་ངན་ལས་མི་འདའ་བར་གསོལ་བ་འདེབས་པ་ཡིན་གྱི། དེའི་ཕྱིར་སྐུའི་རིམ་གྲོ་དགེ་རྩ་རྒྱ་ཆེན་པོ་བྱེད་པ་ཡིན། རང་གི་དགེ་སྦྱོར་ཐམས་ཅད་ཀྱང་། སེམས་ཅན་གྱི་དོན་དུ། བླ་མའི་སྐུ་གསུང་ཐུགས་ཀྱི་འཕྲིན་ལས་ཐམས་ཅད་འཛིག་རྟེན་ན་ཡུན་རིང་དུ་བཞུགས་པར་གསོལ་བ་བཏབ་ན། དགེ་སྦྱོར་གྱི་སྟོབས་ཀྱང་དེ་ཡོ་ན་ཆེ་བ་ཡིན།

又，覺巴文集第680節：與勸請不入涅槃相關的內容是，念誦《普賢行願品》中的“諸佛若欲示涅槃……我悉至誠而勸請”等，並思惟獻供無死神饈甘露。然而此處，祈請上師在輪迴未空之際，為眾生義利，作不可思議事業而安住，（向上師）獻供無死甘露，也就是獻供與體質相符的食品和藥物等；（獻供）使身體長久住世的方法；照顧上師不使（上師）身體勞頓；行、住之際（給上師）作道路的嚮導；（為上師）排除道路上的障礙；（為上師）牽馬等等。任何能成為承侍的事都是（勸請不入涅槃）。

上師親口說，我在法會上指定那裏的某個僧人照顧上師的身體，讓他為此立下誓言，這個也是為眾生義利而勸請不入涅槃。因為這個緣故，對（上師）身體的服侍是很大的善根。比起自己的（其他）一切善行，為眾生的利益而祈請上師的身語意事業能長久住世，此善行力更大。

རང་གི་འདོད་པ་ཅུང་ཟད་རེ་གྲུབ་ན། བླ་མ་གང་ལྟར་སོང་ནའང་སོང་གིས་མི་ཕན་པ་ཡིན། ཐོན་ལ་སྟོད་ཀོ་ཆགས་སུ། ཁྲིམ་ཆེན་པོ་ཞིག་གི་གསེབ་ཏུ། འཁོར་རྣམས་ཀྱིས་མ་སླེབས་པར་བླ་མའི་བཀྲལ་བའི་ལོ་རྒྱུས་གསུངས། དེ་ལྟར་ཐབས་སྣ་ཚོགས་ཀྱིས། སྐུ་ངན་ལས་མི་འདའ་བར་གསོལ་བ་བཏབ་ན། གནས་སྐབས་སུའང་སྐྱེ་བ་འདི་དང་། སྐྱེ་བ་ཐམས་ཅད་དུ་ཚེ་རིང་བ་དང་། ལུས་ཀྱི་སྟོབས་ཆེ་ཞིང་། མཐར་ཐུག་ཏུ་སངས་རྒྱས་ནས། གདུལ་བྱ་སློབ་མའི་ཚོགས་རྣམས་ཀྱིས། འཆི་བ་མེད་པའི་བདུད་རྩི་ཐོབ་ནས། སྐུ་ངན་ལས་མི་འདའ་བར་གསོལ་བ་འདེབས་པ་འབྱུང་བ་ཡིན་ནོ།། ཞེས་དང་། ཡང་༧སྐྱབས་པའི་ཡན་ལག་བདུན་པའི་ཚིགས་བཅད་ལས།

སྟོན་པ་ཐུགས་རྗེ་ཆེན་པོ་རྣམས།།
སྐུ་ངན་འདའ་བར་གང་བཞེད་པ།།
ཐོན་གྱི་དམ་བཅས་མ་བསླེལ་བར།།
སྐུ་ངན་མི་འདའ་བཞུགས་སུ་གསོལ།།

ཞེས་གསུངས་པ་ལྟར་རོ།།

如果只為自己的一點點私欲而做（承侍）的話，則無論上師怎樣也於己無益。

過去，在西藏上部果恰這個地方，在一個大市集上，眷屬們沒有到市集（幫助上師）而使上師受勞累。曾經有過這樣的事。

因此，如果能以種種方法祈請上師不入涅槃的話，**暫時的果報是**，今生以及生生世世都會壽命綿長、身強力壯；**究竟的果報**是，自己成佛後，眾弟子們會手捧無死甘露，祈請自己不入涅槃。

又，覺巴七支供養偈頌這樣說：

“教主大慈大悲眾，
若有欲示涅槃者，
勿忘往昔之誓願，
祈久住世不涅槃　。”

བརྒྱད་པ།
བསྔོ་བའི་ཡན་ལག།

དགེ་བ་འདི་དང་སོགས་ཚིག་ཀྲང་བཞིས་བསྟན་ཏེ། འདི་ལྟར་འཕགས་པ་རྣམས་ཀྱི་སྐུ་བལྟས་ཤིང་དགའ་བའི་ཏིང་ངེ་འཛིན་སྒྲུབ་པ་དང་། སྒོ་གསུམ་གུས་པས་ཕྱག་འཚལ་བ་དང་། ཕྱི་ནང་གསང་བ་དེ་ཁོ་ན་ཉིད་དང་བཅས་པའི་མཆོད་པས་མཆོད་པ་དང་། བཅས་རང་གི་སྡིག་ལྟུང་བཤགས་པ་དང་། སྐྱེ་འཕགས་ཡོངས་ཀྱི་ལེགས་བྱས་ལ་ཡི་རང་བསྒྲིད་པ་དང་། ཆོས་འཁོར་བསྐོར་བར་བསྐུལ་བ་དང་། ཡུན་དུ་བཞུགས་པར་གསོལ་བ་བཅས་ཀྱིས་དགེ་བ་ཇི་ལྟར་བསགས་པ་འདི་རྣམས་དང་། གཞན་ཡང་འཁོར་བའི་སེམས་ཅན་རྣམས་ཀྱིས་བསགས་པ་དང་། གསོག་པར་འགྱུར་བ་དང་། གསོག་བཞིན་གྱི་དགེ་བ་དང་། འཕགས་པ་རྣམས་ཀྱི་ཚོགས་གཉིས་བསགས་དང་གསོག་འགྱུར་གསོག་བཞིན་བཅས་དང་། གཤིས་ཀྱི་ཡོད་དགེ་ཁམས་རང་བཞིན་རྣམ་དག་བཅས་དགེ་ཚོགས་དྲི་མ་མེད་པ་དེ་རྣམས་འཁོར་བ་དང་རང་དོན་གྱི་རྒྱུར་མི་སྨིན་པར། འགྲོ་བ་རྣམས་སངས་རྒྱས་ཀྱི་གོ་འཕང་ཐོབ་པའི་རྒྱུ་ཁོ་ནར་སྨིན་པར་ཤོག་ཅིག་སྙམ་པ་དང་བཅས།

> དགེ་བ་འདི་དང་འཁོར་འདས་ཐམས་ཅད་ཀྱིས།།
> དུས་གསུམ་བསགས་པར་གྱུར་པའི་དགེ་བ་དང་།།
> གདོད་ནས་ཡོད་པའི་དགེ་བ་དྲི་མེད་དེས།།
> འགྲོ་རྣམས་བླ་མེད་མཆོག་ལ་འགོད་པར་ཤོག །

ཅེས་བརྗོད།

第八章
回向支分

“願以此善以及輪與涅……”等，以四句偈頌宣說。

如此，瞻禮諸聖眾之身而修持喜悅禪定；三門虔敬地頂禮；獻供內、外、密、真如四種；懺悔自己的遮罪和性罪；隨喜凡聖的一切善業；勸請（諸聖眾們）轉動法輪；以祈請（諸聖眾）長久住世而積累的一切善業，以及輪迴諸眾生過去已累積的、現在正累積的、未來將累積的善業，以及聖眾過去已累積的、現在正累積的、未來將累積的善業，以及本具之善—界自性清淨無垢諸善業，但願所有這些善業，都不為輪迴及自己義利而成熟，唯願（所有這些善業）只為一切眾生獲得佛果而成熟。如是思惟並念誦：

“願以此善以及輪與涅，
三世所積一切之善業，
以及本具無垢此善根，
以將眾生置于無上果。”

དེ་ཡང་༧སྐྱོབ་པའི་བཀའ་འབུམ་ལེ་ཚན། ༥༢༠༦ ལས། རྗེས་བསྔོ་བ་དང་འབྲེལ་ཏེ། དགེ་བའི་རྩ་བ་ཐམས་ཅད། སེམས་ཅན་ཐམས་ཅད་ཀྱིས་སངས་རྒྱས་ཐོབ་པའི་ཕྱིར་བསྔོ་བ་ཡིན་མོད་ཀྱི། དེ་བས་ཀྱང་། དགེ་བའི་རྩ་བ་ཅི་བྱས་ཐམས་ཅད་ཀྱང་བླ་ན་མེད་པའི་སྐུ་གསུང་ཐུགས་ཀྱི་དགོངས་པ་མཐའ་དག་ཡོངས་སུ་རྫོགས་པའི་ཕྱིར་བསྔོ་བ་ཕོ་ན་མཆོག་ཡིན་ཏེ། བླ་མ་དེའི་ཐུགས་དགོངས་ཀྱང་། ནམ་མཁའ་དང་མཉམ་པའི་སེམས་ཅན་ཐམས་ཅད་ཀྱིས་སངས་རྒྱས་ཐོབ་པར་འདོད་པའི་དགོངས་པ་ལས། གཞན་མེད་པའི་དོན་མཚུངས་པའང་ཡིན་མོད་གསུངས། །ཞེས་དང་།

ཡང་འདི་ལྟར་འགྲོ་མགོན་ཕག་མོ་གྲུ་པའི་ཞལ་སྔ་ནས། ཚེ་འཁོར་བ་ཐོག་མ་མེད་པར་འཁོར་བ་སྡུག་བསྔལ་གྱི་རྒྱ་མཚོ་ཆེན་པོར་འཁྱམས་པའི་རྒྱུ་གང་གིས་ལན་ན། བསྔོ་བ་མ་ཤེས་པ་གཅིག་པུས་ལན་པ་ཡིན་གསུངས། འོ་ན་དགེ་བའི་རྩ་བ་མ་བྱས་པ་ཡིན་ནམ་སྙམ་ན། དགེ་བའི་རྩ་བ་ལྟ་མང་པོ་བྱས་ཏེ། སྨོན་ལམ་གྱི་ཉེས་པས་འཁོར་བའི་རྒྱུ་འབྲས་ཤ་སྟག་ཏུ་སྨིན་པ་མ་གཏོགས། ཉན་ཐོས་དང་རང་སངས་རྒྱས་ཀྱི་བྱང་ཆུབ་ལྟ་སྨོས་ཀྱང་ཅི་དགོས། དེས་ན་རྫོགས་པའི་སངས་རྒྱས་སུ་བསྔོ་བ་མ་གཏོགས་པ་འཇིག་རྟེན་གྱི་ཆོས་བསྒོར་མི་བཏུབ། བསྔོས་ན་གང་དུ་བསྔོས་པ་དེར་འགྲུབ་སྟེ། དེ་ལྟར་ཡང་།གང་གིས་སྨོན་ལམ་ཅི་བཏབ་པ། །དེ་ནི་དེ་ལྟ་ཉིད་དུ་འགྱུར། །འདུན་པའི་རྩེ་ལ་རབ་ཏུ་གནས།།

復又，覺巴文集第680節：與結行回向相關的內容是，雖然，所有善業乃為一切眾生獲得佛果而作回向，然而，比這更殊勝的回向是，任何所作善根，都是為最終圓滿（上師）無上身語意之意趣而回向。

上師的心意，也唯有欲求等虛空一切眾生獲得佛果，而不是其他心意。雖然如此，但眾生怙主帕摩竹巴上師又親口說，生生世世無始以來在痛苦輪迴大海流轉的因，是如何受取的呢？僅僅是由不懂得回向而受取的。那麼，如果心想，是不是沒有做過善業呢？(回答是)，善業是做過很多了，但因錯誤發願，致使（善業）全部僅僅成熟在輪迴的因果上，更不用說成熟在聲聞及緣覺的菩提上。

因此，只應回向成就圓滿佛果，而不能回向世間法。若迴向，則會（依）如何回向（而）如何成就。正是，“何人發何願，如願而實現，願望之上住。”

གསུངས་པ་ཆེ་རིང་བ་དང་། ནད་མེད་པ་དང་ལོངས་སྤྱོད་ཕུན་སུམ་ཚོགས་པ་དང་གཟུགས་མཛེས་པ་ལ་སོགས་པར་མི་བསྔོ་བར། རྫོགས་པའི་བྱང་ཆུབ་འབའ་ཞིག་ཏུ་བསྔོས་ན། སངས་རྒྱས་དེ་གཟུགས་མཛེས་པ་དང་། ཆེ་རིང་བ་དང་ལོངས་སྤྱོད་ཕུན་སུམ་ཚོགས་པའི་མཐར་ཐུག་པ་ཡིན་པས་འབྲས་འཁོར་མ་རྒྱས་པ་ལོ་ལེགས་ན། ཕུབ་སོག་ཞོར་ལ་འབྱུང་བ་བཞིན་དུ་ཕུན་སུམ་ཚོགས་པ་ཐམས་ཅད་ལྷུན་གྲུབ་ཏུ་འབྱུང་བས། རྫོགས་པའི་བྱང་ཆུབ་ཏུ་བསྔོ་བ་འདི་བས་ཟབ་པ་དང་རྒྱ་ཆེ་བ་མེད། དེ་ཕན་ཡོན་བསམ་གྱིས་མི་ཁྱབ་པས་བསྔོ་བ་འདི་ལ་ནན་ཏན་ཤིན་ཏུ་ཆེ་བར་བྱ་གསུངས། ཡང་༸སྐྱབས་པའི་ཡན་ལག་བདུན་པའི་ཚིགས་བཅད་ལས།

བདག་དང་འགྲོ་བ་མ་ལུས་པ།།
གདོད་ནས་ཡོད་པའི་དགེ་བ་དང་།།
དུས་གསུམ་བསགས་པའི་དགེ་བ་འདིས།།
འགྲོ་ཀུན་བྱང་ཆུབ་མཆོག་ཐོབ་ཤོག །

ཞེས་གསུངས་པ་ལྟར་རོ།།

就是說，不要迴向長壽、健康、富貴、美麗等等，如果只回向圓滿菩提的話，佛乃色相美麗、壽命綿長以及受用豐盛之究竟，因此，如同稻穀成長豐收而附帶獲得穀糠稻秸，一切豐盛圓滿將會任運成就。

沒有比回向圓滿菩提更深奧更廣大的了。彼功德不可思議故，應認認真真地作此回向。

又，覺巴七支供養偈頌這樣說：

“我與一切諸有情，
以此本具之善業，
以及三世所積善，
回向眾生證菩提。”

དགུ་པ།
དབང་གིས་རྒྱུད་སྨིན་པར་གསོལ་བ་འདེབས་པ།

རྒྱལ་བའི་སྐུ་གསུང་སོགས་ཚིག་རྐང་བཞིས་བསྟན་ཏེ། དཔལ་ལྡན་བླ་མ་རྒྱལ་བའི་དབང་པོས་ཁྱོད་ཀྱི་སྐུའི་ཕོ་བྲང་བདེ་ཆེན་གྱི་འཁོར་ལོ་གསུང་གི་ཕོ་བྲང་ལོངས་སྤྱོད་ཀྱི་འཁོར་ལོ། ཐུགས་ཀྱི་ཕོ་བྲང་ཆོས་ཀྱི་འཁོར་ལོ་རྣམས་ནས་ཚད་མེད་པའི་ཐུགས་རྗེ་ཆེན་པོའི་བྱིན་རླབས་ཐམས་ཅད་འོད་ཟེར་གྱི་རྣམ་པར་བྱོན་ནས། བདག་གི་ལུས་ངག་ཡིད་གསུམ་དང་སད་རྨི་གཉིད་གསུམ་གྱི་སྡིག་སྒྲིབ་ཐམས་ཅད་དག་ཅིང་། ཁྱེད་རང་གི་སྐུ་གསུང་ཐུགས་དང་དབྱེར་མེད་དུ་འགྱུར་བར་མཛད་དུ་གསོལ། ཞེས་གསོལ་བ་འདེབས་པའི་མོས་པ་དང་བཅས། རྒྱལ་བའི་སྐུ་གསུང་ཐུགས་ཀྱི་ཕོ་བྲང་ནས། །ཚད་མེད་ཐུགས་རྗེ་ཆེན་པོའི་འོད་ཟེར་གྱིས། །བདག་གི་ལུས་ངག་ཡིད་གསུམ་དག་བྱས་ནས། །ཁྱོད་ཀྱི་སྐུ་གསུང་ཐུགས་སུ་འགྱུར་མཛད་གསོལ། །ཞེས་བརྗོད་དོ།།

འདིར་ཚད་མེད་ཐུགས་རྗེ་ཆེན་པོའི་འོད་ཟེར་གྱིས།ལུས་ངག་ཡིད་གསུམ་དག་པར་བྱས་ནས། རྒྱལ་བའི་སྐུ་གསུང་ཐུགས་སུ་འགྱུར་བར་བྱེད་པ་དེ་ནི། ཐུན་མོང་དང་ཐུན་མོང་མ་ཡིན་པའི་བཀའ་བརྒྱུད་ཀྱི་བྱིན་རླབས་བརྒྱུད་པའི་ཧིང་ངེ་འཛིན་གྱི་དབང་བསྐུར་ལ་གོ་དགོས་ཤིང་། དེ་ཡང་བུམ་དབང་གི་དོན་དུ་གསོལ་བ་འདེབས་པ་ནི།

དཔལ་ལྡན་བླ་མ་མཚན་རྣམས་ཀུན་རང་བཞིན།།
བདག་གི་སྤྱི་བོར་ལུས་ཀྱི་ཐིག་ལེ་ལ།།
ཉེ་བར་ཞུགས་ནས་བུམ་དབང་དགའ་བའི་རྒྱུས།།
སད་པའི་བག་ཆགས་དག་པར་མཛད་དུ་གསོལ།།

第九章
祈請以灌頂成熟相續支分

“而從如來身語意壇城……”，以四句偈頌宣說。

具德上師勝者之王，您之身壇城大樂輪，語壇城受用輪，意壇城諸法輪，從（您身語意壇城眾）放射一切無量、大悲、加持的光芒，淨除我身、語、意三方面以及醒、夢、睡三階段的罪障，祈願我之身語意與您之身語意無二無別！如此恭敬祈請而念誦：

“而從如來身語意壇城，
以此無量大悲心毫光，
願請潔淨我之身語意，
轉為您之殊勝身語意。”

此處，以無量大悲心光芒，潔淨身語意三者，而使其能轉化為佛之身語意，（這點）需要從共與不共的噶舉加持傳承的禪定灌頂去理解。

一、祈請寶瓶灌頂

“具德上師自性具諸相，
入我頂門安住身明點，
請以寶瓶灌頂喜甘露，
令得清淨醒時之習氣。”

ཞེས་གསོལ་བ་བཏབ་པས་བླ་མའི་དཔྲལ་བ་ནས་འོད་ཟེར་དཀར་པོ་འཕྲོས། རང་གི་དཔྲལ་བར་ཐིམ། བུམ་པའི་དབང་ཐོབ། ལུས་ཀྱི་སྒོ་ནས་བསགས་པའི་སྒྲིབ་པ་དག་ཅིང་། ཐ་མལ་ཡུལ་གྱི་གནས་སྐབས་ལས་སད་པའི་དྲི་མ་སྦྱངས། བསྐྱེད་པའི་རིམ་པ་བསྒོམ་པ་ལ་དབང་། སྤྲུལ་པའི་སྐུའི་ས་བོན་དང་བག་ཆགས་རྒྱུད་ལ་བཞག འབྲས་བུ་སྐུ་རྡོ་རྗེ་འགྲུབ་པའི་ནུས་པ་དང་སྐལ་ལྡན་དུ་བྱས། གསང་དབང་གི་དོན་དུ།

ལོངས་སྤྱོད་རྫོགས་པ་སེམས་ཅན་ཀུན་གྱི་སྐད།།
བདག་གི་མགྲིན་པར་ངག་གི་ཐིག་ལེ་ལ།།
ཉེ་བར་བཞུགས་ནས་གསང་དབང་མཆོག་དགའི་མེས།།
རྨི་ལམ་བུད་ཤིང་བསྲེག་པར་མཛད་དུ་གསོལ།།

ཞེས་གསོལ་བ་བཏབ་པས། བླ་མའི་མགྲིན་པ་ནས་འོད་ཟེར་དམར་པོ་འཕྲོས། རང་གི་མགྲིན་པར་ཐིམ། གསང་བའི་དབང་ཐོབ། ངག་གི་སྒོ་ནས་བསགས་པའི་སྒྲིབ་པ་དག་ཅིང་། གཉིད་འཐུག་གི་ཡིད་འདུ་བྱེད་དང་བཅས་པའི་རྨི་ལམ་གནས་སྐབས་ཀྱི་དྲི་མ་སྦྱངས། སྟེང་སྒོ་རྣམ་པར་གྲོལ་བའི་རིམ་པ་བསྒོམ་པ་ལ་དབང་། ལོངས་སྤྱོད་རྫོགས་པའི་སྐུའི་ས་བོན་དང་བག་ཆགས་རྒྱུད་ལ་བཞག ཤེར་དབང་གི་དོན་དུ།

རྗེ་བཙུན་བླ་མ་མི་རྟོག་ཆོས་ཀྱི་སྐུ།།
བདག་གི་སྙིང་གར་ཡིད་ཀྱི་ཐིག་ལེ་ལ།།
ཉེ་བར་བཞུགས་ནས་ཤེས་རབ་ཡེ་ཤེས་ཀྱི།།
གཉིད་འཐུག་མུན་པ་སངས་པར་མཛད་དུ་གསོལ།།

祈請後，從上師的眉間放射出白色毫光，融入自己的眉間，（從而）得到寶瓶灌頂，淨除身所積累的業障，清淨凡俗對境當下清醒階段的垢染，獲得觀修生起次第的權利，能在相續中播下化身的種子與習氣，使具有證得身金剛的能力和福分。

二、祈請秘密灌頂

"受用圓滿一切有情語，
入我喉間安住語明點，
請以秘密灌頂勝喜火，
令得夢境皆付之一炬。"

祈請後，從上師喉間放射紅色毫光，融入自己的喉間，（從而）得到秘密灌頂，淨除語所積累的業障，清淨熟睡時具有意與行的夢階段的垢染，獲得觀修頂門解脫的權利，能在相續中播下圓滿報身的種子與習氣。

三、祈請智慧灌頂

"至尊上師無妄念法身，
入我心間安住意明點，
請以智慧灌頂之本覺，
令得清淨黑暗之沉睡。"

ཞེས་གསོལ་བ་བཏབ་པས། བླ་མ་ཐུགས་ཀ་ནས་འོད་ཟེར་སྔོན་པོ་འཕྲོས། རང་གི་སྙིང་གར་ཐིམ། ཤེས་རབ་ཡེ་ཤེས་ཀྱི་དབང་བསྐུར་བ་ཐོབ། ཡིད་ཀྱི་སྒོ་ནས་བསགས་པའི་སྒྲིབ་པ་དག་ཅིང་། ཚོགས་དྲུག་ཀུན་གཞིས་བསྡུས་པའི་གཉིད་འཐུག་གནས་སྐབས་ཀྱི་དྲི་མ་སྦྱངས། འོག་སྒོ་བདེ་བ་ཆེན་པོའི་རིམ་པ་བསྒོམ་པ་ལ་དབང་། ཆོས་ཀྱི་སྐུའི་ས་བོན་དང་བག་ཆགས་རྒྱུད་ལ་བཞག །འབྲས་བུ་ཐུགས་རྡོ་རྗེ་འགྲུབ་པའི་ནུས་པ་དང་སྐལ་ལྡན་དུ་བྱས་པ་ཡིན་ནོ།།

དབང་བཞི་པའི་དོན་དུ།

འགྲོ་བའི་མགོན་པོ་ལྷན་ཅིག་སྐྱེས་པའི་སྐུ། །
བདག་གི་ལྟེ་བར་ཡེ་ཤེས་ཐིག་ལེ་ལ། །
ཉེ་བར་བཞུགས་ནས་ཤེས་རབ་ཆེན་པོའི་དབང་། །
བསྐུར་བས་འཕོ་མེད་དགའ་བ་ཐོབ་འགྱུར་མཛོད། །

ཅེས་གསོལ་བ་བཏབ་པས། བླ་མའི་ལྟེ་བ་ནས་འོད་ཟེར་སེར་པོ་འཕྲོས། རང་གི་ལྟེ་བར་ཐིམ་པས་དབང་བཞི་པ་ཚིག་དབང་རིན་པོ་ཆེ་ཐོབ། སྒོ་གསུམ་ཐ་དད་དུ་འཛིན་པའི་དྲི་མ་དག །ཐ་མལ་སྒོམ་འཇུག་ལས་འཕོ་བའི་བག་ཆགས་ཀྱི་གནས་སྐབས་དྲི་མ་སྦྱངས། དབང་བཞི་པ་ཐོབ། ཕྱག་རྒྱ་ཆེན་པོ་བསམ་དུ་མེད་པ་བསྒོམ་པ་ལ་དབང་། ངོ་བོ་ཉིད་ཀྱི་སྐུའི་ས་བོན་དང་བག་ཆགས་རྒྱུད་ལ་བཞག འབྲས་བུ་ཡེ་ཤེས་རྡོ་རྗེ་འགྲུབ་པའི་ནུས་པ་དང་སྐལ་ལྡན་དུ་བྱས་པ་ཡིན་ནོ། །སླར་ཡང་། ཀུན་ཏུ་བདག་དང་མཁའ་མཉམ་སེམས་ཅན་གྱི། །གདོད་མའི་ལུས་ངག་ཡིད་དང་ཡེ་ཤེས་རྣམས། །ཁྱོད་ཀྱི་རྡོ་རྗེ་བཞི་དང་མཉམ་སྦྱོར་བས། །མཆོག་བདེ་མངོན་དུ་འགྱུར་བར་མཛད་དུ་གསོལ། །ཞེས་གསོལ་བ་བཏབ་པས་བླ་མ་དམ་པ་འོད་ཟེར་གྱི་གོང་བུར་ཞུ་ནས་རང་ལ་ཐིམ་པས། བླ་མའི་སྐུ་གསུང་ཐུགས་དང་རང་གི་ལུས་ངག་ཡིད་གསུམ་དབྱེར་མེད་དུ་གྱུར་པར་བསམ་ལ་མཉམ་པར་བཞག་པ་དེའོ།།

祈請後，從上師心間放射出藍色毫光，融入自己的心間，（從而）得到智慧灌頂，淨除意所積累的業障，清淨六識被阿賴耶所攝的沉睡階段的垢染。獲得觀修下門大樂的權利，能播下法身種子與習氣，使具有證得意金剛的福分與能力。

四、祈請第四灌頂

“眾生怙主俱生之妙身，
入我臍間安住覺明點，
請以大智慧第四灌頂，
令得無有變遷之喜悅。”

祈請後，從上師的臍間放射出黃色毫光，融入自己的臍間，（從而）得到第四灌語句灌頂。淨除執持三門分別的垢染，清淨凡夫和合明點漏失階段的垢染。得到第四灌頂，獲得觀修無思大手印的權利，播下自性身的種子與習氣，使具有證得智慧金剛的能力與福分。繼續祈請：

“我與虛空一切有情眾，
本俱清淨身語意本覺，
相應和合您之四金剛，
祈請現證殊勝之大樂。”

祈請之後，上師化作光團，融入自身， 觀想自己的身語意與上師的身語意無二無別而平等安住。

བཅུ་པ།
སྨོན་ལམ་གདབ་པ།

མགོན་པོ་ཁྱོད་ཀྱིས་བླ་མ་སོགས་ཚིག་རྐང་ཉི་ཤུ་རྩ་བརྒྱད་ཀྱིས་བསྟན་ཏེ། འདི་དག་གོ་སླ་བས་ས་བཅད་ཙམ་བརྗོད་ན།

མགོན་པོ་ཁྱོད་ཀྱིས་བླ་མ་དམ་པ་ལ།།
ཇི་ལྟར་མཆོད་ཅིང་མཉེས་པར་མཛད་པ་ལྟར།།
བདག་ཀྱང་ཁྱོད་ལ་མཆོད་སྤྲིན་རྒྱ་མཚོ་ཡིས།།
རྟག་ཏུ་མཆོད་ཅིང་མཉེས་པ་བྱེད་པར་ཤོག།

ཁམས་གསུམ་གྱི་མགོན་པོ་ཁྱོད་ཀྱིས་སྔོན་བྱང་ཆུབ་སེམས་དཔའི་སྤྱོད་པ་སྤྱོད་པའི་ཚེ། བླ་མ་དམ་པ་ལ་ཇི་ལྟར་མཆོད་ཅིང་མཉེས་པར་མཛད་པ་ལྟར། བདག་གིས་ཀྱང་ཇི་སྲིད་བྱང་ཆུབ་མ་ཐོབ་ཀྱི་བར་དུ། ཟས་དང་རིམ་གྲོ་བཀའ་བཞིན་སྒྲུབ་པ་སོགས་ཀྱི་མཆོད་སྤྲིན་རྒྱ་མཚོས་མགོན་པོ་ཁྱོད་དུས་རྟག་ཏུ་མཆོད་ཅིང་ཐུགས་མཉེས་པ་བྱེད་པར་ཤོག་ཅིག །

བདག་ནི་ཁྱོད་ཀྱི་རྗེས་སུ་ཞུགས་གྱུར་ཏེ།།
སྐུ་གསུང་ཐུགས་ཀྱི་རྣམ་པར་ཐར་པ་ལ།།
སྲུ་རྩེ་ཙམ་ཡང་གཡོ་བ་མེད་པ་ཡི།།
སྤྱོད་པ་དཔག་མེད་བདག་གིས་སྤྱོད་པར་ཤོག།

第十章
發願支分

“怙主您於正等之上師……” 等，以二十八句偈頌宣說。此等偈頌易於理解，故只對綱要略作講述。

“怙主您於正等上師眾，
如何獻供如何令歡喜，
願我於您亦以供雲海，
恒常供養並令您歡喜。”

三界怙主，您於往昔行持菩薩行時，是如何供養正等上師並令上師歡喜的，同樣，我也在未證菩提之前，恒時以財物、承侍、依教修行等供雲海向怙主您獻供，並令您歡喜。

“願我能夠追隨仿效您，
於您身語意之妙行誼，
無有一絲一毫之動搖，
無量行持願我皆效行。”

བདག་བྱང་ཆུབ་མ་ཐོབ་ཀྱི་བར་དུ་མགོན་པོ་ཁྱོད་ཀྱི་རྗེས་སུ་ཞུགས་ཤིང་སློབ་མར་གྱུར་ཏེ། དེའི་ཚེ་ཁྱོད་ཀྱི་སྐུ་གསུང་ཐུགས་ཀྱི་རྣམ་ཐར་བཟང་པོ་ལ་ཐ་ན་སྤུའི་རྩེ་མོ་ཙམ་ཡང་ལོག་རྟོག་གི་གཡོ་བ་མ་མཆིས་པ། ཇི་ལྟར་གསུངས་ཤིང་གདམས་པའི་དོན་བྱང་ཆུབ་སེམས་དཔའི་སྤྱོད་པ་དཔག་ཏུ་མེད་པ་བདག་གིས་སྤྱོད་པར་ཤོག་ཅིག།

བདག་ནི་འཇིག་རྟེན་གསུམ་ན་གྲགས་གྱུར་ཏེ།།
གང་གིས་བདག་མིང་ཐོས་དང་དྲན་པས་ཀྱང་།།
ཉམ་ཐག་མནར་བའི་སྡུག་བསྔལ་རབ་ཞི་ནས།།
བདེ་ཆེན་རྒྱལ་བའི་གོ་འཕང་ཐོབ་པར་ཤོག།

དེ་ལ་བརྟེན་ནས་འཕགས་པ་ཕྱུག་ན་པདྨོ་ལྟར་ས་འོག་ས་སྟེང་ས་བླའི་འཇིག་རྟེན་གསུམ་ན་བདག་གི་ཡོན་ཏན་རབ་ཏུ་གྲགས་པར་གྱུར་ཏེ། འགྲོ་བ་གང་དག་གིས་བདག་གི་མིང་ཐོས་པ་དང་དྲན་པ་ཙམ་གྱིས་ཀྱང་། ཚ་གྲང་བཀྲེས་སྐོམ་ལ་སོགས་པས་ཉམ་ཐག་ཅིང་མནར་བའི་ལུས་སེམས་ཀྱི་སྡུག་བསྔལ་ཐམས་ཅད་རབ་ཏུ་ཞི་ནས། སྡུག་བསྔལ་ཀུན་དང་བྲལ་བའི་བདེ་བ་ཆེན་པོ་སངས་རྒྱས་ཀྱི་གོ་འཕང་དམ་པ་ཐོབ་པར་ཤོག་ཅིག །བདེ་ཆེན་རྒྱལ་བའི་གོ་འཕང་ཐོབ་པར་ཤོག །ཅེས་པའི་དོན་ནི་ཀྱེའི་རྡོ་རྗེ་རྩ་རྒྱུད་ལས།

ནམ་མཁའི་ཁམས་ནི་པདྨ་ལ།།
བྷ་ག་ཞེས་བྱ་ཡེ་ཤེས་བརྗོད།།
སྒོམ་པ་ཞེས་བྱ་སྙོམས་འཇུག་ཉིད།།
དེ་ཡི་བདེ་བ་འཁོར་ལོར་བརྗོད།།
རིམ་པ་ཇི་བཞིན་རང་རིག་ཉིད།།

願我未證菩提之前，都能追隨怙主您，成為您的弟子， 期間，對您身語意的善妙行誼 ，絲毫不被邪分別所動搖，願我能依教言口訣，行持無量菩薩行！

“願我名號普聞於三界，
任何聞我名者念我者，
貧困逼惱之苦盡息止，
得證大樂如來之果位。”

憑藉菩薩行，願我如同觀世音菩薩一般，功德聲名普遍傳揚於地下、地上和天上三界，任何眾生，僅憑聽聞我的名號或僅憶念我的名號， 即能息止一切饑、渴、冷、熱等貧困逼惱的身心痛苦， 願（彼等）能證得遠離一切痛苦之大樂，最終證得正等佛果！

所謂“得證大樂如來之果位”，其含義在《喜金剛根本續》中講到：

“虛空之界即蓮花，
佛母密處即本慧，
觀修即為等和合，
產生安樂謂之輪，
依循次第即自明。”

ཅེས་གསུངས་པའི་དོན་དེའི་འགྲེལ་པ་མངའ་བདག་མར་པ་ལོ་ཙྪའི་འབུམ་ཆུང་ཉི་མ་ལས། ཡུམ་གྱི་པདྨ་ཡུལ་ཆོས་ཉིད་སྟོང་པ། ཡབ་ཀྱི་རྡོ་རྗེ་དེ་ཡུལ་ཅན་རིག་པའི་ཡེ་ཤེས་སྒོམ་པ་ནི། ཡུལ་ཆོས་ཉིད་སྟོང་པ་དེ། ཡུལ་ཅན་རིག་པའི་ཡེ་ཤེས་རྟོགས་པར་བྱ་བའི་ཕྱིར་སྒོམས་པར་ཞུགས་པའོ།།

དགའ་བ་བཞི་རྣམ་རྟོག་གཙོད་པ་དེའི་བདེ་བའོ། །རྟོག་བཅས་ཀྱི་དགའ་བ་ལ་བརྟེན་ནས། རང་གི་ལྷན་སྐྱེས་རིག་པ་ལ། རང་རིག་ཉིད་དོ།། ཞེས་གསུངས་པ་རང་རིག་ལྷན་ཅིག་སྐྱེས་པའི་བདེ་སྟོང་ཡེ་ཤེས་ཆོས་སྐུ་རྡོ་རྗེ་འཆང་གི་གོ་འཕང་ཐོབ་པར་ཤོག་ཅིག་སྨོན་པའོ།།

བདག་ནི་སེམས་ཅན་ཁམས་དང་མཉམ་པ་ཡིས།།
གང་གིས་འདུལ་བའི་གཟུགས་སུ་བདག་གྱུར་ནས།།
དགའ་བའི་ཡིད་ཀྱིས་སྐྱབས་སུ་སོང་གྱུར་ཏེ།།
བླ་མེད་བྱང་ཆུབ་མཆོག་ལ་འགོད་པར་ཤོག།

གཞན་ཡང་བདག་གི་ལུས་ནམ་མཁའི་མཐའ་ཀླས་པའི་སེམས་ཅན་གྱི་གྲངས་དང་མཉམ་པར་གྱུར་བ་དང་། གདུལ་བྱ་གང་དང་གང་ལ་འདུལ་བྱེད་སྤྲུལ་པ་གང་དང་གང་གིས་འདུལ་བ་དེ་དང་དེའི་གཟུགས་སུ་བདག་གྱུར་ནས། དེ་ཚེ་སེམས་ཅན་དེ་རྣམས་ཀྱིས་བདག་ལ་དགའ་བའི་ཡིད་ཀྱིས་སྐྱབས་སུ་འགྲོ་བ་དང་། བདག་གིས་ཀྱང་དེ་ཐམས་ཅད་བླ་ན་མེད་པའི་བྱང་ཆུབ་མཆོག་ལ་འགོད་པར་ཤོག་ཅིག །

此偈頌所說的內容解釋，法主瑪爾巴譯師的《小十萬日光》中講到：觀修佛母蓮花為“境”，即空性法性；觀修佛父金剛杵為“有境”，即明覺本慧。對於“境”法性空性，是“有境”明覺本慧所應證，因此謂為雙運。

四喜即斬斷妄念之樂。依靠具有分別念的喜，對於自己的俱生明覺，能夠自明自覺。如其所說，祈願（自己）能證得自明俱生之樂空本慧—法身金剛總持的果位。

“願我化身量等眾生界，
何者應度我身化為彼，
願令彼等歡喜作皈依，
將彼置於無上勝菩提。”

此外，願我之身幻化為量等廣袤虛空眾生之數，對於任何應度化的眾生，我能依照彼等種種樣貌，幻化出能作度化的任何化身。願彼等眾生能對我心生歡喜而作皈依，願我能將彼等全部安置於無上殊勝菩提果位。

མ་རིག་འཐིབས་པོས་ནོན་ཅིང་ལམ་སྟོར་བ།།
ཉོན་མོངས་གཤེན་རྗེའི་སྐྱེས་བུས་གཅེས་པ་རྣམས།།
རང་དབང་མེད་པར་བདག་ནི་དྲན་གྱུར་ཏེ།།
སྐད་ཅིག་གཅིག་ལ་ལམ་མཆོག་ཉེད་པར་ཤོག།

གཞན་ཡང་སེམས་ཅན་གང་དག་མ་རིག་པའི་མུན་པ་འཐིབས་པོས་ནོན་ཅིང་ཐར་པའི་ལམ་སྟོར་བ། ཉོན་མོངས་པ་འདོད་ཆགས་དང་ཞེ་སྡང་གཤེན་རྗེའི་སྐྱེས་བུ་ལྟ་བུ་མ་ཤུགས་པའི་གཞན་དབང་དུ་སོང་ནས་གཙོས་པས། དེ་རྣམས་སྡུག་བསྔལ་གྱི་ཤུགས་ཀྱིས་རང་དབང་མེད་པར་བདག་དྲན་པར་འགྱུར་བ་དང་། དྲན་ནས་ཀྱང་ཡང་དག་པའི་ཤེས་རབ་ཟབ་མོ་ཕྱིན་ཅི་མ་ལོག་པར་སྐྱེ་ཞིང་། དེའི་མཐུས་སྐད་ཅིག་གཅིག་ལ་ཐར་ལམ་མཆོག་ཏུ་གྱུར་པ་འབད་མེད་དུ་ཉེད་པར་ཤོག་ཅིག།

དུས་གསུམ་རྒྱལ་བ་ཀུན་གྱི་སྐུ་གསུང་ཐུགས།།
མི་ཟད་རྒྱན་གྱི་འཁོར་ལོར་བདག་གྱུར་ནས།།
འཁོར་བའི་རྒྱ་མཚོ་མ་ལུས་སྐེམ་བྱེད་ཅིང་།།
འགྲོ་རྣམས་བླ་མེད་མཆོག་ལ་འགོད་པར་ཤོག །

མདོར་ན་དུས་གསུམ་རྒྱལ་བ་ཀུན་གྱིས་གདུལ་བྱ་སེམས་ཅན་གྱི་གྲངས་དང་མཉམ་པའི་སྤྲུལ་པ་མཐའ་ཡས་པ་ཅིག་ཅར་དུ་འགྱེད་པའི་སྐུ་མི་ཟད་པ་རྒྱན་གྱི་འཁོར་ལོ། འགྲོ་བ་མཐའ་ཡས་པ་ལ་རང་རང་གི་སྐད་དུ་ཆོས་སྟོན་པ་གསུང་མི་ཟད་པ་རྒྱན་གྱི་འཁོར་ལོ། ནམ་མཁའི་མཐས་ཀླས་པའི་སེམས་ཅན་ཐམས་ཅད་ཀྱི་ཁམས་དང་། བསམ་པ་དང་། དབང་པོ་དང་བག་ལ་ཉལ་རྣམས་ཅིག་ཅར་དུ་གཟིགས་པ་ཐུགས་མི་ཟད་པ་རྒྱན་གྱི་འཁོར་ལོ་རྣམས་བདག་ལ་རྫོགས་པར་གྱུར་ཅིག

"屈服無明昏昧舍法道，
備受煩惱獄卒逼惱者，
無能自主諸眾我救度，
願彼剎那即獲殊勝道。"

此外，任何深受無明暗覆痛苦所逼惱而遺失解脫道的眾生，主要是被獄卒般的貪嗔煩惱粗暴所轉者，彼等因痛苦之力而不得自在者，一旦憶念我，（就能憑藉此憶念）無顛倒地生起正等甚深智慧，願以此力量使（彼等）能於剎那間，毫不費力地獲得最勝解脫聖道。

"三世一切佛陀身語意，
願我化為無盡莊嚴輪，
一切輪迴大海令枯竭，
眾生令置無上殊勝道。"

總之，三世一切諸佛同時顯現出量等化機的無邊化身，此為身無盡莊嚴輪；對無邊眾生，以其各自音聲對其演說法音，此為語無盡莊嚴輪；對於無邊虛空中的一切眾生的界、思惟、根基以及隨眠等等都能同時洞見，此為意無盡莊嚴輪。願我能圓滿化現身、語、意無盡莊嚴輪。

དེ་གྱུར་ནས་ཟད་པ་དང་གཏུགས་པར་དཀའ་བའི་སྡུག་བསྔལ་འཁོར་བའི་རྒྱ་མཚོ་འདི་མ་ལུས་པ་སྐེམ་པར་བྱེད་ཅིང་། འགྲོ་བ་གཅིག་ཀྱང་མ་ལུས་པ་རྣམས་བླ་ན་མེད་པ་ཡང་དག་པར་རྫོགས་པའི་བྱང་ཆུབ་མཆོག་ལ་འགོད་པར་ཤོག་ཅིག།

དེ་ལྟར་སྔགས་ཀྱི་ཡན་ལག་བདུན་པའི་མཆོད་སྤྲིན་བདུན་རྣམ་དག་འདི། གཞི་བསྒྱུར་བའི་ལམ་གསང་སྔགས་དང་། གཞི་ཤེས་པའི་ལམ་རྡོ་རྗེ་ཐེག་པའི་གནད་ཀྱིས། ཡིད་ངེས་མེད་སེམས་ཀྱི་རྒྱལ་སར་ནས། སྙིང་ཁུང་རུས་པའི་གཏིང་ནས་མཆོད་པ་དང་། དེ་བཞིན་གོང་དུ་སྨོན་པར་ལྟར་གསོལ་བ་ཕུར་ཚུགས་སུ་བཏབ་པར་དགེ་འབྲས་ཇི་ལྟར་འབྱུང་ཞེ་ན། ༼སྐྱབ་པའི་བཀའ་འབུམ་ལེ་ཚན། ༥༢༠༽ ལས། གསུམ་པ་དེ་རྣམས་དང་འབྲེལ་བས། འབྱུང་བ་གང་འབྱུང་ན། དེ་ལ་གཉིས། རང་གི་ལུས་ངག་ཡིད་གསུམ་ལ། བྲལ་བའི་འབྲས་བུ་དང་ཐོབ་པའི་འབྲས་བུ་གཉིས་གཉིས། གནས་སྐབས་དང་མཐར་ཐུག་འབྱུང་བ་ཡིན་ཏེ། བདུན་རྣམ་དག་གི་དོན་དུ། ལུས་བཀོལ་བས། གནས་སྐབས་སུ་བྲལ་བའི་འབྲས་བུ་ནི། ན་ཚ་དང་། ཞ་འཐེང་དང་། དབང་པོ་མ་ཚང་བ་དང་། དབྱིབས་མི་སྡུག་པ་དང་། ཁ་དོག་མི་ལེགས་པ་དང་། ལུས་དྲི་ང་བ་དང་། སྤྱོད་ལམ་མི་མཛེས་པ་ལ་སོགས་པ་དང་བྲལ་བའོ།།
གནས་སྐབས་ཀྱི་ཐོབ་པའི་འབྲས་བུ་ནི། དེ་ལས་ལྡོག་པའོ།།

མཐར་ཐུག་བྲལ་བའི་འབྲས་བུ་ནི། བདུད་བཞི་ལ་སོགས་བཅོམ་པ་དང་། སྐུའི་སྐྱོན་ཐམས་ཅད་སྤངས་ཤིང་བྲལ་བའོ།།
ཐོབ་འབྲས་ནི། ཡེ་ཤེས་ལྷ། དབང་ཕྱུག་ལ་སོགས་པའི་ཡོན་ཏན་དྲུག་མཚན་དང་དཔེ་བྱད་བཟང་པོས་བརྒྱན་པའི་སྐུ་ཐོབ་པའོ།།

化為無盡莊嚴輪後，願無窮無盡的一切輪迴苦海能枯竭耗盡，願我能將眾生無一例外地安置於無上正等的圓滿殊勝菩提！

如此，將密咒七支供養的七種清淨供雲，以轉基之道密咒乘以及知基之道金剛乘的要點，在無散亂之心境中，透心徹骨地作獻供。

若問，依照上述發願那般潛心祈禱，善果將如何出現呢？覺巴文集第680節講到：與此相關的有三方面。善果如何產生呢？自己身語意三方面，都會出現離系果與獲得果（這兩種善果）。該二者又各自包括暫時的與究竟的兩種（善果）。

為七種清淨而使用身體，因此，**暫時的離系果**為，離於病痛、跛步、六根不全、身形不美、膚色不好、體味不潔、舉止不雅等等（惡果）；**暫時的獲得果**為，獲得與上述缺陷相反的善果。**究竟的離系果**為，摧毀四魔等，摒棄一切身體缺陷；**究竟的獲得果**為，獲得具足五智、自在等六功德，以及具備相好、隨行好的圓滿莊嚴身。

ཡང་བདུན་རྣམ་དག་གི་དོན་དུ། ངག་བཀོལ་བ་ལས། གནས་སྐབས་སུ། བྲལ་བའི་འབྲས་བུ་ནི། སྐད་འཛེར་བ་དང་། དིག་པ་དང་། འགགས་པ་དང་། མི་སྙན་པ་ལ་སོགས་པའི་ངག་གི་སྐྱོན་རྣམས་དང་བྲལ་བའོ། །གནས་སྐབས་ཀྱི་ཐོབ་འབྲས་ནི། དེ་རྣམས་ལས་གྲོལ་པའོ།།

མཐར་ཐུག་གི་བྲལ་བའི་འབྲས་བུ་ནི། མངོན་པར་རྫོགས་པ་སངས་རྒྱས་ནས། གསུང་གི་སྐྱོན་མཐའ་དག་སྤངས་ཤིང་བྲལ་བའོ།།

ཐོབ་པའི་འབྲས་བུ་ནི། གསུང་དབྱངས་ཡན་ལག་དྲུག་ཅུ་ལ་སོགས་པའི་ཡོན་ཏན་འཐོབ་པའོ།།

ཡང་བདུན་རྣམ་དག་གི་ཕྱོགས་སུ་ཡིད་བཀོལ་བ་ལ་བརྟེན་ནས། བྲལ་བའི་འབྲས་བུ་ནི། རྣམ་པར་རྟོག་པ་ཤས་ཆུང་བ་དང་། བདག་འཛིན་ཁ་བྲི་བ་དང་། བདེན་འཛིན་ཤས་ཆུང་བ་འབྱུང་བར་འགྱུར་བའོ།།

གནས་སྐབས་ཀྱི་ཐོབ་འབྲས་ནི། ཡོན་ཏན་དང་ཏིང་ངེ་འཛིན་ལ་སོགས་པའི་ཡོན་ཏན་དཔག་ཏུ་མེད་པ་ཐོབ་པར་འགྱུར་བའོ།།

མཐར་ཐུག་གི་འབྲས་བུ་ནི། སྒྲིབ་གཉིས་བག་ཆགས་དང་བཅས་པ་སྤངས་ཤིང་བྲལ་བའོ།།

ཐོབ་འབྲས་ནི། ཡེ་ཤེས་ལྔའམ། ཡེ་ཤེས་གཉིས་ལ་སོགས་པའི་ཡོན་ཏན་ཐོབ་པའོ། །ཆོས་འདི་ལ་བློ་ངེས་ན་ཤིན་ཏུ་ཟབ་པ་ཡིན། འཁོར་འདས་ཀྱི་ཆོས་ཐམས་ཅད་རྟེན་ཅིང་འབྲེལ་བར་འབྱུང་བ་ཁོ་ནར་གོ་ནས་འགྲོ་བ་ཡིན། འདི་ཤིན་ཏུ་ཟབ་པས། དགེ་བའི་བཤེས་གཉེན་བ་རི་བ་དེ། འདི་ཁོ་ན་ཐུགས་ལ་ངེས་པས། ཁོང་གི་ཞལ་ནས། རྗེ་རིན་པོ་ཆེ་ཆོས་གཞན་ཐམས་ཅད་ཕྱོགས་གཅིག་ཏུ་བཞག་པ་དང་། བདུན་ཆོས་འདི་ཕྱོགས་གཅིག་ཏུ་བཞག་པ་གཉིས། ང་ལ་འདམ་དུ་བཅུག་ན། བདུན་ཆོས་འདི་ཁོ་ན་འདམ་པ་ཡིན་གསུངས།

為七種清淨而使用語言，由此**暫時的離系果**為，離於聲音嘶啞、口吃、語塞、語不悅耳等語之過患；**暫時的獲得果**為，獲得與上述缺陷相反的善果。**究竟的離系果**為，現證圓滿佛果後，會遠離一切語之過患；**究竟的獲得果**為，能獲得六十語韻等語之功德。

為七種清淨而使用意，由此**暫時的離系果**為，妄念減少，我執削弱，執實漸退等等；**暫時的獲得果**為，能獲得禪定等無量功德。**究竟的離系果**為，摒棄二障習氣；**究竟的獲得果**為，獲得五智及二智功德。

若自心確信，則此法極深奧，就能理解輪涅萬法唯有緣起所生，並依此運轉。此法極深奧，所以格西瓦惹瓦在心中唯對此產生確信後，親口說，至尊上師將其他一切法歸置於一處，而將此七法歸置於另一處，若我作選擇的話，則只會選擇這七法。

དགེ་བཤེས་ཀྲོད་ཆུང་བའི་ཞལ་ནས་ཀྱང་། སངས་རྒྱས་ཀྱིས་སྔར་མ་གསུངས་པའི་ཆོས་ཀྱི་འཁོར་ལོ་གཉིས་པ་ཞིག་འདུག་གསུངས། དེ་བས་ན་འདི་ཤིན་ཏུ་ཟབ་པ་ཡིན་གསུངས་སོ།།

ཀླུ་བ་ཀུན་ཏུ་ཡང་དག་བླ་མ་དང་།།
འབྲལ་མེད་ཆོས་ཀྱི་དཔལ་ལ་ལོངས་སྤྱོད་ཅིང་།།
ས་དང་ལམ་གྱི་ཡོན་ཏན་རབ་རྫོགས་ནས།།
རྡོ་རྗེ་འཆང་གི་གོ་འཕང་མྱུར་ཐོབ་ཤོག།

གཞན་ཡང་སྐྱེ་བ་ཀུན་ཏུ་ཡང་དག་པའི་ལམ་སྟོན་པའི་བླ་མ་མཆོག་དང་། སྐད་ཅིག་ཀྱང་མི་འབྲལ་ཞིང་ཟབ་པ་དང་རྒྱ་ཆེ་བའི་ཐེག་པ་ཆེན་པོའི་ཆོས་ཀྱི་དཔལ་ལ་དགའ་སྟོན་ལ་ལོངས་སུ་སྤྱོད་ཅིང་། དེའི་མཐུས་ས་བཅུ་དང་ལམ་ལྔའི་སྐབས་ཀྱི་སྤངས་པ་དང་རྟོགས་པའི་ཡོན་ཏན་ཐམས་ཅད་ཡོངས་སུ་རྫོགས་ནས། རང་དོན་མཐར་ཕྱིན་ཞིང་གཞན་དོན་ལྷུན་གྱིས་གྲུབ་པ་ཆོས་སྐུ་རྡོ་རྗེ་འཆང་ཆེན་པོའི་གོ་འཕང་མྱུར་བ་ཉིད་དུ་ཐོབ་པར་ཤོག་སྙམ་པ་དང་བཅས་ཏེ། ཞེས་བརྗོད་པར་བྱ་ལ།

格西澈穹瓦也親口說，這是佛陀從前未曾演說的第二種法輪。因此，此法極其深奧。

“願我累世不離正等師，
恒常受用正法之吉祥，
十地五道功德盡圓滿，
速證金剛總持佛果位。”

此外，願累生累世與開示正等法道的殊勝上師片刻不離，並受用深奧廣大的大乘佛法的吉祥盛宴，憑藉此力能圓滿十地五道的一切斷證功德，迅速證得能圓滿自利、且任運成就利他的法身金剛總持佛果位。如是思惟並念誦（上述偈頌）。

དེ་ནས་མཇུག་གི་བྱ་བ་བསྡུ་རིམ།

གཞུང་གཞན་དང་འབྲེལ་ན་དེ་ཉིད་ལྟར་དང་། མ་འབྲེལ་ཚེ་རྟེན་ནས་མཁའི་མཐས་གདུགས་པའི་སངས་རྒྱས་ཀྱི་ཞིང་རྣམས། བརྟེན་པ་རྒྱལ་བ་སྲས་བཅས་རྣམས་ལ་བསྡུ། དེ་རྣམས་ཀྱང་འོད་དུ་ཞུ་ནས། བླ་མ་རྡོ་རྗེ་འཆང་དཀྱིལ་འཁོར་ཀུན་གྱི་གཙོ་མཆོག་ཉིད་ལ་བསྡུ། དེ་ཉིད་ཀྱང་སྟོད་སྨད་ནས་འོད་དུ་ཞུ་བ་རང་ལུས་ལ་ཐིམ་པས་བླ་མ་སངས་རྒྱས་དང་དབྱེར་མེད་དུ་རང་ཉིད་ཀྱང་སངས་རྒྱས་པར་བསམ་ཞིང་དགེ་རྩ་བསྔོ་བ་གཞན་ཡང་བྱའོ།།

དེ་ལྟར་ཏིང་ངེ་འཛིན་གྱི་ཡན་ལག་བདུན་པའི་སྲས་དོན་གྱི་སྨར་ཁྲིད་ཐུན་མོང་མ་ཡིན་པ་ཆོས་རྗེ་འབྲི་གུང་པའི་ཐུགས་ཀྱི་ཉིང་ཁུ་ཟབ་པ་བས་ཀྱང་ཆེས་ཟབ་པ་འདི་ནི། དཔལ་མཉམ་མེད་དྭགས་པོ་བཀའ་བརྒྱུད་ཀྱི་བསྟན་པའི་སྲོག་ཤིང་རྗེ་བཙུན་བླ་མ་ཡང་རི་པ་ཆེན་པོ་ཟླ་བ་གྲགས་པའི་དཔལ་གྱི་ཞལ་སྔ་ནས་ཀྱི་ཞབས་རྡུལ་སྤྱི་བོར་ལེན་ཅིང་། རྗེ་དེའི་གསུང་གི་གནད་ཆ་ཤས་ཙམ་ཡང་ཆེས་ཆེར་གཅེས་སྤྲས་ཀྱིས་འཛིན་པ། དཀོན་མཆོག་ངེས་དོན་རྒྱ་མཚོ་ཞེས་འབོད་པས། བཅོམ་ལྡན་འདས་དཔལ་འཁོར་ལོར་སྡོམ་པའི་སྤྲུལ་པའི་དཀྱིལ་འཁོར་མངོན་སུམ་དུ་བཞུགས་པའི་ཕོ་བྲང་། དཔའ་བོ་མཁའ་འགྲོ་སྤྲིན་གཏིབས་པ་བཞིན་འདུ་བའི་གནས་ཆེན། དབང་ཕྱུག་བཞད་པ་རྡོ་རྗེ་ཚེ་གཅིག་ལུས་གཅིག་ལ་སངས་རྒྱས་པའི་ཞིང་ཁམས། འབྲོག་ལ་ཕྱི་གངས་ཀྱི་ར་བར་སྦྱར་བའོ།།

結行的次第收攝

那麼，結行的次第收攝方面， 如果結合其他典籍的話，則按照（該典籍中的儀軌）那般做；如果不與其他典籍結合，則（按照以下方式做）：所依，即無邊虛空中的佛剎；收攝於能依，即諸菩薩眾。所依、能依皆化為光，融入上師金剛總持壇城中的主尊，主尊也自上而下融入自身，觀想自身與上師佛無二無別而成佛。如此觀想並回向善根等。

此禪定七支隱義不共的珍貴引導──法尊直貢巴的心髓，這個深之又深的法，是在無與倫比的達波噶舉法教頂樑柱至尊上師──也即大隱士月稱尊駕足下，得以領受。對至尊的教言要點，哪怕只是少許，也心懷最大的珍惜。

名為貢覺.涅頓嘉措者，在薄伽梵勝樂金剛的化身壇城所現前之宮殿、勇父空行如雲般聚集的聖地、自在嬉笑金剛即生單身成佛之淨土、牧區拉契雪山上所作。

ཨོཾ་སྭ་སྟི། སྐུ་ཞབས་གཉིས་པ་འཇིག་རྟེན་གསུམ་མགོན་དགོངས་པའི་དབྱིངས།། མདོ་རྒྱུད་མན་ངག་ཉམས་ལེན་གནད་བསྡུས་ཏིང་འཛིན་ཡན་ལག་བདུན་པའི་དོན། །དམིགས་ཁྲིད་ངེས་དོན་རྒྱ་མཚོའི་ཐུགས་མཆོར་འཁྲུངས་པའི་རི་བོང་འཛིན། །ཆོས་སྤྲིན་སྤེལ་ཕྱིར་ལྷག་བསམ་སྤར་གྱི་འདི་བསྐྲུན་རྣམ་དཀར་དགེས། །འགྲོ་བློའི་མུན་སྨག་ཡོངས་བསལ་ཐར་ལམ་མཆོག་ཉེད་ནས། །བྱང་ཆེན་བསླབ་སྤྱོད་ཚོགས་གཉིས་རྒྱ་མཚོ་རབ་རྒྱས་ཏེ། །སྐུ་གསུམ་ནོར་བུ་ལེགས་སྨིན་དོན་གཉིས་མྱུར་འགྲུབ་རྒྱུར་གྱུར་ཅིག །ཅེས་པ་འདི་ཡང་སྐར་མཁན་པོ་དཀོན་མཆོག་ལེགས་ལྡན་ནས་སྤར་དུ་བསྐྲུན་སྐབས་སྤར་བྱང་སྨོན་ཚིག་ཞིག་དགོས་ཞེས་བསྐུལ་ངོར། འབྲི་ཐེལ་ཡང་དབེན་ནགས་ཁྲོད་དུ་བསམ་གཏན་ཁང་བུ་ནས་ཤཀྐ་མ་ཏིས་བྲིས་པ་དགེ་ལེགས་འཕེལ།། སརྦ་མངྒ་ལཾ།། ཞེས་པ་པར་བྱང་སྨོན་ཚིག་འབྲི་གུང་བཀའ་བརྒྱུད་ཀྱི་༸གདན་འཛིན། ༣༥ པ་དཀོན་མཆོག་བསྟན་འཛིན་ཐུབ་བསྟན་ཞི་བའི་བློ་གྲོས་མཆོག་གིས་མཛད་པ་དེ་གས་འཐུས་པ་བྱས་ནས་འབྲི་གུང་ཡང་སྐར་སྡེ་བཞི་རབ་རྒྱས་གླིང་གི་ཤིང་པར་དང་། རྗེ་དགོན་བཀྲ་ཤིས་ཆོས་གླིང་གི་རི་ཁྲོད་འོད་གསལ་འགྱུར་མེད་བདེ་ཆེན་རྡོ་རྗེ་པར་མ་གཉིས་གུང་བསྒྲིགས་ཏེ། རིག་འཛུད་འཕྲུལ་ལས་ནང་དུ་གསར་བཙུག་དང་ཞུས་སྒྲིགས་ཞུས་ཤིང་དག་པར་བྱས་པ་འདི་འང་༸རྒྱལ་བ་༸འབྲི་གུང་པའི་མཚན་གྱིས་བྱིན་གྱིས་བརླབས་པ། ༸འབྲི་གུང་སྐྱབས་མགོན་ཕྲིན་ལས་ལྷུན་གྲུབ། རབ་གནས་ཤིང་བྱ་ལོ། ཟླ་བ། ༸ཚེས། ༢༥ དཔལ་འགྲོ་མགོན་ཕག་མོ་གྲུ་པའི་འདས་མཆོད་ཉིན་མཆོད་སྤྲིན་གྱི་ཚུལ་དུ་སྤེལ་བས་དགེ། དགེའོ།། །།

“唵梭諦，龍樹第二——吉天頌恭密意之精血，顯密口訣修行攝要禪定七支義，觀修引導了義大海所生之明月，法施流布之故以意樂之心來出版，願以此善，消除眾生心中黑暗，令彼獲得殊勝解脫道，完備大菩提學處行持二資大海，祈願迅速獲得三身珍寶善熟及二義！這些詞句由楊日噶寺的堪布貢覺.列丹在刻制印版時，需要一個後記願文而作敦請，由相達瑪諦（直貢第34任法台）在直貢提寺密林深處的閉關房內所撰寫。願增上吉祥！薩爾瓦.芒噶朗！

上面收錄的後記願詞，是直貢噶舉第34任法台貢覺丹增.圖登喜瓦.羅珠尊者所撰寫，然後由直貢楊日噶寺四分圓滿尊勝林作木刻印板，以及由山頂寺吉祥法林的山居者和瑟.吉美代欽再次編輯第二版，勝者直貢覺巴之名所加持者作了電腦錄入、編排及校對訂正，直貢怙主赤列倫珠於木雞年七月二十五日眾生怙主帕摩竹巴圓寂日予以發佈，以增添供雲。善哉！善哉！

譯后備注：

1、譯本藏語文字由直跋給貢覺丹增喇嘛編排錄入。

2、譯本中關於“供養有主物與無主物”這部分的文字，參考恩師劉哲安的博士論文《直貢派發菩提心的內容及特點研究》中的相應譯文；“四種灌頂”中的偈頌，直接引用恩師的譯本《大手印五具教授手扎金剛持法稱口授》中的對應翻譯。

3、譯本后隨附恩師翻譯的《密咒七支供養.色康瑪》根本頌。

སྔགས་ཀྱི་ཡན་ལག་བདུན་པ་གསེར་ཁང་མ།།

《密咒七支供養. 色康瑪》

翻譯：劉哲安

དུས་གསུམ་རྒྱལ་བ་ཀུན་གྱི་ཕོ་བྲང་མཆོག །
“三世一切如來聖宮殿，
སེམས་ཉིད་གདོད་ནས་དག་པའི་དཀྱིལ་འཁོར་འདིར།།
本來清淨心性壇城中，
འགྱུར་མེད་ལྷུན་གྱིས་གྲུབ་པའི་གདན་སྟེང་དུ།།
不動任運成就墊之上
རང་བྱུང་བླ་མ་མཆོག་ལ་བལྟ་བར་བགྱི།།
請觀自生殊勝之上師！”

ཆོས་དབྱིངས་བདེ་ཆེན་དེ་ནི་མཐོང་མ་ཐག།
“剎那得見大樂之法界，
འཁོར་བའི་རྒྱ་མཚོ་ཆེ་ལས་རབ་བརྒལ་ནས།།
即可度脫輪迴之大海，
བདེ་ཆེན་དག་པའི་ས་ལ་ཕྱིན་པར་བྱེད།།
抵達大樂清淨之樂土，
མཐོང་བ་དོན་ཡོད་བླ་མ་མཆོག་འདི་བལྟ།།
請觀見即得利上師尊

སྐྱབས་དེ་དྲན་པར་གྱུར་པ་ཙམ་གྱིས་ཀྱང་།།
“雖僅剎那憶念救度尊，
ཉོན་མོངས་རྣམ་རྟོག་བདུད་དཔུང་འཛོམས་མཛད་པའི།།
即滅煩惱念頭魔軍眾，
དཔའ་བོ་གཡུལ་ལས་རྣམ་རྒྱལ་བླ་མ་ལ།།
勇士善戰尊勝之上師，
ཡེངས་པ་མེད་པར་ཤེས་རབ་མིག་གིས་བལྟ།།
請不放逸以智眼觀之！”

ཁྱོད་ཀྱི་སྐུ་ལ་ཕྱོགས་བཅུ་མ་ལུས་པའི།།
“於您身中圓具十方之，
དུས་གསུམ་རྒྱལ་བ་སྲས་དང་བཅས་པ་རྣམས།།
三時諸佛以及佛子眾；
མི་འཛིགས་པ་པདྨ་ཉི་ཟླའི་གདན་སྟེང་དུ།།
不敗蓮華日月墊之上，
མཚན་དཔེས་སྤྲས་པའི་སྐུ་ལ་དགའ་བས་བལྟ།།
請觀相好隨好莊嚴身！”

སྐུ་གསུམ་སེམས་ཀྱི་ངོ་བོ་རྡོ་རྗེ་འཆང་།།
“三身心之體性金剛持，
དབྱེར་མེད་བདེ་བ་ཆེན་པོ་ཁྱོད་ཉིད་ལ།།
無別大樂您尊身足前，

དཔག་མེད་ལུས་ཀྱིས་སྤྲིན་ཚོགས་བདུད་བྱས་ཏེ།།
身化無量雲海之化身，
གདུང་བའི་ང་རོས་ཕྱག་འཚལ་སྐྱབས་སུ་མཆི།།
殷切呼喊頂禮行皈依。”

རིན་ཆེན་བྱང་ཆུབ་སེམས་ཀྱི་རང་བཞིན་སྐུ།།
“珍貴菩提心之自性身，
དུས་གསུམ་རྒྱལ་བ་ཀུན་དང་འདྲེས་པ་ཡིས།།
混合三世一切之如來，
ཞིང་ཁམས་ཐམས་ཅད་ཁྱོད་ཀྱི་སྐུས་ཁྱབ་ཅིང་།།
一切淨土遍滿您尊身，
སྐུ་ལ་ཞིང་ཁམས་སྣང་མཛད་དཔལ་ལ་འདུད།།
身中顯現淨土恭致禮！”

དྲི་མེད་གསུང་དབྱངས་བདུད་རྩིའི་རྒྱ་མཚོ་ཡིས།།
“倚仗無垢妙音甘露海，
ཆོས་ཀུན་སྐྱེ་བ་མེད་པར་རབ་བསྟན་ནས།།
揭露萬法無生義理已，
ལྟ་བའི་རི་རྒྱལ་ལྷུན་པོ་འཇོམས་མཛད་པ།།
粉碎見地須彌山王者，

ཐོགས་མེད་རྡོ་རྗེའི་གསུང་ལ་ཕྱག་འཚལ་ལོ།།
恭敬頂禮無礙金剛語。”

འགྱུར་མེད་བློ་འདས་ཐུགས་ཀྱི་དཀྱིལ་འཁོར་དུ།།
“不動離念佛意壇城中，
ཆོས་དབྱིངས་མཉམ་པ་ཉིད་ལས་མ་གཡོས་ཀྱང་།།
雖不逾越法界平等性，
དུས་གསུམ་མཁྱེན་པའི་ཡེ་ཤེས་སྟོབས་འཆང་བ།།
執持三時遍知之本慧，
གཉིས་མེད་ལྷུན་གྱིས་གྲུབ་ལ་ཕྱག་འཚལ་ལོ།།
頂禮無二自在成就者。”

ཁྱོད་ཀྱི་སྐུ་གསུང་ཐུགས་ཀྱི་ཡོན་ཏན་ནི།།
“您之身語意等諸功德，
བསྐལ་པ་རྒྱ་མཚོ་མ་ལུས་ཐམས་ཅད་དུ།།
窮盡大海一切之劫時，
རྒྱལ་བ་ཀུན་གྱིས་བརྗོད་ཀྱང་རྫོགས་མེད་པའི།།
一切如來讚歎猶未盡，
ཡོན་ཏན་མཐའ་ཡས་མངའ་བ་ཁྱོད་ཕྱག་འཚལ།།
頂禮具足無邊功德您。”

འཁོར་བའི་རྒྱ་མཚོ་སྟོངས་པར་མ་གྱུར་ཅོ།།
“輪迴大海未成空盡時，
འགྲོ་རྣམས་སྨིན་པར་མཛད་པའི་འཕྲིན་ལས་མཆོག།
成熟眾生殊勝之事業，
སྣ་ཚོགས་ལྷུན་གྲུབ་རྒྱུན་ཆད་མེད་པ་ཡི།།
不斷種種自在成就者
སྐྱབས་མཆོག་བླ་མ་ཁྱོད་ལ་ཕྱག་འཚལ་ལོ།།
頂禮殊勝依怙上師您！”

ཁྱོད་ལ་མཆོད་པའི་རྣམ་འཕྲུལ་རྒྱ་མཚོ་ཡིས།།
“倚仗供養您之神變海，
རྒྱལ་བ་མཉེས་ཤིང་འགྲོ་རྣམས་སྨིན་མཛད་པའི།།
令佛歡喜成熟諸眾生，
ཆོས་ཀྱི་དབྱིངས་རྣམས་རྒྱས་པར་བཀང་ནས་ནི།།
廣大遍滿一切之法界，
རྒྱུན་ཆད་མེད་པར་བླ་མེད་མཆོད་པས་མཆོད།།
以此不斷無上供作供。”

བདག་ཉིད་ཆེན་པོའི་ཐུགས་ཀྱི་ཕོ་བྲང་ནས།།
而從大自在主意宮殿，
ཚད་མེད་བྱང་ཆུབ་སེམས་ཀྱི་འོད་འཕྲོས་པས།།
放射無量菩提心光彩，

ཕྱོགས་བཅུའི་ཞིང་ཁམས་མ་ལུས་ཐམས་ཅད་དུ།།
而令十方一切淨土中，
མཆོད་པའི་ལྷ་མོ་མཛེས་མ་དཔག་མེད་རྣམས།།
充滿無數供養美天女，
ཡོན་ཆབ་མེ་ཏོག་བདུག་སྤོས་སྣང་གསལ་དང་།།
飲水鮮花熏香與明燈，
དྲི་མཆོག་ཞལ་ཟས་མཆོད་པའི་སྤྲིན་ཕུང་ལས།།
塗香食物等等之供雲，
དུས་གསུམ་རྒྱལ་བ་མཉེས་པའི་ཆར་ཕབ་ནས།།
降下三世佛喜供養雨，
ཞིང་ཁམས་བཀང་ནས་དུས་གསུམ་རྒྱལ་བ་མཆོད།།
遍滿淨土供養三時佛。”

རྒྱལ་བའི་སྐུ་ལས་འོད་ཟེར་ཡང་འཕྲོས་པས།།
“從佛身中再次放光芒，
གདུགས་དང་རྒྱལ་མཚན་བ་དན་བླ་བྲེ་སྤྲིན།།
寶傘勝幢風幡華蓋雲，
རོལ་མོ་ན་བཟའ་རིན་ཆེན་སྨན་དང་འབྲུ།།
音樂華服珍寶藥與穀，
སྣ་ཚོགས་མཆོད་སྤྲིན་རྒྱ་མཚོ་དག་གིས་མཆོད།།
各種供養雲海作供養。”

འཁོར་ལོ་ལ་སོགས་རིན་ཆེན་སྣ་བདུན་དང་།།
“法輪等等輪王七政寶，
གནས་ཁང་ལ་སོགས་ཉེ་བའི་རིན་ཆེན་བདུན།།
宮室等等輪王七近寶
བཀྲ་ཤིས་རྫས་དང་དངོས་གྲུབ་རྫས་ལ་སོགས།།
吉祥物與成就物等等，
ཚོགས་གཉིས་ལས་བྱུང་འདི་དག་བཞེས་སུ་གསོལ།།
祈請受用二資所生物。”

གཞན་ཡང་རབ་འབྱམས་རྒྱལ་བའི་ཞིང་ཁམས་སུ།།
“復又廣大如來淨土中，
བདག་པོས་བཟུང་དང་ཡོངས་སུ་མ་བཟུང་བའི།།
我所有與非我所有之，
མཆོད་པ་རྣམས་དང་མཆོད་པར་འོས་པ་རྣམས།།
供養以及應當供養物，
ཐམས་ཅད་བློ་ཡིས་བླངས་ནས་མགོན་པོ་མཆོད།།
皆以心作化現作供養。”

སྐུ་གསུམ་དཀྱིལ་འཁོར་ཞིང་དུ་རྣམ་དག་པ།།
“三身壇城之中極清淨，
སྐྱོན་མེད་ཕུན་སུམ་ཚོགས་པས་རབ་གང་བ།།
無垢圓滿供養所遍滿，

དུས་གསུམ་རྒྱལ་བའི་ཞིང་ཀུན་མཆོད་པ་འབུལ།།
供養三世如來之淨土，
བརྩེ་བའི་བདག་ཉིད་ཁྱོད་ཀྱིས་བཞེས་སུ་གསོལ།།
願您慈悲之主您納受。”

མགོན་པོ་ཁྱོད་ལ་བདག་གི་ལུས་ངག་ཡིད།།
“於您怙主我以身語意，
མཁའ་མཉམ་ལོངས་སྤྱོད་མ་ལུས་ཐམས་ཅད་དང་།།
量等虛空一切之受用，
དུས་གསུམ་བསགས་པའི་དགེ་བ་དག་གིས་མཆོད།།
三時所積之善作供養，
ཐུགས་རྗེས་འགྲོ་བའི་དོན་དུ་བཞེས་སུ་གསོལ།།
願為眾生悲心受用之。”

གཟུགས་སྒྲ་དྲི་རོ་རེག་བྱ་རྡོ་རྗེ་མ།།
“色聲香味觸等金剛母，
མཐོང་ཐོས་མནམ་དང་མྱོང་རེག་དྲན་པ་ལས།།
經由見聽聞嘗念觸等，
སྒྲིབ་གསུམ་དག་བྱེད་འདོད་ཡོན་ལྷ་མོས་མཆོད།།
供養清淨三障之天女，
དྲི་མེད་རྒྱལ་བའི་དབང་པོ་བཞེས་སུ་གསོལ།།
無垢如來自在請受用。”

གཟུགས་ཀྱི་རང་བཞིན་སྐུ་ཡི་རྡོ་རྗེ་མ།།
“色之自性身之金剛女，
གཏི་མུག་རྣམ་པར་དག་པའི་ལྷ་མོ་མཆོག །
淨除愚癡殊勝之天女，
ཆོས་རྗེ་བླ་མའི་སྤྱན་ལ་བསྟིམ་པར་བགྱི།
融入法主上師之眼中，
གཉིས་མེད་བདེ་བ་ཆེན་པོར་བཞེས་སུ་གསོལ།
敬請受用無二之大樂。”

སྒྲ་ཡི་རང་བཞིན་ཐུགས་ཀྱི་རྡོ་རྗེ་མ།།
“聲之自性意之金剛女，
ཞེ་སྡང་རྣམ་པར་དག་པའི་ལྷ་མོ་མཆོག །
淨除嗔恨殊勝之天女，
ཆོས་རྗེ་བླ་མའི་སྙན་ལ་བསྟིམ་པར་བགྱི།
融入法主上師之耳中，
གཉིས་མེད་བདེ་བ་ཆེན་པོར་བཞེས་སུ་གསོལ།
敬請受用無二之大樂”

དྲི་ཡི་རང་བཞིན་ཡོན་ཏན་རྡོ་རྗེ་མ།
“香之自性功德金剛女，
ང་རྒྱལ་རྣམ་པར་དག་པའི་ལྷ་མོ་མཆོག །
淨除我慢殊勝之天女，

ཆོས་རྗེ་བླ་མའི་ཤངས་ལ་བསྟིམ་པར་བགྱི།།

融入法主上師之鼻中，

གཉིས་མེད་བདེ་བ་ཆེན་པོར་བཞེས་སུ་གསོལ།

敬請受用無二之大樂”

རོ་ཡི་རང་བཞིན་གསུང་གི་རྡོ་རྗེ་མ།

“味之自性語之金剛女，

འདོད་ཆགས་རྣམ་པར་དག་པའི་ལྷ་མོ་མཆོག །

淨除貪欲殊勝之天女，

ཆོས་རྗེ་བླ་མའི་ལྗགས་ལ་བསྟིམ་པར་བགྱི།།

融入法主上師之舌中，

གཉིས་མེད་བདེ་བ་ཆེན་པོར་བཞེས་སུ་གསོལ།

敬請受用無二之大樂。”

རེག་བྱའི་རང་བཞིན་འཕྲིན་ལས་རྡོ་རྗེ་མ།།

“觸之自性事業金剛女，

ཕྲག་དོག་རྣམ་པར་དག་པའི་ལྷ་མོ་མཆོག །

淨除嫉妒殊勝之天女，

ཆོས་རྗེ་བླ་མའི་སྐུ་ལ་བསྟིམ་པར་བགྱི།།

融入法主上師之身中，

གཉིས་མེད་བདེ་བ་ཆེན་པོར་བཞེས་སུ་གསོལ།

敬請受用無二之大樂。”

ཆོས་ཀུན་གདོད་ནས་སྟོང་ཉིད་རྡོ་རྗེ་མ༎
“萬法本始空性金剛女，
སེམས་ཉིད་རྣམ་པར་དག་པའི་ལྷ་མོ་མཆོག །
淨除心性殊勝金剛女，
ཆོས་རྗེ་བླ་མའི་ཐུགས་ལ་བསྟིམ་པར་བགྱི༎
融入法主上師之意中，
གཉིས་མེད་བདེ་བ་ཆེན་པོར་བཞེས་སུ་གསོལ༎
敬請受用無二之大樂”。

ཐབས་དང་ཤེས་རབ་དབྱེར་མེད་རྒྱལ་བ་མཆོག །
方便智慧無別殊勝佛，
རིགས་ལྔ་ཡབ་ཡུམ་དཔའ་བོ་མཁའ་འགྲོའི་ཚོགས།
五部雙運勇士空行眾，
དཔག་མེད་ནམ་མཁའ་གང་བའི་སངས་རྒྱས་རྣམས༎
遍滿虛空無量諸佛眾，
མཆོད་པར་འབུལ་ལོ་བདེ་ཆེན་འདི་བཞེས་ཤིག །
恭敬供養請受此大樂，
ཆོས་ཀུན་མཉམ་ཉིད་ཏིང་འཛིན་རྒྱ་མཚོ་ལས༎
萬法等性禪定海之中
མི་གཡོ་རྣམ་འཕྲུལ་རྒྱ་མཚོས་འགྲོ་བ་འདྲེན༎
以此不動神變海度眾，

སངས་རྒྱས་ཞིང་ཁམས་ཀུན་ལ་མངའ་མཛད་པའི།།
一切佛土中得自在者，
རྒྱལ་སྲས་སེམས་དཔའི་ཚོགས་རྣམས་བཞེས་སུ་གསོལ།།
佛子菩薩諸眾請受用。

ཚད་མེད་ཐུགས་རྗེས་ཁྲོས་པའི་གཏུམ་ཆེན་རྣམས།།
無量悲心顯為大忿怒，
འགྱིང་བའི་སྐུལ་མ་ཆེ་གཙིགས་རྔམ་པའི་ཞལ།།
傲慢之身獠牙猙獰面，
ཧཱུྃ་ཕཊ་ང་རོས་བདུད་དཔུང་འཇོམས་མཛད་པའི།།
吽呸吼聲摧滅魔軍之，
ཡེ་ཤེས་ཁྲོ་རྒྱལ་འདི་དག་བཞེས་སུ་གསོལ།།
本慧憤怒本尊請受用。
ཕྱི་ནང་གསང་བའི་མཆོད་སྤྲིན་སྣ་ཚོགས་ཀུན།།

外內秘密種種之供雲，
ཀུན་བཟང་སེམས་ཀྱི་དཀྱིལ་འཁོར་ཡངས་པ་འདིར།།
普賢寬廣心之壇城中，
གཉིས་མེད་འགྱུར་བ་མེད་པའི་ངང་ཚུལ་ཅན།།
具足無二不動之境界，
དེ་བཞིན་ཉིད་མཆོད་བླ་ན་མེད་པས་མཆོད།།
供養真如供養無上供。

ཆོས་ཀུན་གདོད་ནས་སེམས་ཉིད་རྣམ་དག་ལ།།
萬法本始清淨之心性，
བདག་གཞན་གཉིས་སྣང་བཟང་ངན་ཐ་དད་དུ།།
自他二顯好壞分別中，
ཆགས་སྡང་འཁྲུལ་བར་གྱུར་པ་ཅི་མཆིས་པ།།
所具一切貪愛與迷亂，
སོ་སོར་བཤགས་སོ་རང་སར་དག་གྱུར་ཅིག །
一一懺悔自處中清淨

དུས་གསུམ་རྒྱལ་བ་ཀུན་དང་འཕགས་པའི་ཚོགས།།
三世諸佛以及聖者眾，
ཚོགས་གཉིས་རྒྱུན་ཆད་མེད་པའི་འཁོར་ལོ་དང་།།
二資無盡不斷之轉輪，
འགྲོ་བའི་དགེ་བ་མ་ལུས་ཐམས་ཅད་ལ།།
一切眾生所具一切善；
དགའ་བའི་སེམས་ཀྱིས་རྗེས་སུ་ཡི་རང་ངོ་།།
具足歡喜心而隨喜之。

མགོན་པོ་ཁྱོད་ཀྱིས་ཕྱོགས་བཅུའི་འཇིག་རྟེན་དུ།།
怙主您於十方世界中，
གསུང་དབྱངས་ཡན་ལག་རྒྱ་མཚོའི་སྒྲ་སྐད་ཀྱིས།།
請以妙音支分海會音，

དྲི་མེད་ཆོས་ཀྱི་འཁོར་ལོ་རབ་བསྐོར་ནས།།
遍轉無垢殊勝法輪已，
འགྲོ་རྣམས་མ་ལུས་སྨིན་པར་མཛད་དུ་གསོལ།།
一切眾生皆令成熟之。

ཞིང་ཁམས་ཀུན་དུ་བཞུགས་པའི་མགོན་པོ་རྣམས།།
常住淨土之中怙主眾，
ཇི་སྲིད་མཁའ་དབྱིངས་ཟད་པར་མ་གྱུར་ཚེ།།
請於虛空界未竭盡前，
མྱ་ངན་མི་མདའ་རྟག་པར་བཞུགས་ནས་ཀྱང་།།
不入涅槃恒常住世間，
ཐུགས་ཀྱི་དམ་བཅའ་རྫོགས་པར་མཛད་དུ་གསོལ།།
圓滿昔所立下心誓願。

དགེ་བ་འདི་དང་འཁོར་འདས་ཐམས་ཅད་ཀྱིས།།
願以此善以及輪迴與
དུས་གསུམ་བསགས་པར་གྱུར་པའི་དགེ་བ་དང་།།
涅槃三時所積一切善，
གདོད་ནས་ཡོད་པའི་དགེ་བ་དྲི་མེད་དེས།།
以及本具無垢此善根，
འགྲོ་རྣམས་བླ་མེད་མཆོག་ལ་འགོད་པར་ཤོག །
安置眾生無上殊勝果。

རྒྱལ་བའི་སྐུ་གསུང་ཐུགས་ཀྱི་ཕོ་བྲང་ནས།།
而從如來身語意壇城，
ཚད་མེད་ཐུགས་རྗེ་ཆེན་པོའི་འོད་ཟེར་གྱིས།།
以此無量大悲心毫光，
བདག་གི་ལུས་ངག་ཡིད་གསུམ་དག་བྱས་ནས།།
願請潔淨我之身語意，
ཁྱོད་ཀྱི་སྐུ་གསུང་ཐུགས་སུ་གྱུར་མཛད་གསོལ།།
轉為您之殊勝身語意。

མགོན་པོ་ཁྱོད་ཀྱིས་བླ་མ་དམ་པ་ལ།།
怙主您於正等之上師，
ཇི་ལྟར་མཆོད་ཅིང་མཉེས་པར་མཛད་པ་ལྟར།།
如何獻供如何令歡喜，
བདག་ཀྱང་ཁྱོད་ལ་མཆོད་སྤྲིན་རྒྱ་མཚོ་ཡིས།།
願我於您亦以供雲海，
རྟག་ཏུ་མཆོད་ཅིང་མཉེས་པ་བྱེད་པར་ཤོག །
恒常供養並令歡喜之。

བདག་ནི་ཁྱོད་ཀྱི་རྗེས་སུ་ཞུགས་གྱུར་ཏེ།།
願我恒常受您所攝受
སྐུ་གསུང་ཐུགས་ཀྱི་རྣམ་པར་ཐར་པ་ལ།།
而於身語意之解脫處，

སྤུ་རྩེ་ཙམ་ཡང་གཡོ་བ་མེད་པ་ཡི།།
沒有一絲一毫分離之，
སྤྱོད་པ་དཔག་མེད་བདག་གིས་སྤྱོད་པར་ཤོག།
無量行持願我堪行之。

བདག་ནི་འཇིག་རྟེན་གསུམ་ན་གྲགས་གྱུར་ཏེ།།
願我於三界中普聞名，
གང་གིས་བདག་མིང་ཐོས་དང་དྲན་པས་ཀྱང་།།
任誰聽我名號並憶念，
ཉམ་ཐག་མཐར་བའི་སྡུག་བསྔལ་རབ་ཞི་ནས།།
即止貧困逼惱之痛苦，
བདེ་ཆེན་རྒྱལ་བའི་གོ་འཕང་ཐོབ་པར་ཤོག །
終得大樂如來之果位。

བདག་ནི་སེམས་ཅན་ཁམས་དང་མཉམ་པ་ཡིས།།
我身數化等同眾生界，
གང་གིས་འདུལ་བའི་གཟུགས་སུ་བདག་གྱུར་ནས།།
我身化為應度之化身，
དགའ་བའི་ཡིད་ཀྱིས་སྐྱབས་སུ་སོང་གྱུར་ཏེ།།
令其以歡喜心皈依已，

བླ་མེད་བྱང་ཆུབ་མཆོག་ལ་འགོད་པར་ཤོག །
置於無上殊勝之菩提。

མ་རིག་འཐིབས་པོས་ནོན་ཅིང་ལམ་སྟོར་བ།།
屈服無明昏昧舍修道，
ཉོན་མོངས་གཤིན་རྗེའི་སྐྱེས་བུས་གཙེས་པ་རྣམས།།
受於煩惱閻羅逼惱者，
རང་དབང་མེད་པར་བདག་ནི་དྲན་གྱུར་ཏེ།།
不得自在等人我救度，
སྐད་ཅིག་གཅིག་ལ་ལམ་མཆོག་རྙེད་པར་ཤོག །
願於剎那即得殊勝道。

དུས་གསུམ་རྒྱལ་བ་ཀུན་གྱི་སྐུ་གསུང་ཐུགས།།
三世一切如來身語意，
མི་ཟད་རྒྱན་གྱི་འཁོར་ལོར་བདག་གྱུར་ནས།།
願我成為無盡莊嚴輪，
འཁོར་བའི་རྒྱ་མཚོ་མ་ལུས་སྐེམ་བྱེད་ཅིང་།།
一切輪迴苦海令枯竭，
འགྲོ་རྣམས་བླ་མེད་མཆོག་ལ་འགོད་པར་ཤོག །
安置眾生於無上殊勝。

སྐྱེ་བ་ཀུན་ཏུ་ཡང་དག་བླ་མ་དང་།།
願於累世不離正等師
འབྲལ་མེད་ཆོས་ཀྱི་དཔལ་ལ་ལོངས་སྤྱོད་ཅིང་།།
恒常受用正法之吉祥
ས་དང་ལམ་གྱི་ཡོན་ཏན་རབ་རྫོགས་ནས།།
圓滿道與地之功德已
རྡོ་རྗེ་འཆང་གི་གོ་འཕང་མྱུར་ཐོབ་ཤོག །
速得金剛總持之果位。
ཅེས་སྔགས་ཀྱི་ཡན་ལག་བདུན་པ་འདི་ནི། ༼སྐྱོབ་པ་རིན་པོ་ཆེས་འབྲི་གུང་ཐོག་ཁ་གསེར་ཁང་དུ་མཛད་པའོ།། །།
（該《密咒七支供養》，乃覺巴仁波切於直貢「金殿樓」所著）

國家圖書館出版品預行編目（CIP）資料

密咒七支供養 · 色康瑪注釋 -- 見即解脫／直貢噶舉教主覺巴吉天頌恭原著第 37 任直貢法王昆秋滇真昆桑滇津赤列倫珠編著；嚴巧敏翻譯 .--
第一版 . -- 臺北市：樂果文化，2020.07
面； 公分 . --（樂繽紛；45）
ISBN 978-957-9036-27-6(平裝)

1. 藏傳佛教 2. 佛教修持

226.96 109008524

樂繽紛 45

密咒七支供養 · 色康瑪注釋 -- 見即解脫

原著／直貢噶舉教主 覺巴吉天頌恭
原注／貢覺 · 涅頓嘉措
編著／直貢法王 昆秋滇真昆桑滇津赤列倫珠
總編輯／努巴仁波切
審稿／劉哲安
譯者／嚴巧敏
製作統籌／直趵給昆秋滇真
設計美編／直趵給昆秋滇真
校稿／吳慧玲

出版／樂果文化事業有限公司
讀者服務專線／（02）2795-3656
劃撥帳號／50118837 號 樂果文化事業有限公司
印刷廠／卡樂彩色製版印刷有限公司
總經銷／紅螞蟻圖書有限公司
地址／台北市內湖區舊宗路二段 121 巷 19 號（紅螞蟻資訊大樓）
電話：（02）2795-3656
傳真：（02）2795-4100

2020 年 7 月第一版 定價／350 元 ISBN 978-957-9036-27-6